传播与创新

东南亚铜鼓文化
调查与研究

李富强　李　珍　卫彦雄

吕文涵　徐　昕　欧江玲　著

商务印书馆
创于1897
The Commercial Press

本书系

国家社会科学基金重大项目"中国–东南亚铜鼓数字化记录与研究"
（项目批准号：17ZDA163）、广西壮族自治区八桂学者"中国–东南亚
铜鼓文化研究"岗研究成果。

目　录

第一章

铜鼓研究再出发：重返东南亚

  铜鼓是中国和东南亚共有且颇具代表性的一种古老的民族历史文物，广泛分布于中国南方（云南、贵州、广西、广东、海南、湖南、重庆、四川等八个省、自治区、直辖市）和越南、老挝、柬埔寨、缅甸、泰国、马来西亚、新加坡和印度尼西亚等东南亚国家。铜鼓大约产生于距今 3000 年前，在中国南方和东南亚各国民族中广泛使用和传播，绵延至今，渗透到了这一地区各民族社会生活的各个方面，承载和沉淀着当地民族的宗教信仰、礼仪习俗、生活理想和审美要求等文化内容，可以说，中国南方（主要是西南和岭南）和东南亚构成了源远流长、内涵丰富独特的铜鼓文化圈。

  回顾一百多年来的铜鼓研究学术史，我们可以清晰地看到，铜鼓研究的历史与中国和东南亚民族的历史命运息息相关，也折射出西方殖民主义从兴盛走向衰落和瓦解的历史过程。铜鼓研究起源于西方学者对东南亚铜鼓的研究，铜鼓研究的主导权经历了从西方回归东方的过程。而今，要实现铜鼓研究的新突破，必须重返东南亚，以新的姿态重新出发。

第一节

铜鼓研究历史回顾：东南亚是初始原点

中国是世界上铸造和使用铜鼓历史最长、保存铜鼓数量最多的国家，也是有关铜鼓记载最早、拥有铜鼓历史文献最丰富的国家。唐宋以来，就有学人把铜鼓写入诗文。清乾隆十四年（1749）编纂大型文物图集《西清古鉴》时，将14面铜鼓收进图集。乾隆五十八年（1793）编纂《西清续鉴》，又收进铜鼓9面。清嘉庆年间，广西巡抚谢启昆在编修《广西通志》时，作《铜鼓考》，搜集了大量铜鼓文献，进行考据研究。道光年间，罗士琳著《晋义熙铜鼓考》，对有"义熙"铭文的一面铜鼓进行考释。自此之后，各地编纂的地方志也常有铜鼓的记载。而西方人却晚至1880年代才开始接触铜鼓。1880年，奥地利的汉斯·威尔切克伯爵从意大利佛罗伦萨一个古董商手中买下一面铜鼓。1883年，伯爵把这面铜鼓送到奥地利艺术与工业博物馆的青铜器展厅展览，人们对这面铜鼓的来历众说纷纭，有的考古学家说它来自中亚，也有人说来自西亚，还有人说来自墨西哥；人们也不知道其为何物，有人认为是锅，有人认为是特殊形状的桌子[1]。

但是，真正严格意义上对铜鼓的科学研究却是由西方人在19世纪末从研究东南亚铜鼓开启的。1884年，德国德累斯顿枢密官迈尔（A. B. Meyer）博士在莱比锡出版的《东印度群岛的古代文物》一书，将巴达维亚铜鼓的图片和留存欧洲的铜鼓一起发表，为欧洲的铜鼓研究拉开了序幕[2]。1898年，迈尔和夫瓦（W. Foy）合著的《东南亚的青铜鼓》一书在德累斯顿问世[3]。嗣后，德国汉学家夏德（Friedrich Hirth）与荷兰汉学家狄葛乐（De Groot）就铜鼓问题展开激烈论战，后者广泛征引中国古代文献，证明铜鼓是中国南部少数民族的作品，而且是权力的象征。1902年，德国学者弗朗茨·黑格尔（Franz Heger）的《东南亚古代金属鼓》一书用德文在莱比锡出版。黑格尔运用丰富的

---

[1] 李昆声、黄德荣：《中国与东南亚的古代铜鼓》，云南美术出版社2009年版，第7页。

[2] 蒋廷瑜：《铜鼓研究一世纪》，《民族研究》2000年第1期。

[3] A. B. Meyer and W. Foy, *Bronze-drum Southeast Asia*. Dresden, 1898.

器物类型学知识，把当时所知的 165 面铜鼓，按形制、纹饰的演化，划分为四个基本类型和三个过渡类型，分别探讨了它们的分布地区、铸造年代和所反映的文化内涵①。该书是 20 世纪初西方学者研究铜鼓的集大成之作，具有划时代意义。此后近一个世纪以来，不少学者研究铜鼓都遵循他的观点，并用新的发现和新的成果不断充实和阐发他的观点。

从此开始，直至第二次世界大战前，铜鼓研究的主导权和中心在西方。第一次世界大战以后，法属越南在河内设立远东博古学院，逐渐成为世界研究铜鼓的重要基地。1918 年，法国学者巴门特（H. Parmentier）在《法国远东博古学院集刊》发表《古代青铜鼓》，于黑格尔著作之外，追加漏载的铜鼓 23 面；1930 年代初期前后，法国学者戈露波（V. Goloubew）发表《北圻和北中圻的铜器时代》和《金属鼓的起源及传播》等论文，根据越南东山遗址出土的汉代遗物，对铜鼓铸造的年代和铸造工艺的来源作出新的解释。1932 年，奥地利学者海涅-革尔登（Rodert Heine-Geldern）发表了《印度支那最古金属鼓的由来及意义》，认为铜鼓是东南亚各民族普遍存在的宝物之一，其用途不仅限于葬礼和祭祀祖先，唯因其贵重，才被用来给死者随葬。此后，巴门特、高本汉（B. Karlgren）、盖埃勒（U. Gueler）、莱维（Paul Levy）等人，又发表了不少研究铜鼓的文章②，但铜鼓的源流问题依然莫衷一是。

第二次世界大战结束后，随着殖民主义土崩瓦解，西方铜鼓研究热逐渐冷落下来，铜鼓研究的主导权和中心东移，越南、日本和中国的铜鼓研究活跃起来。

越南学者自 1950 年代中期起掌握了研究铜鼓的主动权，至 60 年代，发表和出版了一批研究著作，如陈文甲《铜鼓与越南的奴隶占有制》（1956 年）、陶维英《铜器文化和骆越铜鼓》（1957 年）、黎文兰《关于古代铜鼓起源的探讨》（1962 年）等。1963 年黎文兰、范文耿、阮灵编著的《越南青铜时代的第一批遗迹》比较详细地介绍了到 60 年代初为止，在越南境内发现的青铜文化遗址和铜器时代遗物，对越南的黑格尔 I 型铜鼓进行了分析和排队，并推测了相对年代。70 年代，铜鼓成为越南考古学界和历史学界的重点课题，越南《考古学》杂志在 1974 年连出了两期铜鼓研究专辑，发表了 30 位作者的 29 篇论文，论述和探讨了铜鼓的起源、类型、分布、年代、装饰艺术、合金成分、铸造技术和用途等问题。1975 年越南历史博物馆出版了阮文煊、黄荣编著的《越南发现的东山铜鼓》一书，逐一介绍了在越南境内发现的 52 面东山型铜鼓，并对这些铜鼓进行了分类，确定了年代，对铜鼓的起源、分布、装饰艺术、用途等问题发表了意

① ［奥］弗朗茨·黑格尔著，石钟健、黎广秀、石才秀译：《东南亚古代金属鼓》，上海古籍出版社 2004 年版。

② 蒋廷瑜：《铜鼓研究一世纪》，《民族研究》2000 年第 1 期。

见。这本书可以说是 70 年代越南铜鼓研究的集大成之作,反映了越南学术界关于铜鼓的基本观点。越南铜鼓研究的热潮经久不衰。1987 年,越南社会科学出版社出版了范明玄、阮文煊、郑生编著的《东山铜鼓》一书,对他们认为属于东山型(黑格尔Ⅰ型)的铜鼓作了全面报道,其中包括在中国发现的 148 面和在东南亚其他国家发现的 55 面类似的铜鼓。该书在对所有东山铜鼓作了详尽研究的基础上,提出自己的分类法,将东山型铜鼓划分为 5 组 22 式。1990 年,《越南的东山铜鼓》一书出版,该书以清晰的照片和描绘细致的线图,逐一展示了在越南境内发现的 115 面东山铜鼓和在中国云南出土的 3 面铜鼓,以及奥地利维也纳收藏的 1 面东山铜鼓,并按其年代先后分成 5 组[1]。

日本学者自 1930 年代开始研究铜鼓,五六十年代渐成气候,日野岩的《关于马来联邦巴生出土的铜鼓》(1958 年)、市川健二郎的《青铜鼓的起源》(1958 年)、冈崎敬的《石寨山遗迹与铜鼓问题》(《雲南石寨山遺跡と銅鼓の問題》,《史淵》,86,1962 年)、梅原末治的《南亚的铜鼓》(1962 年)、松本信广的《古代稻作民宗教思想之研究——通过古铜鼓纹饰所见》(1965 年)(《イドンシナ稲作民宗教思想の研究:古銅鼓の紋様をじてた》《イドンシナ研究:東南アジア稲作民族文化綜合調査報告》)等论文涉及了铜鼓的起源、分布、年代、使用民族、纹饰及铸造工艺等问题。但这些论文主要依靠西方学者发表的资料和越南博物馆的实物进行研究,在铜鼓分类上仍沿袭黑格尔的体系,研究成果没有超过西方学者。日本学术界的铜鼓研究 1970 年代以后才进入高潮。此时,日本学术界研究东南亚和中国南方古代文化的学者大都注意到铜鼓,将目光拓展到了中国和越南以外的东南亚国家,不仅发表的成果数量大大增加,而且丰富和发展了黑格尔的铜鼓分类,从而对铜鼓的起源、年代等问题都有了自己的论述。这些贡献主要体现在一系列成果中,如近森《助波鼓和淞林鼓》(1979 年)、《西江、红河水系流域东山铜鼓之分布》(1980 年),量博满《云南的早期铜鼓》(《雲南の早期銅鼓》,《三上次男博士喜壽紀念論文集:考古編》,1985 年),今村启尔《古式铜鼓的变迁和起源》(《古式銅鼓の変遷と起源》,《考古學雜誌》59—3,1973 年)、《出光美术馆所藏的先Ⅰ型铜鼓》(《出光美術館所藏の先Ⅰ式銅鼓》,《出光美術館館報》56,1986 年)、《失蜡法制造的先黑格尔Ⅰ型铜鼓的发现》(1989 年)、《论黑格尔Ⅰ型铜鼓的两个系统》(1993 年),新田荣治《泰国新发现的早期铜鼓》(1985 年)、《东南亚早期铜鼓及其流传》(1990 年),俵宽司《古式铜鼓的变迁与分布》(《古式銅鼓の変遷と分佈》,《日本中國考古學會會報》5,1995 年),吉开将人《铜鼓改编的时代》(1998 年)(《銅鼓再編の時代》,《東洋文化》78,1998 年),等等。

---

[1]　Pham Huy Thong, *Dong Son Drums in Viet Nam*. The Viet Nam Social Sciences Publishing House, 1990.

中国学者早在 20 世纪三四十年代，就开始了铜鼓的搜集和研究工作，如刘锡蕃《岭表纪蛮》中有铜鼓的记录和描述①；唐兆民曾对广西省立博物馆收藏的 20 多面铜鼓进行了实测绘图，着手编著广西铜鼓图录；1936 年，上海市博物馆郑师许《铜鼓考略》一书出版②；1938 年冬，徐松石对铜鼓的起源、创始铜鼓的民族、铜鼓的用途等有专门论述③。1943 年，陈志良在《旅行杂志》上发表长文《铜鼓研究发凡——广西古代文化探讨之一》，遍查广西的省、府、县志，并向少数民族调查铜鼓的使用情况，在文中列举 18 个县的铜鼓资料，对使用铜鼓的民族，对铜鼓的形状、纹饰和青蛙塑像作了专门分析，认为铜鼓并非铸于一时，历代都有制造，现代主要用于祭祀和娱乐④。徐松石 1947 年完成《泰族僮族粤族考》，对我国西南民族的历史，泰族、僮族与粤族血统渊源进行了细致研究，他运用历史学、民族学研究方法，引用大量史料，阐述了铜鼓与岭南僮族的关系，认为僮族是铜鼓的创造者，并介绍了僮人的铜鼓习俗，指出在现代东兰县，丧葬仪式中击打铜鼓目的在于使死者以后闻雷声而不惊醒，不知自己已经离世，意在避免死者鬼魂骚扰家人。在忻城，农忙时有击打铜鼓的习俗，在使用铜鼓前必须先用线香和纸钱请土地神，用后还要送走土地神。这么做一方面使得劳作者听到鼓声忘却疲倦，另一方面则是为了免除谈话躲懒的弊病⑤。1949 年，方国瑜发表《铜鼓考》一文，以前人论著为切入点，对西南地区铜鼓的用途、地位、形制以及铜鼓的铸造进行了考证，认为铜鼓是西南地区土著民族的乐器，往往用于战争和赛神、祭祀活动中。在现代，铜鼓虽不用于战事，但仍有着召集群众的作用。同时，铜鼓在西南民族生产与生活中扮演着重要角色，人们尊崇铜鼓、视铜鼓为宝物，受此影响汉人也以拥有铜鼓为荣⑥。民国时期的铜鼓研究虽有一定成就，但研究方法和手段都非常落后，研究进展并不显著。

中国铜鼓研究的热潮是在中华人民共和国成立后逐渐形成的。由于中央和各地相继建立博物馆和文物管理机构，有组织、有计划地进行铜鼓的搜集、整理和研究，很快使铜鼓资料的积累成倍增长，关心和研究铜鼓的人越来越多，新的研究成果不断涌现，

① 刘锡蕃：《岭表纪蛮》，商务印书馆 1934 年版，第 171—172 页。
② 郑师许：《铜鼓考略》，中华书局 1992 年版。
③ 徐松石：《徐松石民族学文集（上卷）》，广西师范大学出版社 2005 年版，第 160—166 页。
④ 陈志良：《铜鼓研究发凡——广西古代文化探讨之一》，《旅行杂志》1943 年版，第 17 卷第 2 期，引自蒋廷瑜：《广西铜鼓文献汇编及铜鼓闻见记》，广西师范大学出版社 2014 年版，第 96—119 页。
⑤ 徐松石：《泰族僮族粤族考》，香港东南亚研究所，1949 年，第 16—19 页。
⑥ 方国瑜：《铜鼓考》卷八五《新纂云南通志》，云南省地方志编纂委员会，1949 年影印本，引自蒋廷瑜：《广西铜鼓文献汇编及铜鼓闻见记》，第 123—127 页。

逐步摆脱了落后面貌，迈向与铜鼓资源大国相称的世界一流水平。

从 1950 年代开始，中国铜鼓研究已摆脱单纯文献考证，而转向对铜鼓实物进行研究。50 年代初，凌纯声先后发表《记本校二铜鼓兼论铜鼓的起源及其分布》[①] 和《东南亚铜鼓装饰纹样的新解释》[②] 两篇论文。1953 年，四川大学闻宥编著了《四川大学历史博物馆所藏古铜鼓考·铜鼓续考》一书，全面、客观地介绍了四川大学历史博物馆珍藏的 16 面铜鼓[③]；随后他又出版了《古铜鼓图录》[④]，不仅介绍了他多年精心搜集的铜鼓照片和拓本，还介绍了西方学者的研究成果。1959 年，云南省博物馆《云南省博物馆铜鼓图录》，公布该馆收藏的 40 面铜鼓资料[⑤]。

20 世纪六七十年代，铜鼓的考古学研究渐成主流。李家瑞《汉晋以来铜鼓发现地区图》[⑥]、黄增庆《广西出土铜鼓初探》[⑦]、何纪生《略述中国古代铜鼓的分布地域》[⑧]、冯汉骥《云南晋宁出土铜鼓研究》[⑨]、洪声《广西古代铜鼓研究》[⑩]、汪宁生《试论中国古代铜鼓》[⑪]、李伟卿《中国南方铜鼓的分类和断代》[⑫] 等一批高质量的论文运用考古学资料从各方面对铜鼓的分类、断代和纹饰含义、族属和社会功能作了系统的探索。

进入 1980 年代，以 1980 年 3 月在南宁召开的古代铜鼓学术讨论会为标志，中国对铜鼓研究形成了一个高潮。为筹备这次学术讨论会，广西壮族自治区博物馆成立了铜鼓调查组，在全国 11 个省、自治区、直辖市铜鼓收藏单位的支持下，进行了将近一年的全国性铜鼓资料大普查，第一次基本摸清了全国铜鼓收藏的家底，对 1360 多面铜鼓进行了实体观察、测量、传拓、摄影，记录了空前完备的资料。后来在广东、云南、贵州、四川等省博物馆的协助下，将这些资料汇编成《中国古代铜鼓实测·记录资料汇编》[⑬]，成为现

① 凌纯声：《中国边疆民族与环太平洋文化》，联经出版事业公司 1979 年版，第 503—543 页。

② 凌纯声著、石钟健译：《东南亚铜鼓装饰纹样的新解释》，《贵州社会科学》1984 年第 4 期。

③ 闻宥：《四川大学历史博物馆所藏古铜鼓考·铜鼓续考》，巴蜀书社 2004 年版。

④ 闻宥：《古铜鼓图录》，中国古典艺术出版社 1957 年版。

⑤ 云南省博物馆编：《云南省博物馆铜鼓图录》，云南人民出版社 1959 年版。

⑥ 李家瑞：《汉晋以来铜鼓发现地区图》，《考古》1961 年第 9 期。

⑦ 黄增庆：《广西出土铜鼓初探》，《考古》1964 年第 11 期。

⑧ 何纪生：《略述中国古代铜鼓的分布地域》，《考古》1965 第 1 期。

⑨ 冯汉骥：《云南晋宁出土铜鼓研究》，《文物》1974 年第 1 期。

⑩ 洪声：《广西古代铜鼓研究》，《考古学报》1974 年第 1 期。

⑪ 汪宁生：《试论中国古代铜鼓》，《考古学报》1978 年第 2 期。

⑫ 李伟卿：《中国南方铜鼓的分类和断代》，《考古》1979 年第 1 期。

⑬ 中国古代铜鼓研究会、广西民族博物馆编：《中国古代铜鼓实测·记录资料汇编》，文物出版社 2014 年版。

存铜鼓最完善的实测资料总集；与此同时，他们还组织翻译了英、越、日文铜鼓论文和著作，编印成《铜鼓研究资料选译》3 册；摘录历代铜鼓文献，汇编成《古代铜鼓历史资料》1 册；搜集中外铜鼓文献目录，编印成《铜鼓文献目录》1 册，这些成果为日后进一步深入研究铜鼓打下了坚实的基础。出席这次学术会议的有来自全国各地的专家学者 60 多人，提交论文 40 多篇①，这是铜鼓研究史上的空前壮举，也是对中国铜鼓研究队伍和研究成果的一次大检阅。在这次会上成立了中国古代铜鼓研究会，标志着铜鼓研究已作为一个独立的学科出现于学术之林。中国古代铜鼓研究会成立后，积极组织学术交流，经常召开学术讨论会。集合在中国古代铜鼓研究会旗帜下的，除考古学、民族学方面的专家之外，还有音乐、美术、冶金、铸造、物理、化学等方面的专家，他们除了探讨铜鼓的起源、分类、分布、年代、族属和功用等传统课题外，还开辟了铜鼓的装饰艺术、音乐性能、铸造工艺、合金成分、金属材质和矿料来源等新课题。1988 年，中国古代铜鼓研究会编著的《中国古代铜鼓》一书全面、系统地论述了中国古代铜鼓的起源、类型、分布、年代、族属、纹饰、用途和铸造工艺等问题，是中国铜鼓研究在 80 年代的总结性的著作。在此前后，中国还出版了一些铜鼓专著，如蒋廷瑜著《铜鼓史话》（1982 年）、《铜鼓》（1985 年）、《铜鼓艺术研究》（1988 年）、《古代铜鼓通论》（1999 年），王大道著《云南铜鼓》（1986 年），汪宁生著《铜鼓与南方民族》（1989 年），姚舜安、万辅彬、蒋廷瑜著《北流型铜鼓探秘》（1990 年），广西壮族自治区博物馆编著《广西铜鼓图录》（1991 年），万辅彬等著《中国古代铜鼓科学研究》（1992 年）。这些著作从不同角度论述了铜鼓研究的历史和现状，反映了有关专题研究的阶段性成果。

　　1991 年，中国古代铜鼓研究会与有关机构联合召开中国南方及东南亚地区古代铜鼓和青铜文化第二次国际学术讨论会，在提交的 74 篇论文中，直接涉及铜鼓研究的论文有 30 多篇，研究内容相当广泛，把铜鼓及其相关的研究课题推到空前广阔的领域②。

　　进入 21 世纪之后，中国铜鼓研究继续发展。一方面，随着中国古代铜鼓的研究不断深入，研究视野朝活态的铜鼓文化及铜鼓文化的保护、传承与发展等方向拓展。如吴伟峰在 2008 年发表了《壮族民间铜鼓铸造技术考察与研究》③，韦丹凤在 2011 年完成

---

① 广西壮族自治区博物馆：《古代铜鼓学术讨论会纪要》，载《古代铜鼓学术讨论会论文集》，文物出版社 1982 年版。

② 中国古代铜鼓研究会秘书处：《中国南方及东南亚地区古代铜鼓和青铜文化第二次国际学术讨论会纪要》，载中国古代铜鼓研究会编《铜鼓和青铜文化的新探索——中国南方及东南亚地区古代铜鼓和青铜文化第二次国际学术讨论会论文集》，广西民族出版社 1993 年版。

③ 吴伟峰：《壮族民间铜鼓铸造技术考察与研究》，《广西民族研究》2008 年第 1 期。

了《广西活态铜鼓文化研究》①，万辅彬等在 2013 年出版了《大器铜鼓——铜鼓文化的发展、传承与保护研究》②；另一方面，在继续研究中国铜鼓的基础上，积极向比较研究拓展。如 2009 年，李昆声等在《中国云南古代铜鼓的起源、传播及其与越南东山铜鼓的关系研究》课题结项报告的基础上，补充修改，出版了比较研究著作《中国与东南亚的古代铜鼓》③。2013 年，李昆声、黄德荣完成了黑格尔Ⅰ型铜鼓研究课题，就国内外发现的、尤其是近年来报道的黑格尔Ⅰ型铜鼓进行了重新的分类研究，主要是将黑格尔Ⅰ型铜鼓的"两分法"提升为"三分法"，使用新的分类标准来对此型铜鼓进行梳理，研究了东南亚地区出土的黑格尔Ⅰ型铜鼓的来源，探讨了越南的黑格尔Ⅰ型铜鼓与中国的黑格尔Ⅰ型铜鼓，以及两地的先黑格尔Ⅰ型铜鼓的关系④。徐祖祥在 2013 年完成了越南东山铜鼓的类型学、年代及来源研究课题，运用考古学传统的类型学确立标准器的方法，与同时期中国经过科学发掘出土的典型铜鼓进行比较，将越南东山铜鼓做了从早至晚的规范科学的考古类型学排队，将越南东山铜鼓在随葬品中的地位与中国云南、贵州、广西、四川的铜鼓作了系统的比较与分析⑤。这些成果无论是在广度还是在深度上都将中国铜鼓研究推上了一个新台阶。

① 韦丹凤：《广西活态铜鼓文化研究》，广西民族大学 2011 年硕士学位论文。

② 万辅彬等：《大器铜鼓——铜鼓文化的发展、传承与保护研究》，中国科学技术出版社 2013 年版。

③ 李昆声、黄德荣：《中国与东南亚的古代铜鼓》，云南美术出版社 2009 年版，第 8 页。

④ 李昆声、黄德荣：《试论黑格尔Ⅰ型铜鼓的三个亚型——以中国西南为中心》，《思想战线》2010 年第 3 期。

⑤ 徐祖祥：《越南东山铜鼓的类型学、年代及来源研究》，载《云南社科成果集萃：云南哲学社会科学"十二五"规划课题选介》第一辑，云南大学出版社 2014 年版。

第二节

铜鼓研究新方略：重返东南亚再出发

尽管中外学者的长期研究取得了大量的成果，涵盖了铜鼓的起源、分类、族属、用途和社会功能、铸造工艺、装饰艺术、合金成分和矿料来源、音乐性能和使用方法、铜鼓文化的保护、传承与发展等领域，但关于铜鼓和铜鼓文化的一些根本性的重大问题，依然没有取得共识，或者没有得到深入透彻的论述。

一是铜鼓的起源问题。早期，不同观点很多，有起源于中国内地说、柬埔寨沿海地区说、印度说、越南北部说、广西东南部说和云南中部说，等等。随着考古发现的增多和研究的深入，现在主要集中于越南北部说和云南中部说的争论上。越南历史学家1950 年代曾认为，古铜鼓是中国南方少数民族与越南北方古代居民共有的文物，而越南古代铸铜技术受到中国的影响，但是 1960 年代之后，他们提出了古铜鼓起源于越南北方的观点，认为越南是铜鼓的故乡，而中国华南所有的铜鼓都是黑格尔 I 型鼓末期，年代相对较晚；中国学者则认为有些外国学者所指年代最早的越南玉镂鼓、黄下鼓等铜鼓形体较大，结构稳定，纹饰繁缛精细，制作工艺水平很高，应是经过长期的摸索和经验的积累后才能制成的，不大可能是铜鼓的原生形态，而中国的万家坝型铜鼓形制古朴，鼓面小，鼓胸部突出，面无纹饰，其外壁都有很厚的烟炱，纹饰反而见于内壁上，兼有铜釜功能，是发轫型鼓，因而主张古铜鼓是中国南方和西南地区一些少数民族的发明创造。

二是铜鼓的传播问题。与铜鼓起源问题密切相关，对于古代铜鼓如何广布于中国南方和东南亚的问题也有不同看法。有人认为是百越民族在漫长的民族迁徙过程中，把铜鼓文化传播到东南亚各地的。大约公元前 5 世纪至公元 2 世纪，东南亚地区发生民族迁徙的浪潮——由亚洲大陆东部的中国和中南半岛向南洋群岛移动，这次民族迁徙浪潮带去了中国的铜器文化。有人认为，在越南东山文化发展时期，铜器文化通过中国南海往来的船只传播到印尼群岛。经过一段时间，其影响渗入当地文化，并形成了自己的特色。有人认为，由于铜鼓具有神器和重器的功能，受到了当时阶级分化过程中的酋长和头人们的欢迎。在印尼，除爪哇岛以外的其他地方，铜鼓大都是孤立发现的，几乎没有东山文化的特点。可能是由于铜鼓具有礼仪和巫术的性质，铜鼓由强大的酋长有意识地进口，而得以广泛流传并被引入与东山同期的其它地方文化当中的。

三是铜鼓的分类问题。自从黑格尔的铜鼓分类体系提出后，很长时间内一直主导铜鼓研究。尽管1970年代以来，中国学者开始打破这种格局，日本和越南学者也对黑格尔分类体系进行修正，特别是中国学者建立了八个类型的分类法，但外国学者大多仍沿用黑格尔的四分法。铜鼓的分类问题，依然没有共识。

四是铜鼓的发展演变与年代序列问题。由于大量铜鼓为窖藏出土或传世品，其年代问题只能通过比较造型、纹饰等进行判断，因而对于各类型铜鼓的年代问题以及各类型之间的相互关系、发展嬗变问题，学术界仍有诸多争议。

五是铜鼓的族属问题。由于铜鼓流传地域辽阔，时间长久，铸造和使用铜鼓的民族成分复杂，特别是对于发明铜鼓和早期使用铜鼓的民族，依然有很多争论，如中国学者对于发明铜鼓的是越人还是濮人，就有不同争论。

六是铜鼓的文化内涵与性质问题。尽管有很多学者对铜鼓的用途、社会功能等问题有所论述，但分布广泛的铜鼓背后，有无统一的信仰体系或共同的文化内涵？如果没有，为什么？如果有，是什么？对这些问题的探讨，尚非常薄弱。

以上问题之所以尚未得以解决或深入论述，主要是因为以往研究有以下不足：

一是资料不对称、不全面、不详实。1950年代以来，中国有发表考古、文物资料的习惯和传统，发现的铜鼓资料大多可以从刊物上查到，而且，在1979—1980年，广西壮族自治区博物馆组织进行了一次全国范围的馆藏铜鼓调查；2014年，广西民族博物馆联合自治区博物馆进行了一次全区范围的馆藏铜鼓调查；2015—2016年，广西民族博物馆开展了全国第一次可移动文物普查的铜鼓专项调查，这些调查都取得了丰富的资料。但是，东南亚国家的铜鼓资料难以从刊物上查阅，也没有专门机构进行调查汇总，导致研究者无法掌握东南亚全面、详实的铜鼓资料，无法将中国-东南亚铜鼓文化圈作为一个整体来进行研究。

二是各国学者各自为战，研究视野狭窄。综观一个多世纪铜鼓研究的成果，绝大多数是对某个国家、某个地区某个时期铜鼓的研究，中国和东南亚各国学者一般以本国铜鼓研究为主，西方一些学者能稍微拓展区域，但最多是以东南亚铜鼓为研究范围。近些年来，随着全球化的迅猛发展，铜鼓研究界的国际交流增强，有了《中国与东南亚的古代铜鼓》（李昆声、黄德荣，2009年）、《大器铜鼓——铜鼓文化的发展、传承与保护研究》（万辅彬等，2013年）等以整个铜鼓文化圈为研究对象的成果，但这些成果在时段上仅限于古代铜鼓，而且，由于经费和人力等方面的原因，没有全面系统详实地呈现中

国和东南亚铜鼓的资料，导致其中一些观点和结论依然有较大争议。

三是多学科综合研究少。在铜鼓研究史上，很多学科都参与了铜鼓的研究，有很多不同学科的成果，但是，多个学科共同研究的项目和成果不多。

针对中国-东南亚铜鼓研究的上述不足，我们认为本领域研究今后发展和突破的方略应该是：重返东南亚再出发。所谓重返东南亚，并不是说铜鼓研究曾经离开过东南亚，只是说在相当长一段时间内，对东南亚铜鼓的调查和研究相对薄弱，要推动铜鼓研究进一步发展，需要大力加强东南亚铜鼓的调查与研究；所谓再出发，是指要从新的视角，以新的方法，拓展和深化铜鼓研究。

一是要拓展和丰富原始资料。加强对东南亚各国所出土和收藏的铜鼓进行全面、系统、科学、规范的调查和记录，不仅要分门别类对出土、收藏和传世的典型铜鼓进行科学描述、拍摄，还要对各国当今活态的各族铜鼓文化进行科学的调查和记录，为进一步推进铜鼓研究奠定坚实的基础。

二是要拓展研究视野。铜鼓是一种跨国的多民族文化现象，进一步深化铜鼓研究必须打破和超越国家疆界和民族界限的局限与束缚，以全局的视野，将中国-东南亚铜鼓文化圈视为一个整体开展研究。

三是要加强多学科合作的综合研究。不仅要民族学、考古学、历史学、科技史学等学科共同参与研究，还要结合计算机科学与技术进行研究和后续的保护传承。对铜鼓进行系统化的、全面的、详细的数字记录，并建立开放、共享的中国-东南亚铜鼓数字化服务平台，这不仅有利于铜鼓的学术研究，也有利于铜鼓和铜鼓文化的保护、传承与发展。中国-东南亚铜鼓文化作为一种历史悠久的跨国多民族共享的区域文化，其研究是一个国际性、综合性的重要研究领域，中国学者也应该与时俱进，努力构建中国-东南亚铜鼓文化研究"中国学派"话语体系。

因此，自2013年以来，我们先后赴老挝、越南、泰国、柬埔寨、缅甸、印度尼西亚、马来西亚，从东南亚开始，对中国和东南亚铜鼓文化进行再调查，并以之为基础，开展再研究。本书所呈现的便是此次再调研的阶段性成果之一。

第二章

老挝铜鼓文化：源远而流长

老挝旧称寮国，位于中南半岛北部，北邻中国，南接柬埔寨，东界越南，西北达缅甸，西南毗连泰国，是中南半岛唯一的内陆国家。老挝自然资源十分丰富。湄公河流经西部1900公里。属热带、亚热带季风气候。5—10月为雨季，11月至次年4月为旱季。年平均气温约26℃，年降水量1250—3750毫米。优越的自然条件非常适合于农业的发展。自古以来，老挝即是一个以稻作农业为主的国度。

老挝是拥有铜鼓较多的国家之一。铜鼓文化是老挝民族历史文化的重要特色，对于老挝铜鼓的调查研究，有助于了解老挝民族历史文化的重要内涵与意义。但长期以来，对老挝铜鼓的调查研究非常薄弱。严格科学意义上对老挝铜鼓的调查研究是1990年代由两位日本学者开始的，结果写成了一篇博士学位论文和一篇硕士学位论文，但至今尚未公开发表。2007年1月16日至2月1日中国学者万辅彬、韦丹芳对老挝克木族铜鼓进行了考察，结果写成了《老挝克木族铜鼓考察》一文，发表在《广西民族研究》

2007 年第 4 期上。2013 年 8 月和 2018 年 7—8 月间，广西民族大学民族研究中心主任李富强教授率领本课题组成员卫彦雄、李珍、覃芳和黄平强等，对老挝铜鼓进行了田野调查。这是至今为止规模最大、最全面系统的调查，调查既采用规范的考古学方法，对老挝所有的馆藏铜鼓进行了测量、描述和拍照，又结合人类学田野调查的方法，与老挝的村民、公务人员等深入访谈，了解铜鼓使用的仪式与习俗。通过调查研究，我们认识到老挝铜鼓文化源远流长。

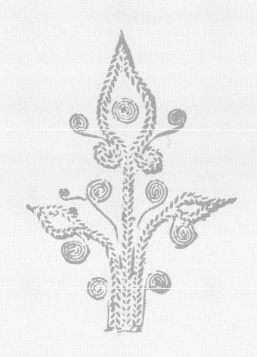

第一节
老挝铜鼓的类型

老挝拥有各种类型的铜鼓，虽然多寡不一，但种类齐全，而且与中国及其他国家的铜鼓相比，其纹饰既有共同性，又有一些地方与民族特色。

课题组 2013 年和 2018 年的两次调查，基本穷尽了老挝所有的馆藏铜鼓，计有老挝国家博物馆 6 面，琅勃拉邦博物馆 63 面，沙湾拿吉博物馆 6 面，占巴色省博物馆 3 面，南塔博物馆 3 面。这 81 面铜鼓囊括了黑格尔铜鼓分类的所有类型。

一、黑格尔 I 型铜鼓

黑格尔 I 型铜鼓共有 6 面。其中 4 面出土于沙湾拿吉省（Savannakhet），现分别存放在沙湾拿吉博物馆（3 面）和老挝国家博物馆（1 面）；1 面收集于占巴色（Champasak），现藏占巴色省博物馆；1 面收集于琅勃拉邦（Luang Prabang），现藏琅勃拉邦博物馆。因无出土的科学记录及伴生器物，这些铜鼓的年代无从确定。但从形制和纹饰来看，这 6 面铜鼓与广西罗泊湾汉墓出土的铜鼓和越南的一些东山铜鼓非常相似。如鼓面边缘常有 4 只单蛙塑像，鼓胸和鼓身常有羽人划船纹和羽人舞蹈纹，有的还有牛、马、羊、鹿、猪等纹饰。越南学者认为，东山铜鼓起源于公元前 7 世纪，一直延续到宋代[①]。中国学者李伟卿认为，黑格尔 I 型铜鼓的年代从春秋中期到宋代[②]，与之大体相符。但跨越的时间过长，对于具体鼓的断代意义不大。如果按照李昆声和李安民的分类，将黑格尔 I 型铜鼓分为黑格尔 I 型石寨山式、文山式和东山式的话，老挝发现的 6 面黑格尔 I 型铜鼓从器型和纹饰来看，与黑格尔 I 型东山式铜鼓最为接近。李昆声和李安民认为，黑格尔 I 型东山式铜鼓的年代是战国末年至东汉[③]。据此推测老挝黑格尔 I 型铜鼓的

---

① 中国广西壮族自治区博物馆、中国广西文物考古研究所、越南国家历史博物馆编著：《越南铜鼓》，科学出版社 2011 年版，第 4 页。

② 李伟卿：《中国南方铜鼓的分类和断代》，《考古》1979 年第 1 期。

③ 李昆声、李安民：《论黑格尔 I 型铜鼓的三个亚型——以中国西南为中心》，《思想战线》2010 年第 3 期。

年代大体相当于中国汉代和汉代之后。

二、黑格尔Ⅱ型铜鼓

黑格尔Ⅱ型铜鼓共有5面。其中4面出土于沙湾拿吉省，现分别存放于沙湾拿吉博物馆（3面）和老挝国家博物馆（1面）；1面出土于占巴色，现藏占巴色省博物馆。老挝黑格尔Ⅱ型铜鼓与越南的黑格尔Ⅱ型铜鼓极为相似。尽管老挝黑格尔Ⅱ型铜鼓较少，但器形和纹饰也有早期和晚期的不同。据越南学者研究，越南黑格尔Ⅱ型铜鼓早期年代为10世纪，晚期年代为10—16世纪[①]。但中国很多学者不认同，如王克荣认为黑格尔Ⅱ型铜鼓是春秋战国至唐代的作品[②]，李伟卿认为黑格尔Ⅱ型铜鼓的年代是东汉至唐代[③]，汪宁生认为黑格尔Ⅱ型铜鼓的年代是魏晋至清代[④]。

三、黑格尔Ⅲ型铜鼓

黑格尔Ⅲ型铜鼓共有69面。其中，39面原藏琅勃拉邦王宫，现藏琅勃拉邦博物馆；23面原藏香通王宫，现藏琅勃拉邦博物馆；3面收集自南塔省（Namtha）万普卡县（Viangphoukha）克木人家，现藏南塔博物馆；3面出土于沙湾拿吉省，现藏老挝国家博物馆；1面原为占巴色王宫旧藏，现藏占巴色省博物馆。器型与中国西盟型铜鼓比较相似，但纹饰具有浓郁的地方和民族特色，如老挝黑格尔Ⅲ型铜鼓上常见有大象、田螺、稻株、蝉、变色龙、鬼针草等立体塑像，这反映了老挝稻作文化的地方和民族特点。大象是热带雨林地区常见的动物，从前老挝先民还有"象耕"；变色龙可预测雨水，若变色龙出现频繁，则可能会天旱；鬼针草是常见于稻田旁的植物，雨季以来，便疯长不止；至于田螺、蝉等都是稻田和树上常见的动物。越南学者普遍认为，黑格尔Ⅲ型铜鼓的年代是5世纪[⑤]，但中国有的学者认为是从唐到近代[⑥]，有的学者认为是从宋朝到现代[⑦]，有的学者认为是从明清到近代[⑧]。

---

① 中国广西壮族自治区博物馆、中国广西文物考古研究所、越南国家历史博物馆编著：《越南铜鼓》，科学出版社2011年版，第5页。
② 王克荣：《古代铜鼓研究中的几个问题》，载《古代铜鼓学术讨论会论文集》，文物出版社1982年版。
③ 李伟卿：《中国南方铜鼓的分类和断代》，《考古》1979年第1期。
④ 汪宁生：《试论中国古代铜鼓》，《考古学报》1978年第2期。
⑤ 同①，第6页。
⑥ 王克荣：《古代铜鼓研究中的几个问题》，载《古代铜鼓学术讨论会论文集》，文物出版社1982年版。
⑦ 张世铨：《论古代铜鼓的分式》，载《古代铜鼓学术讨论会论文集》，文物出版社1982年版。
⑧ 汪宁生：《试论中国古代铜鼓》，《考古学报》1978年第2期。

四、黑格尔IV型铜鼓

黑格尔IV型铜鼓仅有1面，出土于琅勃拉邦，现藏老挝国家博物馆。与现藏越南国家历史博物馆的Lsb-5760号铜鼓 [1] 极为相似。一般认为，黑格尔IV型铜鼓的年代为宋至清末。

————————

① 中国广西壮族自治区博物馆、中国广西文物考古研究所、越南国家历史博物馆编著：《越南铜鼓》，科学出版社2011年版，第240、383页。

图 2-1 黑格尔 I 型铜鼓之 C1 号铜鼓

旧藏占巴色王宫，现藏占巴色省博物馆（馆藏编号 44）。
鼓高 56、面径 88、胸围 300、腰围 237.5、足围 305、壁厚 0.3 厘米。

鼓面中心太阳纹 10 芒，芒间饰翎眼纹，光体凸出，芒体壮硕。1 弦或 2 弦、3 弦分晕，共 10 晕：第 1 晕雷纹；第 2、8 晕切线同心圆圈圆点纹；第 3、6 晕为 26 只首尾相接、逆时针环飞的翔鹭纹；第 4 晕为主晕，有 5 人一组的羽人纹 4 组，间夹对称分布的圆顶干栏式房屋两座，船形干栏式房屋两座，屋内纹饰不清，圆顶干栏式房屋内分为 8 格，格内可模糊见到放置有铜鼓等物；第 5 晕鸟纹；第 7、9 晕锯齿纹；第 10 晕光素。鼓面逆时针环立单蛙 4 只，蛙体肥硕。鼓胸 2 弦分晕，共 6 晕：第 1、3 晕锯齿纹；第 2、5 晕切线同心圆圈圆点纹；第 4 晕船纹，船上有羽人 4 个，船间有鸬鹚和鱼纹；第 6 晕鸬鹚纹。鼓腰 2 弦分晕，共 4 晕：第 1 晕由锯齿纹夹切线同心圆圈圆点纹纹带或双行切线同心圆圈圆点纹纹带纵向分隔为 8 格，其中对称分布、较窄的 2 格内有 6 至 7 只竖向排成两列的鸬鹚，将纹带均匀分隔成对称的两大部分，另 6 格每格纹饰又分成上下两层，上层为 3 只鸬鹚，下层为羽人舞蹈纹，3 个羽人一手执盾一手作挥舞状；第 2、4 晕锯齿纹；第 3 晕切线同心圆圈圆点纹。鼓足素面。胸腰间有对称分布的扁耳 4 只，上饰稻穗纹。鼓身对称合范线 2 道，鼓面、鼓身有多处垫片痕。

图 2-2　黑格尔 I 型铜鼓之 W201 号铜鼓

2008 年 1 月出土于沙湾拿吉省威拉布里区西蓬村（Xepon, Vilabouly District），现藏老挝国家博物馆。

鼓高 76、面径 98.7、胸围 339.5、腰围 256、足围 321、壁厚 0.36 厘米。

　　鼓面中心太阳纹 12 芒，芒体壮硕，鼓面纹饰铸造简粗，自内而外可辨有圆圈圆点纹、栉纹、切线圆圈圆点纹、翔鹭纹、复线菱形纹。鼓面立有单蛙 4 只，蛙体肥硕，蛙头朝外。鼓胸纹饰锈蚀不清，可识 2、3 弦分晕，共 7 晕：第 1 晕锯齿纹，第 2 晕纹饰不清，第 3 晕勾连雷纹，第 4 晕不清，第 5 晕 4 组船纹、羽人竞渡纹，第 6、7 晕模糊不清。鼓腰 2、3、4 弦分晕，共 6 晕：

第1晕为主晕，以双排锯齿纹、双排切线圆圈圆点纹夹勾连雷纹纹带将其分为10格，每格又用弦纹分隔成上下两层，上层为蛇身兽首纹，下层除位于两侧合范线处的两格为空白外，其余均为羽人舞蹈纹；第2、6晕锯齿纹；第3、5晕切线圆圈圆点纹；第4晕勾连雷纹。鼓足光素无纹。胸腰间扁耳4对，饰稻穗纹。合范线2道，鼓身有多处垫片痕迹。

图 2-3　黑格尔 II 型之 C3 铜鼓

出土于占巴色省巴查恩·查仑索库县（Bachien Chaleun Souk）桑珂尼村（Songkhone Village）。现藏占巴色省博物馆（馆藏编号 46）。

鼓高 34、面径 44.6、胸径 42.7、腰径 37.5、足径 44.8、壁厚 0.25 厘米。

　　鼓面断裂残缺严重，中央平滑光素。2、3 弦分晕，共 5 晕：第 1、3 晕为反 S 形纹，第 2 晕同心圆圈纹，第 4、5 晕光素。鼓沿逆时针环立单蛙塑像 4 只，已缺 2 只，蛙体壮硕。缘外伸 1.7 厘米。鼓胸 1、2 弦分晕，共 7 晕：第 1、3、5、7 晕为反 S 形纹，第 2、6 晕为同心圆圈纹，第 4 晕为细弦纹。鼓腰 1、2 弦分晕，共 4 晕：第 1 晕细弦纹，第 2、4 晕反 S 形纹，第 3 晕同心圆圈纹。腰足之际有一圈凸棱，将腰与足分为明显的两部分。鼓足 1、2 弦分晕，共 4 晕：第 1、3 晕为反 S 形纹，第 2 晕同心圆圈纹，第 4 晕复线角形纹，足下端光素。胸腰间有扁耳两对，现存一对。每耳上开长方形孔两个，耳面光素。合范线 2 道，鼓面有多处垫片痕。

图 2-4　黑格尔 II 型之 S3 号铜鼓

1980 年出土于沙湾拿吉省赛布里区巴肯卡宝村（Ban Kengkabau，Saibuly District）现藏沙湾拿吉博物馆。

鼓高 34.2、面径 46、胸径 43、腰径 36.1、足径 43.7、壁厚 0.25 厘米。

　　鼓面纹饰模糊不清，中心现可辨 2 弦分晕，共 6 晕：第 1 晕栉纹，第 2、3 晕切线圆圈纹，第 4 晕鸟纹，第 5、6 晕模糊不清。鼓沿逆时针环立青蛙 4 只，边缘外伸 1.3 厘米。鼓胸 1、3 弦分晕，共 5 晕：第 1、4 晕栉纹，第 2、3 晕圆圈圆点纹，第 5 晕光素。鼓腰 1 弦分晕，共 3 晕：第 1、3 晕栉纹，第 2 晕圆圈圆点纹。腰足之际凸起一圈凸棱。鼓足 1 弦分晕，共 4 晕：第 1、3 晕栉纹，第 2 晕圆圈圆点纹，第 4 晕角形纹。胸腰间有扁耳两对，耳中部开一长方形孔，耳面光素。假合范线 2 道，鼓面有少量垫片痕。

图 2-5　黑格尔 Ⅱ 型之 W197 号铜鼓

出土于沙湾拿吉，现藏老挝国家博物馆。

鼓高 44.7、面径 69.5、胸径 66.1、腰径 59.5、足径 75.6、壁厚 0.5 厘米。

　　鼓面中心太阳纹 8 芒，光体圆凸，芒体尖细，2、3 弦分晕，共 8 晕：第 1 晕莲
花纹；第 2、4、6 晕内侧方框凸点纹，外侧为 8 瓣花纹、树形纹组合；第 3、5、7、
8 晕菱形凸点纹。边缘凸起、光素。鼓面逆时针环立有 2 蛙累蹲塑像 1 对，单蛙塑
像 1 对，相间对称分布。缘外伸 1.1 厘米。鼓胸 2 弦分晕，共 3 晕：第 1、3 晕菱形
凸点纹，第 2 晕方形对角戳印纹外加树枝纹、方框凸点纹。胸腰之际有一圈凸棱。
鼓腰 2、3 弦分晕，共 4 晕：第 1、3 晕菱形凸点纹，第 2 晕方形对角线戳印纹外加
树枝纹、方框凸点纹，第 4 晕外为复线橄榄形内为 6 瓣花纹。腰足之际有一圈突棱，
足 2 弦分晕，共 2 晕：第 1 晕莲花纹，第 2 晕方形对角线戳印纹外加树枝纹、方框
凸点纹。鼓耳 2 对，耳面饰稻穗纹。合范线 2 道，鼓面、鼓身有少量垫片痕。

图 2-6　黑格尔Ⅲ型之 C2 号铜鼓

原为占巴色王宫旧藏，现藏占巴色省博物馆（馆藏编号 45）。
鼓高 46.5、面径 63.2、胸径 57、腰径 47.5、足径 50.1、壁厚 0.3 厘米。

　　鼓面中心太阳纹 12 芒，芒尖穿 2 弦，芒间光素。3 弦分晕，共 16 晕：第 1、7、13 晕栉纹，
第 2、6、8、14 晕为同心圆圈纹组成的太阳纹，第 3、9、15 晕为谷粒纹，第 4、12 晕为鸟纹，
第 5、10、11 晕为花瓣纹、菱形纹、鸟纹相间的组合纹，第 16 晕为对称分布的 4 组 3 朵 10 瓣
花纹一组的纹饰。边缘饰稻穗纹。鼓面边沿逆时针环立 3 蛙累蹲塑像 4 组。鼓面边缘外伸 3 厘米。
鼓胸 3、4 弦分晕，共 4 晕：第 1 晕为栉纹、回形纹；第 2 晕为由同心圆圈纹、四周填短线组成
的太阳花纹；第 3 晕为谷粒纹；第 4 晕上部谷粒纹、水波纹、叶脉纹，中下部光素。鼓腰 3 弦分晕，

共10晕：第1、9晕为谷粒纹；第2、4、6、8晕为太阳花纹；第3、7晕为栉纹、回形纹；第
10晕上部为谷粒纹、水波纹、叶脉纹，下部为叶脉纹、水波纹、谷粒纹，中间光素。一侧鼓耳
下、鼓腰第9、10晕处，沿假合范线自上而下有3只田螺和3只下行大象的立体塑像。鼓足3弦
分晕，共3晕：第1晕为同心圆圈纹组成的太阳花纹，第2晕为栉纹、回形纹，第3晕为谷粒纹。
足底部为弦纹。胸部有长窄条形扁耳两对，上饰稻穗纹、弦纹。假合范线4道，对称分布，其中
2道穿过两耳之间。

图 2-7　黑格尔 Ⅲ 型之 LP568（51）号铜鼓

原藏琅勃拉邦王宫，现藏琅勃拉邦博物馆。
鼓高46.4、面径70.4、胸径64.5、腰径51.4、足径54.7、壁厚0.3厘米，重18.50千克。

　　鼓面中心太阳纹12芒，芒体尖细，芒尖穿透3弦，每3芒间饰1朵10瓣花纹，共4朵。2、3弦分晕，共18晕：第1、3、7、9、14、16晕圆圈圆点外填短线而成的太阳纹，第2、8、15晕栉纹，第4、10、17晕复线菱形凸点纹，第5、18晕10瓣花纹，第6、13晕鸟纹，第11、12晕菱形纹、10瓣花纹、鸟纹。边缘饰稻穗纹，鼓沿逆时针环立3蛙累蹲塑像4组。缘外伸2.6厘米。鼓胸2、3弦分晕，共5晕：第1、3晕圆圈圆点外填短线而成的太阳纹；第2晕栉纹；第4晕复线菱形凸点纹；第5晕上部为谷粒纹、水波纹、叶脉纹，中下部光素。鼓腰2、3弦分晕，共10晕：第1、9晕复线菱形凸点纹；第2、4晕圆圈圆点外填短线而成的太阳纹；第3、7晕栉纹；第5晕10瓣花纹；第6、8晕圆圈圆点纹；第10晕上下皆

为谷粒纹、水波纹、叶脉纹，中间大部光素。一侧鼓耳下，鼓腰第 10 晕有玉树一棵，树干上自上而下立有 3 只田螺和 3 只下行大象。鼓足 2、3 弦分晕，共 4 晕：第 1 晕栉纹，第 2 晕圆圈圆点纹，第 3 晕复线菱凸点纹，第 4 晕谷粒纹。足底外缘饰稻穗纹。胸部又根扁耳两对，面饰弦纹、稻穗纹。假合范线 2 道，鼓面有多处垫片痕。

图 2-8 黑格尔 Ⅲ 型之 LP574（22）号铜鼓

原藏琅勃拉邦王宫，现藏琅勃拉邦博物馆。

鼓高 51.3、面径 65.8、胸径 60.2、腰径 47.4、足径 50.8、壁厚 0.4 厘米，重 18 千克。

　　鼓面中心太阳纹 8 芒，芒体尖细，中心残补，芒间饰翎眼纹。1、2、3 弦分晕，共 24 晕：第 1、
5、12、19 晕谷粒纹，第 2、4、8、9、13、18、21 晕圆圈圆点外填短线而成的太阳纹，第 3、6、7、
15、23 晕栉纹，第 10 晕鸟纹，第 11 晕雷纹，第 14 晕复线菱形凸点纹，第 16、22 晕双行谷粒纹，
第 17、20 晕 6 瓣花纹、鱼纹、鸟纹，第 24 晕光素，边缘饰稻穗纹。鼓沿逆时针环立单蛙 4 只，已缺
2 只。第 19、20 晕交接处部分断裂下陷。边缘外伸 2.3 厘米。鼓胸 1、2 弦分晕，共 7 晕：第 1、4、
5 晕圆圈圆点纹与圆圈圆点外填短线而成的太阳纹相间；第 2 晕栉纹；第 3 晕谷粒纹；第 6 晕双行谷
粒纹；第 7 晕上部谷粒纹、水波纹，中下部光素。鼓腰 1、2 弦分晕，共 10 晕：第 1、7、9 晕圆圈圆
点纹与圆圈圆点外填短线而成的太阳纹相间；第 2 晕谷粒纹；第 3、8 晕栉纹；第 4 晕复线菱形凸点

纹；第5晕光素；第6晕双行谷粒纹；第10晕上下皆为谷粒纹、叶脉纹、水波纹，中间大部光素。鼓足1、2弦分晕，共5晕：第1晕谷粒纹，第2晕栉纹，第3晕圆圈圆点纹与圆圈圆点外填短线而成的太阳纹相间，第4晕双行谷粒纹，第5晕弦纹，一侧合范线的鼓足部分立有上行变色龙1只。胸部叉根扁耳两对，饰弦纹、稻穗纹。假合范线2道。

图 2-9　黑格尔Ⅲ型之 LP584（39）号铜鼓

原藏琅勃拉邦王宫，现藏琅勃拉邦博物馆。
鼓高 43.4、面径 58、胸径 50.8、腰径 38.5、足径 43、壁厚 0.25 厘米，重 17.7 千克。

　　鼓面中心太阳纹 12 芒，芒间饰翎眼纹。2、3 弦分晕，共 14 晕：第 1、6、12 晕圆圈圆点纹，
第 2、7 晕栉纹，第 3、11 晕鸟纹，第 4、5、9、10 晕复线菱形纹、鸟纹，第 8 晕上下水波纹夹谷
粒纹，第 13 晕谷粒纹，第 14 晕光素。边缘饰稻穗纹。鼓沿逆时针环立双蛙累蹲塑像 4 组。缘外
伸 3 厘米。鼓胸 2、3 弦分晕，共 5 晕：第 1 晕复线菱形纹，第 2 晕圆圈圆点纹，第 3 晕栉纹，第
4 晕上下水波纹夹谷粒纹，第 5 晕大部光素。一侧鼓耳、两侧鼓胸第 5 晕鼓耳两侧各有一古体老
挝文印章（中文意思为"大"），两侧各有 1 条变色龙（变色龙与雨水有关，变色龙出现频繁，则
旱）。鼓腰 2、3 弦分晕，共 8 晕：第 1、7 晕上下水波纹夹谷粒纹；第 2、6 晕栉纹；第 3、5 晕圆
圈圆点纹；第 4 晕光素；第 8 晕上部位谷粒纹、叶脉纹，本晕一侧鼓耳下饰 2 棵稻株，每稻株根
底各立 1 只田螺塑像，2 棵稻株之间自上而下立蝉 1 只，下行大象 2 只。鼓足 2、3 弦分晕，共 4 晕：
第 1 晕圆圈圆点纹，第 2 晕栉纹，第 3 晕复线菱形纹，第 4 晕弦纹。胸部又根扁耳两对，饰复线
菱形纹、弦纹、稻穗纹。对称假合范线 2 道。

图 2-10　黑格尔Ⅲ型之 LP594（62）号铜鼓

原藏琅勃拉邦王宫，现藏琅勃拉邦博物馆。
鼓高 52、面径 67.2、胸径 61.3、腰径 50.9、足径 58、壁厚 0.3 厘米，重 21.95 千克。

　　鼓面中心太阳纹 12 芒，芒体尖细穿 2 弦。3 弦分晕，共 18 晕：第 1、2、9、10、15、16 晕圆圈圆点纹，第 3、6 晕栉纹，第 4、14 晕鸟纹，第 5 晕雷纹，第 7、8、12、13 晕复线菱形纹、鸟纹，第 11 晕复线菱形凸点纹，第 17 晕谷粒纹，第 18 晕光素。边缘饰稻穗纹，鼓沿逆时针环立 3 蛙累蹲塑像 4 组。缘外伸 2.7 厘米。鼓胸 3 弦分晕，共 6 晕：第 1 晕谷粒纹；第 2、5 晕栉纹；第 3、4 晕圆圈圆点纹；第 6 晕上部为谷粒纹、水波纹，中下部光素。鼓腰 3 弦分晕，共 12 晕：第 1、5、11 晕谷粒纹；第 2、3、9、10 晕圆圈圆点纹；第 4、8 晕栉纹；第 6 晕光素；第 12 晕上下皆为谷粒纹、叶脉纹、水波纹，中间大部光素。

一侧鼓耳下，鼓腰第1晕和第10晕各立有1只乌龟塑像，第2、3、4、5、7、8晕各有1只田螺塑像，这些塑像呈垂直线状排列。第12晕有2棵稻株纹，稻株根部各有1只乌龟，稻秆上各有1只蝉，2棵稻株之间上下排立3只下行大象，大象正前立1只田螺。鼓足3弦分晕，共5晕：第1晕栉纹，第2、3晕圆圈圆点纹，第4晕谷粒纹，第5晕光素，底缘饰稻穗纹。胸部叉根扁耳两对，一侧鼓耳饰卷叶纹、稻穗纹、弦纹。另一侧饰莲花纹、稻穗纹、弦纹。假合范线6道，3道一组，对称分布，一侧合范线上、鼓腰第10晕处有1株水蕨菜，对称处疑原有1株已缺失。

图 2-11　黑格尔Ⅲ型之 LP599（52）号铜鼓

原藏琅勃拉邦王宫，现藏琅勃拉邦博物馆。
鼓高 49.3、面径 66.2、胸径 59、腰径 48、足径 50.1、壁厚 0.3 厘米，重 18.65 千克。

　　鼓面中心太阳纹 12 芒，中央光体圆突，光体外侧另刻 12 芒太阳纹，芒根间饰翎眼纹，芒尖穿 3 弦，尖端各连一心形卷叶纹至第 1 晕内。3 弦分晕，共 16 晕：第 1、7 晕栉纹，第 2、3、8、14 晕圆圈圆点外填短线而成的太阳纹，第 4、9、15 晕复线菱形纹，第 5 晕 11 瓣花纹，第 6、12 晕鸟纹，第 10、11 晕复线菱形纹、11 瓣花纹、鸟纹，第 16 晕光素。边缘饰稻穗纹，鼓沿逆时针环立 3 蛙累蹲塑像 4 组，其间另立有 4 只头朝外蹲伏狮子塑像，与每组累蹲蛙逐一相隔。缘外伸2.9 厘米。鼓胸 3 弦分晕，共 5 晕：第 1 晕谷粒纹；第 2 晕栉纹；第 3 晕圆圈圆点外填短线而成的太阳纹；第 4 晕复线菱形纹；第 5 晕上部为谷粒纹、叶脉纹，中下部光素。鼓腰 3 弦分晕，共 10晕：第 1、9 晕为复线菱形纹；第 2、8 晕圆圈圆点外填短线而成的太阳纹；第 3、7 晕栉纹；第 4、

6晕谷粒纹；第5晕11瓣花纹；第10晕上部谷粒纹、水波纹、叶脉纹，下部为叶脉纹、水波纹、谷粒纹，中间大部光素。一侧鼓耳下的合范线上，鼓胸、鼓腰至鼓足部立有一连串动物塑像，自上而下有龟、朝下坐象、变色龙、双尾变色龙、水烧甲、3只田螺、老鼠、3只大象、1头犀牛、2条变色龙，鼓腰第10晕处稻一株，稻株上有2只向上爬行的老鼠。鼓足3弦分晕，共5晕：第1晕谷粒纹；第2晕栉纹；第3晕圆圈圆点外填短线而成的太阳纹；第4晕复线菱形纹；第5晕谷粒纹，谷粒纹上另饰顺时针相间的乳钉与23只变色龙。足底外缘饰稻穗纹。胸部叉根扁耳两对，两侧鼓耳饰稻穗纹、弦纹、连珠纹、卷叶纹，两耳中部及下部各立有变色龙塑像。假合范线4道，对称分隔，其中2道穿过两耳之间。鼓面有16处垫片痕，鼓身少。

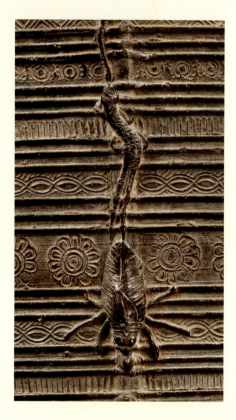

图 2-12　黑格尔Ⅲ型之 LP604（60）号铜鼓

原藏琅勃拉邦王宫，现藏琅勃拉邦博物馆。

鼓高 48.7、面径 69.8、胸径 63.4、腰径 52、足径 53.6、壁厚 0.4 厘米，重 20.60 千克。

全身多处残补。鼓面中心太阳纹 16 芒，光体中心饰 12 瓣花纹，芒体尖细，穿 2 弦，芒间饰 12 瓣花纹。3 弦分晕，共 17 晕：第 1、3、7、9、13、15 晕圆圈圆点外填短线而成的太阳纹，第 2、8、14 晕栉纹，第 4、10、16 晕 12 瓣花纹，第 5、11 晕 12 瓣花纹、复线菱形凸点纹、鸟纹，第 6、12 晕鸟纹，第 17 晕莲花纹。边缘饰稻穗纹，鼓沿逆时针环立 3 蛙累蹲塑像 4 组。缘外伸 2.6 厘米。鼓胸 3 弦分晕，共 3 晕：第 1 晕圆圈圆点外填短线而成的太阳纹；第 2 晕 12 瓣花纹；第 3 晕上下皆为莲花纹，内饰有谷粒纹、水波纹、叶脉纹，中间光素。鼓腰 3 弦分晕，共 10 晕：第 1、5、9 晕 12 瓣花纹；第 2、4、6、8 晕为圆圈圆点外填短线而成的太阳纹；第 3、7 晕栉纹；第 10 晕上下皆为莲花纹，内饰有谷粒纹、水波纹、叶脉纹。鼓足 3 弦分晕，共 4 晕：第 1 晕栉纹；第 2 晕圆圈圆点外填短线而成的太阳纹；第 3 晕 12 瓣花纹；第 4 晕上部莲花纹、弦纹，下部谷粒纹。胸部叉根扁耳两对，饰弦纹、连珠纹、稻穗纹。3 道假合范线为一组，共 4 组，其中 3 组皆为稻株纹、12 瓣花纹组合竖向纹带，1 组为稻株纹、12 瓣花纹组成的纹带上自上而下有 3 只田螺及 3 只下行大象。

图 2-13　黑格尔Ⅲ型之 N1 号铜鼓

1995 年收购于万普卡县克木人家，现藏南塔博物馆。
鼓高 46、面径 63.5、胸径 57.6、腰径 46、足径 50.3、壁厚 0.25 厘米。

　　鼓面中心复线太阳纹 12 芒，芒间饰翎眼纹，芒尖穿至第二弦。3 弦分晕，共 17 晕：第 1、
3、6、9、11、14、15 晕同心圆圈纹，第 2 晕栉纹，第 4、10 晕变形鸟纹，第 5 晕雷纹，第
7 晕双行谷粒纹，第 8、13 晕菱形雷纹、鸟纹相间的组合纹，第 12 晕谷粒纹，第 16 晕复线
菱形填线纹，第 17 晕光素。鼓面边缘饰稻穗纹，鼓沿逆时针环立 3 蛙累蹲塑像 4 组。缘外伸
2.6 厘米。鼓胸 3 弦分晕，共 5 晕：第 1 晕为谷粒纹；第 2、3 晕同心圆圈纹；第 4 晕复线菱
形填线纹；第 5 晕上部谷粒纹，中下部光素。鼓腰 3 弦分晕，共 10 晕：第 1 晕复线菱形填线
纹；第 2、3、7、8 晕同心圆圈纹；第 4、6 晕栉纹；第 5 晕光素；第 9 晕谷粒纹；第 10 晕

上下两端谷粒纹、叶脉纹、水波纹，中间光素。鼓足3弦分晕，共5晕：第1、2晕同心圆圈纹；第3晕复线菱形填线纹；第4晕莲花纹、连珠纹；第5晕上有立体的变色龙雕像50只，变色龙首尾相接、逆时针爬行。足底边缘饰稻穗纹。胸部有窄条形叉根扁耳两对，面饰弦纹，耳上下两端饰稻穗纹，一侧的鼓耳面上、两耳之间及每耳之下各有立体的变色龙1只，鼓耳下方饰卷叶纹。在此侧耳之下从腰部第5至9晕的晕内、弦上纵向排列立体的田螺塑像3只，第10晕内有水稻1株，稻秆上原从上往下排列有3只立体的下行大象，现仅存1只。假合范线2道。

图 2-14　黑格尔 IV 型之 W196 号铜鼓

出土于琅勃拉邦，现藏于老挝国家博物馆。

鼓高 27.1、面径 45.6、胸径 45.6、腰径 38.7、足径 44.4、壁厚 0.35 厘米。

鼓面中心太阳纹 12 芒，芒尖穿透 2 弦。2 弦分晕，共 7 晕：第 1、4、7 晕乳钉纹，第 2 晕绚纹，第 3 晕云纹，第 5 晕如意云纹，第 6 晕水波纹。鼓胸 1、2 弦分晕，共 5 晕：第 1 晕乳钉纹，第 2 晕如意云纹，第 3 晕竖线斜纹组合纹，第 4、5 晕雷纹。胸腰之间有一圈凸棱，棱间饰弦纹。鼓腰 1、2 弦分晕，共 4 晕：第 1、3 晕卷云纹，第 2、4 晕雷纹。鼓足 2 弦分晕，仅 1 晕，饰翎眼纹。胸部置扁耳 2 对，耳面饰弦纹，其中一耳双弦线之间饰网格纹。合范线 2 道。

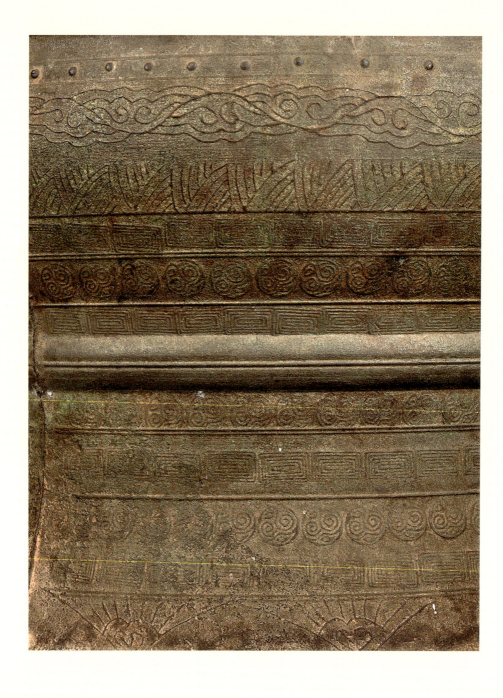

第二节

老挝铜鼓的历史与族属

综观老挝铜鼓资料，我们大体可以推断，老挝人在相当于中国汉代或稍后已开始使用铜鼓。尽管没有充分的证据可以确定，目前发现的最早铜鼓是在老挝铸造的还是从其他地方流传来的，但此后迄至今天，老挝一直有人铸造和使用铜鼓却是事实。那么，老挝铜鼓的主人是谁？要弄清这个问题，要从老挝的民族历史说起。

老挝是一个历史悠久的多民族的国度。按照老挝的官方文件，在今天老挝的土地上，生活着 49 个民族，这 49 个民族分为四个族群：佬泰族群、孟-高棉族群、汉藏族群和苗瑶族群[①]。但学术界一般将老挝民族分属老龙族系、老听族系和老松族系。

一、老龙族系

老龙族系是老挝的主体民族，约占全国人口的三分之二。“老龙”意为“平原谷地的老挝人”，包括有泰诺（汉傣）、泰丹（黑泰）、泰登（红泰）、泰考（白泰）、普泰、泰原、泰艮、泰泐、泰样、佬（寮、老）等族支。其中佬人最多，泰泐次之。

关于老龙族的起源，长期以来有“土著说”与“迁徙说”的争论。

所谓“土著说”，即认为老龙族的发源地本来就在中南半岛，汉代西南徼外的掸国就是泰佬族最早建立的国家。张凤岐[②]、尤中[③]、马长寿[④]、刘稚[⑤]、杜玉亭、陈吕

---

① 历史上，统治者将老挝人民简单分为“佬”（自由人）和“佧”（奴隶或奴仆）。1968 年，老挝革命政权将老挝民族划分为 3 个系统 68“份”（部族）。1985 年，老挝民族工作者将老挝民族分为 47 个。1995 年，老挝进行人口普查，公布的民族数目也是 47 个。2000 年 8 月，老挝中央建国阵线召开了一次关于老挝族群名称的专门讨论会，确定老挝民族数目为 49 个，分 4 个族群：佬泰族群、孟-高棉族群、汉藏族群和苗瑶族群。2005 年，老挝政府出版《老挝人民民主共和国各族群》，首次以正规文献的形式公布了老挝民族数目。

② 张凤岐：《老挝简史》，云南民族学院民族研究所，1980 年，第 18-22 页。

③ 尤中：《中国西南的古代民族》，云南民族出版社 1980 年版，第 57 页。

④ 马长寿：《南诏国内的部族组成和奴隶制度》，上海人民出版社 1960 年版，第 6 页。

⑤ 刘稚：《东南亚泰佬族系民族源流初探》，《东南亚》1986 年第 3 期。

范^①等中国学者及一些泰国学者均持此说。但有些学者对此提出质疑，如江应樑认为掸国不是傣族先民的国家^②；徐松石认为，掸国虽是由佬泰族先民组成，但掸族是从中国迁去的^③。

所谓"迁徙说"，最初由一些西方学者提出。他们认为，泰佬人发源于中国北方阿尔泰山脉，由于受汉族压迫，逐渐南迁，先后建立哀牢王国和南诏王国，最后在元代被赶到中南半岛。可是近几十年来，中国学者对南诏国的研究证明，建立南诏国的不是泰人，而是彝族和白族先民，史籍中保留下来的语言材料说明，南诏国的语言不是泰语，而是彝语和白语。这已成为中外学术界的共识。至于有学者将泰佬族与中国汉代哀牢人联系起来^④，也有越来越多的学者提出了质疑^⑤。而有学者认为，佬龙族是10世纪之后大量迁入老挝的。佬龙族迁入老挝不是一次完成的，而是在不同时期、不同地点出发，经不同路线且数量多寡不一地逐渐迁入的。

二、老听族系

老听（或译为"老腾""老通""寮听"）族系是老挝另一重要族系。"老听"即"丘陵高原的老挝人"，包括的族支有佧格、佧朴、佧拉佩、佧蒙、佧根、佧米、佧三岱、佧丹、佧鸿、佧曼朱、佧沛、佧索、佧色克、佧姆、佧隆、佧比、佧戈、巴那、西达、拉芬、拉威、景诺、景代、景南、景鹤、景波、芽欢、芽民、芽若、因低等。

老听族是很古老的民族，其语言复杂，没有文字。关于其起源，有学者认为，老听族属于印度尼西亚族系，而印度尼西亚族人的来源，有人认为来源于中国，有人认为来源于印度；有的学者认为老听族应该属于孟-高棉族系，而孟-高棉人的起源，有人认为起源于中国，有人认为起源于印度，还有人认为起源于印度尼西亚。不论这些观点如何不同，有一点是学术界的共识，即老听族是老挝最古老的族系。英国学者格兰特·埃文斯的《老挝史》曾明确地描述了老听族与老龙族的关系史："'傣'（Tai）是一个宽泛的语言学分类，泰也曾经一度被视作一种广泛共享的文化，包括老挝和泰国的泰族。傣族被认为起源于中国南部的广西，由于受到不断扩张的中华帝国的压力，傣族在公元第一个千年的某个时候开始向西南方向迁移。今天，傣族分布于整个东南亚大陆。他们散布

① 杜玉亭、陈吕范：《忽必烈平大理国是否引起泰族的大量南迁》，《历史研究》1978年第2期。
② 江应樑：《傣族史中涉及东汉掸国的商榷》，《云南社会科学》1981年第2期；江应樑：《南诏不是傣族建立的国家》，载江应樑著《傣族史》附录二，四川民族出版社1983年版。
③ 徐松石：《粤江流域人民史》，中华书局1939年版，第267-268页。
④ 龚明光：《老挝老龙族源出于哀牢夷考》，《广西民族学院学报》（哲学社会科学版）1984年第2期。
⑤ 申旭：《〈老挝老龙族源出于哀牢夷考〉质疑》，《印度支那》1985年第4期。

在中国的南部边陲，越南和缅甸的北部，以及印度的东北部，当然他们还构成了老挝和泰国的大部分人口。……在傣族开始迁移的时候，东南亚大陆被森林所覆盖，使用同属于南岛语系（Austronesian）和孟-高棉（Mon-Khmer）语系的各种族定居于此。……很久以前迁移到印度支那高地山谷的那些傣族人是由武士首领领导的……傣族武士沿着山脉河谷不断迁移，沿途征服了他们发现的多个原住民群体，这些原住民群体成了傣族村庄和政体的附属成员。被征服的民族被称为'卡'（kha），现代翻译为'奴隶'。"①

三、老松族系

老松（又译为"老嵩"或"寮松"）族系包括花姆苏、俚俚、苗、白苗、黑苗、绿苗、瑶、贺、兰丁等民族。"老松"意为"高山地区的老挝人"，他们多住在海拔约1500米的高山上，语言分属汉藏语系的藏缅语族和苗瑶语族。他们都是很晚才从中国迁到老挝的。如姆苏族，在中国称为拉祜族。唐代以前，拉祜族主要活动在洱海地区。此后，拉祜族南迁。清代一部分迁入到西双版纳。老挝的拉祜族就是清代从西双版纳迁入的。而老挝的苗、白苗、黑苗、绿苗、瑶、兰丁，在中国被归为苗族和瑶族，中国学者一般认为与中国古代的三苗、五溪蛮有密切关系，起源于中国贵州、四川、湖南等省。自唐宋之后，苗族分布于湘西至贵州境内，瑶族分布于湘西南和两广地区②。大约自13世纪以来，历经元明清三代，苗族和瑶族陆续向中国西南的云南和印度支那半岛的北部迁移③。至于迁入老挝的具体时间，有学者认为是18世纪，有人认为是在19世纪④。

结合老挝民族的历史与发现的铜鼓资料，我们认为，老挝的黑格尔Ⅰ型铜鼓和黑格尔Ⅱ型铜鼓的主人应该是佬龙族先民。从现在的发现看，黑格尔认为最早的Ⅰ型铜鼓大都在中国南方各省，还有一些出现于东京（今越南北部）和马来群岛，这一论述是客观的。这一区域的居民是骆越人及其后裔。因而黑格尔Ⅰ型铜鼓的制造者是骆越人，黑格尔Ⅱ型铜鼓是黑格尔Ⅰ型铜鼓的延续，其最初的制造者亦是骆越人。秦汉之后，居住在中国广西和越南北部的骆越族人不断向东南亚迁徙，其中一部分进入老挝，带去了自己的铜鼓。

① ［英］格兰特·埃文斯著，郭继光、刘刚、王莹译：《老挝史》，东方出版中心2011年版，第1-3页。
② 《云南各族古代史略》编写组：《云南各族古代史略》，云南人民出版社1977年版，第321页。
③ 张凤岐：《老挝简史》，云南民族学院民族研究所，1980年，第21页。
④ 景振国：《老挝各族系起源与国家沿革》，载范宏贵等主编《老挝佬族起源研究文集》，世界图书出版广东有限公司2011年版，第71-106页。

黑格尔Ⅲ型铜鼓的主人，黑格尔1902年在《东南亚细亚古代金属鼓》中认为，是缅甸的掸族（Shan）、克伦族（Karen），但也有学者认为是克木人。老挝黑格尔Ⅲ型铜鼓较多，现在仍使用者主要有克木族、泰族、拉篾（Lamet）族等。

黑格尔Ⅳ型铜鼓，有人认为是僚僚（中国彝族）的传世之物，但中国的壮、瑶、苗、侗、土家族及越南的京、热依（Giay）、布标（Pu Peo）、瑶族、泰族等也有使用。老挝黑格尔Ⅳ型铜鼓仅见1面，其族属难以确定。

总而言之，老挝最初使用铜鼓的可能是老龙系民族，开始的时间可能是在汉代或之后。大量使用铜鼓可能是唐代之后，主人是老听系的一些民族。后来，老松系的一些民族迁到老挝后，也加入了使用铜鼓的行列。

第三节

老挝铜鼓文化的现代流传

老挝现代民间依然保存有许多古代铜鼓，特别是在北方比较多。据了解，在 20 世纪八九十年代，老挝全国保存有古代铜鼓 1000 面左右。仅北部的南塔省民间就有 600 多面铜鼓。但此后，流失很快。据不完全统计，现在南塔省民间铜鼓仅有不到 300 面。

使用铜鼓的仪式和场合也在减少。本来老挝的传统新年宋干节是使用铜鼓的，直至 1953 年，宋干美女巡游时，依然敲击 2 面铜鼓为前导。但此后，宋干节仪式再也不见了铜鼓的踪影，只是在老挝主体民族的记忆深处，铜鼓依然是神圣之物。1995 年，在庆祝琅勃拉邦成为世界文化遗产城市时，铜鼓又出现在一些活动中。

现在老挝还保存并使用铜鼓的民族包括克木族、泰族、拉篾族、苗族、瑶族等，但民间保存铜鼓最多且时常使用铜鼓的是克木族。克木族使用铜鼓的仪式和习俗等，代表了当代老挝"活"的铜鼓文化的主体。

克木人操孟-高棉语族语言，虽然也是古代孟-高棉语民族的先民在迁徙过程中进入今天中国的云南边境地区和东南亚的中南半岛北部地区后，才逐渐形成的民族群体，但他们的历史自有文字记载以来，已经是如今其分布区的"土著"了。克木人很可能

图 2-15　1953 年宋干节上的铜鼓

在濮人之前就已经迁徙到东南亚地区，甚至早于老族人到达老挝。所以，在老挝澜沧王国（又译为南掌王国）时期，老族人每年都还举行一种由克木人把土地授予他们的仪式[①]。

老挝是如今克木人口最多的国家，老挝的克木人分布在上寮的万象、川扩、琅勃拉邦、丰沙里、南塔、乌多姆塞、博胶及沙耶武里等省。克木人主要有克木乌、克木霍、克木别、克木困和克木勒五个支系，但各支系在语言、文化及风俗习惯等方面没有太大的差异。

克木人是一个农耕族群，其传统耕作方式是刀耕火种，其农耕礼仪是一个比较完整的文化体系，核心就是主宰谷子（旱稻）的谷灵"玛我"（谷子妈妈）信仰。"玛我"的载体本是特定的谷穗，但现在通常是由克木人家庭的女主人来象征。一年中一般要举行三次有关"玛我"的祭祀礼仪。第一次在春季，即每年4月播种前；第二次在秋季，谷子晒干后举行打谷仪式；第三次在12月，即谷子归家入仓三天后举行的"叫谷魂"仪式。

克木人中虽然也有少数人信仰佛教，但主要信奉万物有灵。他们绝大多数人认为，无论何时何地，在自己的周围都有鬼魂存在，而且鬼魂的种类繁多，天地万物都有鬼，如天鬼、地鬼、村鬼、家鬼、父母鬼、湖鬼、码头鬼等等。每个村子都有巫师，巫师可以判定是什么鬼作怪，并针对其喜好和特征，主持祭祀仪式，如祭山鬼、祭田鬼、祭地鬼等。

克木人每年除了围绕农事有各种节日庆典之外，还有冬令节和新宅节等节日。冬令节是各家各户与近亲一起过的节日，具体日子则要根据祖先的生日和忌日来确定。客人到齐后，主人要把鸡血擦在每个人的膝盖上，然后用白棉纱拴在各人的手腕上，表示祝福。新宅节一般是在公历3月中旬举行，如果哪家盖起了正规的住宅，就有权举行新宅节。盖房前，老人们先要定下动工和竣工的日子，以便举行节日[②]。

据了解，现在依然使用铜鼓的克木人主要分布在老挝北部的五个省：南塔省、博胶省、乌多姆塞省、丰沙里省、琅勃拉邦省。克木铜鼓主要有三种类型，也代表三代铜鼓。关于其历史，现在只有传说可据。据2018年7月30—31日我们在老挝南塔省南塔县田头村收集到的一个流传于克木人的民间传说——

克木铜鼓的最早制造者是昆将带领的一群人，最初造铜鼓的人叫威苏和囊昆坎，他们是一对夫妻。传说他们的祖先是从中国云南的洱海搬迁到柬埔寨的，到

---

① 何平、罗圣荣：《克木人的形成与早期历史》，《思想战线》2008年第2期。
② 潘征峰：《老挝克木人风情》，《东南亚》1987年第1期。

他们的父母一辈居住于柬埔寨的吴哥。到9世纪，威苏出生，到威苏12岁，他的妻子囊昆坎7岁时，他们就从柬埔寨搬迁到老挝北部。那时的威苏和囊昆坎夫妇住的村子叫德康村，这个村在现在的博胶省泡峒县，目前这个村有95间房子，380人。

威苏和囊昆坎夫妇不仅是第一代铜鼓的制造者，也是第二代铜鼓的制造者。第二代铜鼓在11世纪的头25年开始制造，那时的铜鼓是用合金来制造的，其中有铝、红铜、锡、白铜、银，各种金属成分很多。11世纪头25年里，据说生产了3200面铜鼓。生产这些铜鼓时主要使用了这个村的劳动力，他们挖矿、炼矿，然后制造铜鼓。

威苏和囊昆坎没有生育，但威苏有三个妹妹，他把三个妹妹的孩子抚养成人后，留下一个女孩作为继承人。威苏和囊昆坎很富有、能干，在他们47岁和42岁时，有一天，他们想渡过一条大约200米宽的河，去对岸建立新村。因河水湍急，妻子自告奋勇要先游过河，约好待安全到达对岸发出呼叫后，丈夫再游过去。不料妻子跳下河时，压到一个猫头鹰，猫头鹰发出的叫声被丈夫听到，以为是妻子安全抵达对岸的信号，就跳入江中，与妻子一起被淹死了。威苏和囊昆坎的养子和养女，将他们的尸体带回来，放到船上，打算送回他们的出生地柬埔寨。漂到琅勃拉邦南巫河流入湄公河的入口时，船被卡住了。他们的子女只好把他们的遗骨葬到悬崖上。

第三代铜鼓是新一代铜鼓，转移到泰国的清莱府一个叫咩弘算的村子生产。威苏和囊昆坎去世后，他们的后代和村民还在原来的村子里生活了30年，后来这两个村的村民就搬迁到泰国的清莱府。到14世纪，威苏的后代就想像他们的父辈那样去生产铜鼓，当作商品去出卖。这就是第三代铜鼓。很多少数民族都把这类铜鼓作为文物摆放在家里。到19世纪末20世纪初，老挝北部五省克木人，常到泰国的清迈、南邦、清莱购买这些铜鼓，即第三代铜鼓。

克木人的三代铜鼓各有特征：

第一代铜鼓的鼓面比较厚且宽，铜鼓面径有三种规格，分别是7拃、7.2拃、7.5拃。这种鼓一般鼓面饰有单蛙，鼓身饰有大象、田螺，也有一些没有象和田螺；另一种情况鼓面有3叠蛙，一般鼓身有3只象和3只田螺；第三种情况是鼓面立有单蛙，鼓身饰有单象、单田螺，或三蛙、三象、三田螺。这类鼓基本上是在靠近泰国的博胶省德康村生产。这个村处于一个三角地带，是六个县、三个省（南塔、乌多姆塞省、博胶省）交界的地方。

第二代铜鼓的面径有三种规格，分别是7拃、7.3拃、7.5拃，鼓面一般立有二叠蛙，鼓身或饰有2象、2只田螺，或没有田螺、象。这是在第一代铜鼓的基础上，改进技术生产出来的。生产地点主要在南塔省的边境地区。

第三代铜鼓有两类:第一类鼓面立有三叠蛙,鼓身饰有3只象、3只田螺,面径规格分别是5拃、7拃、7.5拃、8拃。第二类是鼓面立二叠蛙,鼓身饰有2只象、2只田螺,或没有象、田螺。

此外,第一、二代铜鼓鼓胎厚而重,鼓面太阳芒呈白色,敲起来音色浑厚,合金中含有较多的银、金,所以价格昂贵;第三代鼓铜鼓鼓胎薄而轻,鼓面太阳芒呈红铜色,音色轻飘,合金中含银、金含量较少,因而价格较低。

克木人将铜鼓视为财富和吉祥的象征。在他们看来,谁家收藏有铜鼓,生活必定富足,不管是种地、打猎还是打鱼都会获得丰收;不管遇到什么事,必定会有邻人相助;家族也是人丁兴旺,家庭成员无病无灾,健康长寿。他们还认为,铜鼓一经买卖,就会失去它的神性,所以克木人至今较多地保存和使用铜鼓。

对于克木人来说,铜鼓是珍贵而神圣的,铜鼓在他们的历史上的重要意义一直留存在他们的记忆中。克木人有一个传说:

> 以前,克木人从葫芦里钻出来后就遍及琅勃拉邦了。后来,另外一些民族也到琅勃拉邦,逐渐把克木人的地方都占完了,克木人最后只有富洪一地(现属于琅勃拉邦省香银县芒努乡)。天神看到这种情况后,非常可怜克木人,便告诉他们,如遇灾难,可以敲打铜鼓,届时天神将会下凡相助。听到这一消息后,那些占领琅勃拉邦的人很害怕,于是,他们的头人派自己的儿子娶了克木头人的女儿。这个女婿取得岳父岳母的信任后,每当有猴子和老鹰来抓鸡时,便唆使大家击鼓追赶。天神听到鼓声便下凡相助,却发现什么事也没有。这样重复多次后,天神大怒,以后任凭克木人敲打铜鼓也不再下凡相助。这个女婿做完这两件事后就逃回了琅勃拉邦,岳母疼爱女婿,便跑到琅勃拉邦想要把女婿找回来。克木人十分恨他们的头人,他们认为是因为头人将女儿嫁给外人致使天物失灵。于是,他们将头人杀死,夺了他的权。头人的妻子从琅勃拉邦回到离富洪很近的华芒,听到她丈夫被杀的噩耗后当即死去。克木人从那时起便失去了头人,因此也失败了。[①]

在克木人的现实生活中,铜鼓依然起着重要的作用。每当雨季来临、播种前和收割前夕,克木人都要敲响铜鼓举行仪式来祈求和庆祝。庆丰收时,村里的头人和受尊敬的

---

① [越]叶廷花等著、赵建国译:《老听人与铜鼓》,载《老挝历史文化探讨》,越南社会科学出版社1978年版;中国古代铜鼓研究会编:《铜鼓研究资料选译》第5辑,第41页。

① 患者家属展示敲铜鼓祛病仪式

② 患者向人展示举行敲铜鼓祛病仪式后已能和生病前一样抽烟了

③ 举行了敲铜鼓祛病仪式后的患者

图 2-16　克木人敲铜鼓祛病仪式

人首先敲起铜鼓，然后由一个年纪稍长的人带领年轻人唱歌跳舞。唱的内容是：丰收了，我们就要将稻谷收入谷仓了，请天神天将把稻谷看好，以免被虫子吃掉，或被损坏了。另外，家里有人病了，可敲铜鼓除病。村里有人死了，也要敲起铜鼓，向上天禀报：有人要升天了。

克木人认为，铜鼓是祖先灵魂的象征，除节日祭祀祖先外，如有病痛、灾难等不顺心的事，也要祭祀祖先，在整个祭祀过程中要敲打铜鼓，意在敲醒祖先的魂，促进民族或家族、家庭的兴旺发达。仪式结束后，主人把铜鼓埋藏起来。因为铜鼓对于克木人来说是最为宝贵的财富，因此，收藏地点都十分隐秘。一般都不会选择收藏于家中，而是藏于山洞、丛林、谷仓等被当地人认为是安全、隐秘且不易被窃或被抢的地方。对于克木人来说，每年只有在种谷子、收谷子前和新年才可以打铜鼓，其他时间则需要举行仪式后才可以打铜鼓和触摸铜鼓。

铜鼓使用前举行的仪式过程如下：

首先是拴线仪式。拴线仪式是一种祝福仪式，常在逢年过节、迎宾送客、结婚贺喜时举行，老挝语叫"巴席"。仪式上先摆好"福席"，席上有银制托盘，装饰着五颜六

图 2-17　克木人的铜鼓收藏

色的鲜花，在鲜花上挂着一束束雪白洁净的棉线。仪式开始时，宾主分别席地围坐在"福席"周围，由年高望重者（或和尚）念祝福词，一边念，一边按年龄或职位高低依次往客人手腕上拴线。被拴者一手举在腮边，一手伸出。拴者从"福席"上取下一根棉线，口中念着美好的祝词，用棉线先在被拴者伸出的手背上往外刮几下，然后在手心上往里刮几下，表示"祛祸来福"，接着把棉线拴结在被拴者的手腕上。被拴者把一只手举到眉梢答礼。拴线后，被拴者要双手合十道谢，说声"萨图"（意为"但愿如此"）。

主人拴线后，客人亦可给主人拴线致谢。拴在手上的线，至少要戴三天，表示礼貌。

拴线仪式完成后，先是用水来擦拭铜鼓，然后杀两只鸡，用鸡毛和鸡血擦拭铜鼓，并用棉线拴在鼓耳和鼓面的青蛙上。之后就可以敲打铜鼓了。先由主人敲打一个小时左右，再由别人敲击。

此后的一个月内，铜鼓都可以随意敲打。其间，如果有外村人或其他外人来观看或敲击铜鼓，则被认为是吉兆，可以将主人的灾难带走。当然，若发生这样的事情，来观看或敲击铜鼓的外人是要留下一些钱或食物的。

目前老挝克木人制造三代铜鼓的技术都已失传，尽管铜鼓的制造依然在继续，但现在制造的铜鼓在音质等方面的水准都与传世铜鼓有差距，而且铜鼓流失严重。尽管在克木人心目中，铜鼓依然是神圣的，但当今社会，铜鼓的神圣性却已逐渐受到侵蚀，铜鼓的买卖多了起来，尽管老挝政府已制定了一些法律法规，采取了一些措施，来禁止铜鼓的买卖，但非法的买卖依然存在。在1980年代中叶之前，老挝克木人传世的铜鼓还比较多，人们使用铜鼓也比较常见，但此后20世纪末21世纪初买回去的铜鼓又被卖回泰国，并转卖到日本和其他一些国家。据估计，当时克木人买回去的铜鼓，95%已经流失到外国。据了解，现在克木人村庄已很少有铜鼓了。当铜鼓游离于乡土，以往使用铜鼓的传统仪式亦越来越简化，甚至消失了，铜鼓文化自然明显趋于衰落。这与1980年代以来，克木人传统文化式微的整体趋势是一致的。

为了遏制这种趋势，保护和传承发展克木人传统文化，政府分别于2008年和2015年两次发起了抢救克木人文化的运动。2015年8月18日，南塔省政府颁布了一个省长令，宣布成立南塔省促进克木族文化传承发展咨询委员和管理委员会，规定了咨询委员和管理委员会的权利和义务，保护与传承克木人传统文化的工作逐步制度化。此后，克木人传统文化有所复兴，包括铜鼓文化。比如本已式微的克木新年（在公历12月底至1月初），自2016年起，在政府的大力扶持下，复兴了起来，传统的主题和内容是庆丰收，可如今成为了集中展示克木传统文化的庆典，打铜鼓几乎贯穿整个节日。但是，就我们所掌握的情况看，保护和传承发展克木文化运动并不热烈，效果亦不显著。究其原因，一是克木人在老挝政治经济社会生活中处于非常边缘的地位；二是在普罗大众普遍只是勉强温饱、物质生活条件不很优裕的条件下，老挝社会尚未对保护传承和发展克木等少数民族文化形成普遍共识；三是克木人尚未有普遍的文化自觉。

总体而言，如今在老挝的主流社会中，铜鼓的神圣性已逐渐受到侵蚀。铜鼓在主体民族社会生活中的作用越来越小，甚至消失。今天，铜鼓的制造依然继续，但音质等方面的水准与传世铜鼓有差距，所以，尽管老挝市场上仍有不少铜鼓在销售，但作为商品的铜鼓所传递的信息与传统铜鼓文化已大不相同了。

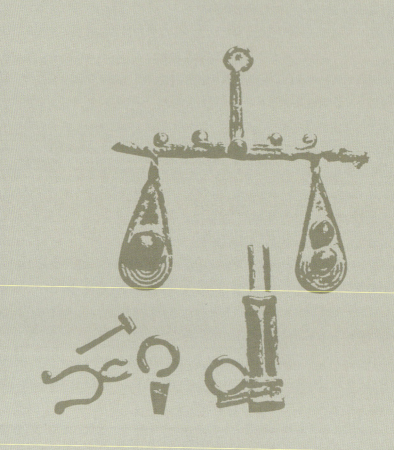

第三章

越南铜鼓文化：后起而勃发

  2014 年 8 月 20 日—9 月 6 日，广西民族大学民族研究中心与越南考古学会联合开展了越南铜鼓调查。课题组将调查重点放在中国学者很少涉足的越南中部和南部，先后对承天顺化省、多乐省、林同省、平阳省、平福省、胡志明市、庆和省、富安省、平定省及河内市各大国有博物馆的近 70 面馆藏铜鼓进行了科学、规范的测量和描述，以及专业的拍摄。经过近 20 天的调查，课题组取得了丰富、详实的资料，又结合人类学田野调查的方法，对博物馆工作人员和民众等做深度访谈，了解铜鼓使用的仪式与习俗。2019 年 8 月 21—30 日，广西民族大学吕文涵、徐昕、韦红萍一行对越南铜鼓文化的保护与传承进行了专题调研。两次调查所取得的丰富资料使我们更清晰地认识到，越南的铜鼓文化是后起而勃发，它承接起源于中国云南的铜鼓和铜鼓文化，曾经兴盛有时，至今余韵犹存。

第一节
越南铜鼓研究回顾

越南社会主义共和国位于中南半岛东部，北与中国接壤，西与老挝、柬埔寨交界，东面和南面临南海。国土面积约329556平方公里，海岸线长3260多公里，人口9620万（2019年4月）。越南地形呈狭长的S形，从最南端到最北端直线距离为1650公里，东西最窄处为50公里。地势西高东低，境内四分之三为山地和高原。北部和西北部为高山和高原，中部长山山脉纵贯南北。主要河流有北部的红河与南部的湄公河。越南地处北回归线以南，属热带季风气候，高温多雨。年平均气温24℃左右。年平均降雨量为1500—2000毫米。

越南是一个多民族的国家，有京（越）族、岱依族、泰族、华族（汉族）、高棉族、芒族、侬族、赫蒙族、瑶族等54个民族，京（越）族是越南的主体民族，人口最多，主要分布在经济文化较发达的平原和沿海地区，其他民族主要居住在北部和西部靠近越中、越老、越柬边境的高原山区和河谷盆地。

越南是古代铜鼓主要的分布区域，也是发现和保存铜鼓数量最多的国家之一，是古代铜鼓文化圈的重要组成部分。铜鼓在越南有着极高的地位，是越南民族文化值得骄傲的无价之宝，被认为是古越族文明和越南古代文化的标志。因此，越南高度重视铜鼓及其文化，不断组织对铜鼓的搜集、记录、整理和研究。

按铜鼓的蕴藏量来说，越南是仅次于中国的第二个铜鼓大国。但越南到目前止究竟有多少面铜鼓，还没有一个很确切的统计数字，有上千面[①]、八百多面[②]以及约六百面铜鼓及一百多面小铜鼓[③]等说法。

越南现存铜鼓主要有三个来源：一是科学的考古发掘，二是在工农业生产活动和

[①] 中国广西壮族自治区博物馆、中国广西文物考古研究所、越南国家博物馆：《越南铜鼓》，科学出版社2011年版，第V页。

[②] 黄启善：《论越南古代铜鼓的分类》，《广西博物馆文集》第七辑，广西人民出版社2010年版。

[③] Luu Tran Tien, "Vietnamese Bronze Drums," in *Thanh Hoa Bronze Drums*. Social Sciences Publishing House, 2013.

基本建设中偶然发现，三是私人手中的传世品，以在工农业生产活动和基本建设中偶然发现和传世品居多。比如，越南最早发现的铜鼓是1893年出土于河南宁省（今河南省）理仁县如琢社的玉缕1号鼓；1993年老街省老街市红河右岸的山丘上发现的19面铜鼓[①]，其实都是在工农业生产和基本建设中偶然发现的。越南众多的铜鼓中只有少部分是在遗址和墓葬里经科学的考古发掘发现的，如东山、越溪、春罗等墓地中出土的铜鼓。

从目前发现的铜鼓看，越南铜鼓分布范围广泛，却又有相对集中的区域，现已在全国四十余个省市发现有铜鼓，但主要集中在北部和中部偏北一带，南部较少且零星分布于沿海一线。

由于越南19世纪末沦为法国的殖民地，铜鼓的研究最初主要掌握在法国和其他欧洲学者的手中。第一次世界大战以后，法属越南在河内设立远东博古学院，逐渐成为世界研究铜鼓的重要基地。第二次世界大战结束后，随着殖民主义土崩瓦解，西方铜鼓研究热逐渐冷却，铜鼓研究的中心东移，越南对铜鼓的研究也活跃起来。1945年越南取得民族独立、建立民主共和国之后，开始对越南古代的铜鼓进行调查、收集、发掘和研究工作，并自1950年代中期起，越南学者逐渐掌握了铜鼓研究的主动权并开始发表相关论文。

1956年，陈文甲发表了《铜鼓与越南的奴隶占有制》一文，这是越南学者研究铜鼓的第一篇论文。作者依据中国古籍的记载，认为越南的铸铜技术和铜鼓铸造都受到了中国的影响。

1957年，河内师范大学陶维英教授撰写了《铜鼓文化和骆越铜鼓》等论著，并在1959年出版的《越南古代史》一书中，用较大的篇幅系统论述了越南铜鼓的起源、分布等问题，认为铜鼓起源是在越南北方，创制铜鼓的是雒越人。

1962年，黎文兰发表了《关于古代铜鼓起源的探讨》一文，提出铜鼓在地理上起源于越南北方的观点。1963年，河内科学出版社出版了黎文兰、范文耿、阮灵合著的《越南青铜时代的第一批遗迹》，该书比较详细地介绍了到1960年代初为止，在越南境内发现的青铜文化遗址和铜器时代遗物，对越南发现的黑格尔I型铜鼓进行了排队分式，并推测了相对年代。

1970年代，铜鼓成为越南考古和历史学界的重点研究课题，越南《考古学》杂志在1974年连续出版了两期铜鼓研究专辑，发表了30位作者的29篇文章，论述和探讨了铜鼓的起源、类型、分布、年代、装饰艺术、合金成分、铸造技术和用途等问题。

1975年越南历史博物馆出版了阮文煊、黄荣编著的《越南发现的东山铜鼓》一书，

---

① ［越］范明玄：《关于老街1993年所发现之东山铜鼓的介绍》，《民族艺术》1997年增刊《铜鼓和青铜文化的再探索》。

逐一介绍了在越南发现的 52 面东山型铜鼓，并对这些铜鼓进行了分类，确定了年代，对铜鼓的起源、分布、装饰艺术、用途等问题发表了意见。该书可以说是 70 年代越南铜鼓研究的集大成之作，反映了越南学术界关于铜鼓的基本观点。

1987 年，越南社会科学出版社出版了范明玄、阮文煊、郑生编著的《东山铜鼓》一书，对他们认为属于东山型（黑格尔Ⅰ型）的铜鼓作了全面介绍，其中包括在中国发现的 148 面和在东南亚其他国家发现的 55 面类似的铜鼓。

1990 年，范明玄、阮文好、赖文道编著的《越南的东山铜鼓》出版，该书以清晰的照片和精致的线图，逐一展示了越南境内发现的 115 面东山铜鼓和中国云南出土的 3 面铜鼓，以及奥地利维也纳收藏的 1 面东山铜鼓，并按其年代先后分成 5 组 21 式。该书是迄今为止越南收集东山铜鼓资料最全面的著作，其分类法也是最权威的。

2005 年，胡志明市国家大学范德孟教授出版了《越南南部东山（黑格尔Ⅰ型）铜鼓》一书，详细介绍了越南南部东山铜鼓的发现，并做了相应的研究[①]。

2013 年清化省博物馆编辑出版了《清化铜鼓》一书，以图录的形式详细介绍了发现于清化省的 136 面铜鼓，以及数十面小铜鼓（明器），主要是黑格尔Ⅰ型和Ⅱ型铜鼓，另有黑格尔Ⅲ型和异形铜鼓各一面[②]。

1991 年中国和越南关系正常化后，越南学者加强了与中国学者的交流，并积极撰写铜鼓研究论文，参加在中国召开的古代铜鼓研究国际学术研讨会，黄春征、阮文好、何文瑎、叶廷花等学者在中国发表了较多关于越南铜鼓的文章。

进入 21 世纪，越南学者与国外学者开展了合作研究。2004 年越南与日本联合考古调查团编写的《鼎乡遗址》一书在日本东京大学用英文发表，书中介绍了鼎乡遗址中发掘出土的东山铜鼓。2011 年，越南国家历史博物馆与中国广西壮族自治区博物馆、中国广西文物考古研究所共同编著出版了《越南铜鼓》一书。

越南学者认为，黑格尔Ⅰ型铜鼓上的纹饰如太阳纹、翔鹭纹、羽人纹、鹿纹、船纹，几何花纹如圆圈纹、切线纹、锯齿纹、栉纹和东山文化铜器的花纹相似，而且铜鼓又在东山文化遗址和墓葬中有较多的发现，是东山文化中最独特的产品，因此称为"东山铜鼓"，并认为东山铜鼓等同于黑格尔Ⅰ类铜鼓。因此，越南学者关于铜鼓的论述绝大部分是围绕对东山文化的研究来进行的，对铜鼓的研究也主要集中在黑格尔Ⅰ型（东山铜鼓）上，除对黑格尔Ⅱ型偶有论述外，其他类型的铜鼓只是在一些论文和报告中简略提及，大多没有进行过专门的研究。

---

① ［越］范德孟：《越南南部的东山式（黑格尔Ⅰ型）铜鼓》，胡志明市国家大学出版社 2005 年版。

② Thanh Hoa Provincial Museum, *Thanh Hoa Bronze Drums*. Social Sciences Publishng House, 2013.

第二节
越南铜鼓的类型

越南铜鼓的分类，大多数越南学者都遵循 F. 黑格尔在《东南亚古代金属鼓》一书中的分类法，他们的分歧只在于子类型及亚组这些细节方面。

从铜鼓收藏的记录来看，越南已经发现了黑格尔四个主要铜鼓类型和过渡类型，是拥有四种黑格尔基本型及一些过渡型铜鼓的国家之一，并且越南还有一些不隶属于黑格尔分类体系的铜鼓。其中第一、第二类型的数量最多，其他两类很少。黑格尔Ⅰ型铜鼓约占 32%，黑格尔Ⅱ型铜鼓约占 45%，黑格尔Ⅲ型约占 10%，黑格尔Ⅳ型约占 12%，黑格尔过渡型约占 1%[①]。根据越南目前发现的铜鼓，本文按照国际上的分类法，将越南铜鼓分为五大类型。此外，还有异型鼓和明器鼓。

一、先黑格尔Ⅰ型（万家坝型）

在已发现的古代铜鼓中，有一类造型古朴，制作粗糙，鼓身三段明显，鼓面特小，鼓胸极度外凸，鼓腰大弧度收束，鼓足矮而外侈，足径很大，鼓耳狭小，纹饰特别简朴的铜鼓，目前已在中国、越南、泰国等国发现 60 余面[②]。这类铜鼓是黑格尔分类法中所没有的，因此对其分类各有不同。中国学者将此类铜鼓单独分出为一个新的类型——"万家坝型"[③]；越南学者多数认为是黑格尔Ⅰ型（东山铜鼓）的退化形制，将其归入东山铜鼓的"D 类"[④]，但也有学者归为"万家坝类"[⑤]；美、日等国外学者将其称为"先黑

[①] Luu Tran Tien, "Vietnamese Bronze Drums," in *Thanh Hoa Bronze Drums*. Social Sciences Publishing House, 2013.

[②] 李昆声、黄德荣：《中国与东南亚的古代铜鼓》，云南美术出版社 2009 年版。

[③] 中国古代铜鼓研究会：《中国古代铜鼓》，文物出版社 1988 年版。

[④] ［越］范明玄、阮文好、赖文道：《越南的东山铜鼓》，越南社会科学出版社 1990 年版。

[⑤] ［越］范明玄：《关于老街 1993 年所发现之东山铜鼓的介绍》，《民族艺术》1997 年增刊《铜鼓和青铜文化的再探索》；［越］范明玄、阮文好、赖文道：《越南的东山铜鼓》；［越］阮文好：《越南出土的万家坝类型铜鼓》，载《广西与东盟青铜文化学术研讨会论文集》，科学出版社 2012 年版。

格尔Ⅰ型"①。本书采用国际上通用的分类法，将其归入先黑格尔Ⅰ型。

越南发现的先黑格尔Ⅰ型铜鼓主要分布在红河流域，尤其以接近中国云南的老街最集中。目前共有16面，其中9面分别出土于北部的老街、富寿、安沛、河内、清化等省市，主要是松林1、2号鼓，老街11、12号鼓以及陶舍、上农、马芜、戊东、海背鼓等，其余7面收藏于民间，据说也出土于安沛、老街两省②。

对于其年代也存在着不同的看法，中、日、美等国学者认为这种古朴粗糙的铜鼓是年代最早的铜鼓，当是铜鼓文化的鼻祖；多数越南学者则认为它们是铜鼓文化发展到衰落时期的产物，是退化了的铜鼓，以玉缕、黄下、古螺、沱江、开化鼓为代表的东山铜鼓才是铜鼓的最早类型③，但也有的认为松林1号鼓"可能是已知的早期标本中最早的一件"④，"松林鼓比玉缕鼓还古老"⑤，"和东山铜鼓是平行发展的关系，年代可能为公元1世纪"⑥。

二、黑格尔Ⅰ型铜鼓（东山铜鼓）

东山文化是越南最重要的古代文化之一，因而越南发现的黑格尔Ⅰ型铜鼓作为东山文化的代表被越南命名为东山铜鼓。黑格尔Ⅰ型（东山）铜鼓主要分布在越南北部和中部偏北的红河、马江和哥江流域，中南部和南部只有少数省份发现此类铜鼓。1975年越南学者统计有东山铜鼓52面，1985年为144面，1995年为190多面⑦，2005年增至250面左右⑧，且数量仍在不断增多。

由于黑格尔Ⅰ型（东山）铜鼓的流传范围广、延续使用时间长，器形和装饰花纹的变化较大，因此越南学者根据铜鼓的形状、大小和花纹的衍变来分成不同的类（组）和式。

黎文兰、范文耿、阮灵等分成五组；阮文煊、黄荣分为A、B、C三大组，A组又

① ［日］今村启尔：《关于先Ⅰ型铜鼓》，载《东京大学考古学研究室研究纪要》，1979年。

② ［越］阮文好：《越南出土的万家坝类型铜鼓》，《广西与东盟青铜文化学术研讨会论文集》，科学出版社2012年版。

③ 李昆声、黄德荣：《中国与东南亚的古代铜鼓》，云南美术出版社2009年版。

④ 武胜：《越南和东南亚东山铜鼓分布状况》，《考古学》1974年第13期；梁志明译：《考古学参考资料》第2辑。

⑤ 诸文泰：《东山铜鼓的年代》，《考古学》1974年第13期。

⑥ ［越］阮文好：《越南出土的万家坝类型铜鼓》，《广西与东盟青铜文化学术研讨会论文集》，科学出版社2012年版。

⑦ ［越］黄春征：《越南发现和研究铜鼓的情况：铜鼓和青铜文化的再探索》，《民族艺术》1997年增刊。

⑧ ［越］阮文好：《论东山文化青铜器的风格和特征》，载《声震神州——文山铜鼓暨民族历史文化国际学术研讨会论文集》，云南人民出版社2005年版。

分二个小组；陈孟富分成四组；诸文秦分成二大组四小组；范明玄、阮文煊、郑生分为五组18式；范明玄、阮文好、赖文道在《越南的东山铜鼓》中分为五组21式，其中A、B两组相当于中国的石寨山型，C组相当于中国的冷水冲型，D组相当于中国的万家坝型，E组相当于中国的遵义型，其分类法得到了越南学术界的认可。《越南东山文化》一书中分为四类型15式。

越南考古研究院的何文瑨教授分成三个基本组：A组有丰富的花纹，鼓面上有人纹、房屋纹、鸟纹，胸上有船纹，纹饰带有写实性；B组花纹较为简单，主要是几何形花纹，鼓面上只有四个或六个鸟纹；C组花纹比较丰富，但已经图案化了，鼓面上的羽人晕变成游旗晕，鸟纹仍然还多，但其间常加上有人称为簪形的花纹，青蛙塑像也常出现在这一组上[①]。

黄春征教授则分成四个类型四式，其中Ⅰ类分二式，Ⅲ类分二式。Ⅰ类型：体形相当高大，胸、腰、足三部分均等，鼓面宽大但小于胸部，胸部突出，足部较高，花纹丰富华丽，布局对称，写实风格浓厚，除几何纹、动物纹外，还有丰富的人类生活场景。它们是最美最古老的铜鼓，玉缕、黄下、沱江、古螺等鼓属此类。Ⅱ类型：体形较小，花纹还是写实性，但较简单，主要是几何纹，大多数鼓面只有几只翔鹭纹。Ⅲ类型：体形高大轻薄，鼓面宽大，胸不甚突出。纹饰比较丰富，有青蛙塑像，大多数有高度图案化的变形羽人纹和翔鹭纹，一部分鼓还有变形翔鹭纹间定胜纹。Ⅳ类型：体形矮小，制造粗犷古朴，花纹简单，大部分只有太阳纹，没有晕圈（相当于中国的万家坝型，越南学者认为是最晚的东山铜鼓）。他认为东山铜鼓的发展和演变过程大致为，器形从比较大到小，然后大；鼓面从小于胸部到大于胸部；纹饰从复杂到简单，从写实性到格调性，从无青蛙到有青蛙塑像[②]。

三、黑格尔Ⅱ型铜鼓

黑格尔Ⅱ型铜鼓在越南发现的数量要比黑格尔Ⅰ型多，截至1996年，已发现了数百面[③]。巴门特在《古代青铜鼓》一文中指出仅和平省就可能有200多面[④]；永福省一个青山县就可能发现了四五十面第二类型铜鼓[⑤]。但黑格尔Ⅱ型铜鼓在越南的分布范围要

---

① ［越］何文瑨：《东南亚铜鼓的记录：铜鼓和青铜文化的再探索》，《民族艺术》1997年增刊。

② ［越］黄春征：《越南发现和研究铜鼓的情况：铜鼓和青铜文化的再探索》，《民族艺术》1997年增刊；［越］黄春征：《东山铜鼓的类型，铜鼓和青铜文化研究》，贵州人民出版社2001年版。

③ ［越］黄春征：《越南发现和研究铜鼓的情况：铜鼓和青铜文化的再探索》，《民族艺术》1997年增刊。

④ ［法］巴门特：《古代青铜鼓》，《远东博物院集刊》第18卷，1918年。

⑤ ［越］玄南：《我国黑格尔第二类型铜鼓的发现和研究》，《中国古代铜鼓研究通讯》第十辑，1994年。

比黑格尔Ⅰ型（东山）铜鼓小得多，绝大多数集中分布在永福、和平、山萝、清化、义安等省。这些地区正是现代仍使用第二类型铜鼓的地区，而且这类铜鼓大部分发现或出土于芒人墓中，所以又被称为"芒鼓"。这类铜鼓一部分收藏在芒族人家中，一部分放在神庙里，一部分是芒族贵族墓的随葬品。

考古学家对黑格尔Ⅱ型铜鼓的分类和测年迄今并没有做过多研究。越南黑格尔Ⅱ型铜鼓的分类尚没有统一，有以地域来分为永福省-宁平省-清化省组和义安省组；有根据纹饰上的区别分三个地方类型，即永福-和平类型、宁平-清化类型和义安类型[①]；也有通过纪年分成公元前1世纪、李-陈朝、后黎朝三组；也有的学者按年代分为五组，即前佛教（原始佛教）时期（公元前3世纪至公元1000年末）、佛教时期（11-14世纪）、15-18世纪、18-19世纪、19世纪以来等[②]。

越南的黑格尔Ⅱ型铜鼓除极个别与真正的黑格尔Ⅱ型铜鼓相同外，绝大多数都有很大的差异。这些铜鼓厚重高大，面广于胸，类似于中国的灵山型和北流型铜鼓，确实与黑格尔Ⅱ型铜鼓有许多相似的地方，但体略小，在器形和装饰花纹上与真正的Ⅱ型铜鼓有别。由于这类铜鼓常出于16-18世纪芒族郎官宗族墓中，至今芒族人还在使用，年代比真正的Ⅱ型铜鼓晚得多，因此有的学者称它们为"类黑格尔Ⅱ型"鼓[③]。

四、黑格尔Ⅲ型铜鼓

黑格尔Ⅲ型铜鼓主要分布在越南西北部的边境区域，数量很少，现只在越南国家历史博物馆以及河内、清化、胡志明市博物馆有少量收藏。越南没有黑格尔Ⅲ型铜鼓，现存于越南的大多数是老挝赠送给结义省的物品或是从老挝购买的，还有的是公安、海关收缴的，只有芒清鼓和中村（Trung Xuan）鼓分别是莱州、清化的农民在耕田地时所发现[④]。因此越南的黑格尔Ⅲ型铜鼓在形状和纹饰、大小、年代上与老挝的相同。

五、黑格尔Ⅳ型铜鼓

黑格尔Ⅳ型铜鼓数量较多，主要分布在越南北部地区的河江、宣光、高平、北江、奠边、莱州、山萝等省。它们与当地的土著民族如热依、瑶、布标、侬、岱、傣有着亲密的联系，特别是保保族有很多这种铜鼓。这些民族主要分布在中越边境，大多是从中

① ［越］黄春征：《越南发现和研究铜鼓的情况，铜鼓和青铜文化的再探索》，《民族艺术》1997年增刊。

② Luu Tran Tien, "Vietnamese Bronze Drums," in *Thanh Hoa Bronze Drums*. Social Sciences Publishng House, 2013.

③ ［日］吉开将人：《铜鼓改编的时代》，《东洋文化》第78号，1998年。

④ Thanh Hoa Provincial Museum, *Thanh Hoa Bronze Drums*. Social Sciences Publisng House, 2013.

国迁移过去的跨国而居的民族，他们使用的铜鼓是从中国输入的麻江型铜鼓。

六、异型鼓

越南铜鼓除了以上五个类型的铜鼓之外，还有一些形制比较特殊的铜鼓，我们称之为异型鼓。我们调查和测量的异型鼓有 3 面，均系收集而来，2 面现藏越南国家历史博物馆，1 面现藏清化省博物馆。

七、明器鼓

随葬用的明器鼓在越南比较多，说明古代越南以铜鼓随葬的风气曾经兴盛一时。明器鼓一般形制较小，制作比较粗糙。我们调查和测量的明器鼓共有 26 面。

此外，在越南还有许多小铜鼓和一部分不能按照黑格尔分类标准分类的铜鼓。小铜鼓主要发现于清化、安沛、义安、北宁、和平等省的东山文化墓葬中，尤以清化省东山遗址出土的为多，目前已发现 100 多面，其中《越南的东山铜鼓》一书附表中就已列出96 面[1]。鼓的形态大多仿黑格尔 I 型（东山铜鼓），铸造粗糙，器形简单，有的仅具铜鼓之形，有的鼓面中央有半环形钮；器体矮小，面径和身高多在 20 厘米以下，尤以 10 厘米以下的为多，最小的面径和身高均不足 2 厘米；器表一般没有纹饰，有纹饰的也多简单、呆板且多模糊不清。这些器型小、铸造粗糙、一般没有什么花纹的小铜鼓，完全是一种象征性的器物，是专门为随葬而制作的明器。铸造明器是东山居民生活中的风俗习惯，是东山文化铜器中不可缺少的一部分[2]。

---

① ［越］范明玄、阮文好、赖文道：《越南的东山铜鼓》，越南社会科学出版社 1990 年版。

② ［越］阮文好：《论东山文化青铜器的风格和特征》，《声震神州——文山铜鼓暨民族历史文化国际学术研讨会论文集》，云南人民出版社 2005 年版。

图 3-1　先黑格尔 Ⅰ 型（万家坝型）之 Lsb-5731 号铜鼓

1932 年 5 月发现于河西省章美县美良社淞林寺附近，现藏越南国家历史博物馆。鼓高 34.5、面径 52、胸径 63.8、腰径 46.3、足径 71.8、壁厚 0.3 厘米。

　　鼓面中心太阳纹 16 芒，芒线长短粗细不一，外边有 2 条小绳纹线。芒外 1 晕，为变形曲折双线回纹，构成 4 个卷曲套叠的四边形，外圈有辐射线纹。其余大部分光素。胸部光素。鼓腰由斜线纹带纵分成格，每格有栅栏形纹，上下组成天窗。鼓足饰回形雷纹。小扁耳 2 对。鼓身有合范线 2 道，器表粗糙，有气孔。鼓面有多处破洞，鼓身严重残缺。

图 3-2　先黑格尔 I 型（万家坝型）之 BTHN9310/KL2420 号铜鼓

2005 年河内市东英县海背社海背村调和湖地区出土，现藏河内市博物馆。
鼓高 33、面径 41、胸径 51.5、腰径 39、足径 54、壁厚 0.35 厘米。

鼓面中心太阳纹 23 芒，光体较大，芒体较短。太阳纹外有 5 道凸弦纹，
其余光素。鼓胸光素。鼓腰 1 弦分晕，共 2 晕：第 1 晕 6 组三角形纹带纵分
为 6 格，格内下部饰人形纹，上部光素；第 2 晕雷纹。鼓足光素无纹。单耳 4
只。合范线 2 道。鼓面、鼓身有垫片痕少许。

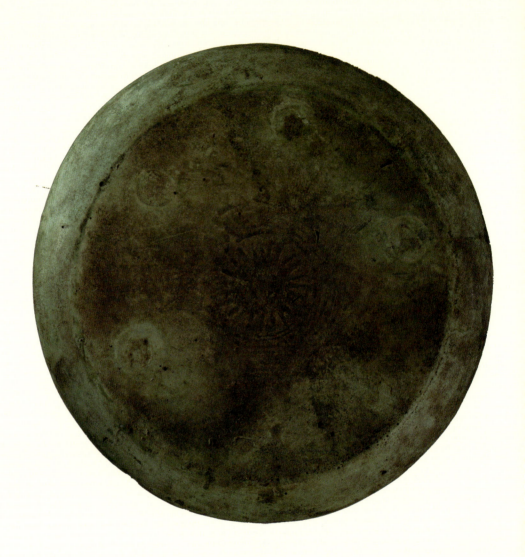

图 3-3 黑格尔Ⅰ型之 LSb-5723 号铜鼓

1937 年河西省富川县黄下乡内村出土，现藏越南国家历史博物馆。
鼓高 60.5、面径 78.5、胸径 85.5、腰径 63.5、足径 81.4、壁厚 0.8 厘米。

　　鼓面中心太阳纹 16 芒，芒间饰翎眼纹。1 弦分晕，共 15 晕：第 1、5、10、15 晕圆点纹。第 2、4、8、12、13 晕切线圆圈圆点纹。第 3 晕为连续曲折的 "S" 纹。第 6 晕由舞人、圆屋顶高脚屋、飞檐高脚屋、铜鼓晒台、舂米舞等内容组成，画面对半分成两个部分，每一部分又分成 5 组，每组内容相似并相互对称：第 1 组羽人舞，从左往右一排 6 个人，其中有 1 人执战斧，1 人吹笙，手持矛、头饰鸟羽的 4 人；第 2 组为圆屋顶高脚屋，屋顶上有 1 对长尾鸟，左边鸟站立于屋顶圆柱上，右边鸟站立于屋顶上，两鸟长嘴相吻，屋正门中间站立 1 人；第 3 组，双人舂米，头上有 1 对飞鸟，右边人背后有 1 只鸟，双翅向上，鸟爪着地，作降落着地的一瞬间动态；第 4 组飞檐高脚屋，屋顶有 1 只高冠、大眼、长尾的鸟，屋里似有人活动，屋檐下有动物、人和铜鼓；第 5 组是铜鼓晒台，晒台上前后一列坐 4 个手持长杖的人，晒台下摆放一排铜鼓，共 4 个。第 7 晕是切线同心圆圈纹，但每个同心圆圈纹外加两道与切线平行的短射线纹。第 9 晕翔鹭纹，14 只翔鹭逆时针环飞。第 11、14 晕为锯齿纹。鼓胸 2 弦分晕，共 5 晕：第 1、4 晕为锯齿

纹。第 2、3 晕为同心圆圈纹。第 5 晕为船纹，船 6 只，各船之间穿插 2 至 4 只有冠、长喙、高腿、长尾的水鸟，或两鸟相对而立，或两鸟累蹲作交尾状。有 1 只是翔鹭作逆时针飞行，有的船下有鱼。船头尾都装饰鸟头形，第 1、6 船各有 7 人，第 2、4、5 船各有 6 人，第 3 船有 5 人，有船长、水兵、舵手、射箭手、战俘等人物。鼓腰 2 弦分晕，共 7 晕：第 1 晕由圆点纹、斜线纹和切线圆圈纹组成几何纹带纵向分为 6 格，每格中各有 2 个头戴鸟头形冠，自左往右行走的羽人，这些羽人一手持战斧，一手持有鸟头装饰的盾牌。第 2、7 晕圆点纹。第 3、6 晕为锯齿纹。第 4、5 晕切线圆圈纹。鼓足素面无纹。扁耳 2 对，饰叶脉纹，每耳中间有垂直长方孔。合范线 2 道，鼓身垫片很多。

图 3-4　黑格尔Ⅰ型之 BTHN1290 号铜鼓

1982 年河内市东英县古螺社出土，现藏河内市博物馆。
鼓高 58.4、面径 73.8、胸径 82.8、腰径 51.4、足径 80.4、厚 0.3 厘米。

鼓面中心太阳纹 14 芒，光体高凸，芒体粗硕，芒间饰翎眼纹。中心太
阳纹与第 1 晕，第 3、4 晕和第 6、7 晕分晕的 2 弦之间均饰有圆点纹。2
弦或 3 弦分晕，共 10 晕：第 1、3、5、8、9 晕切线圆圈圆点纹。第 2 晕
反 "Z" 形折线纹。第 4 晕由羽人舞、圆顶高脚屋、飞檐高脚屋、铜鼓晒
台、舂米舞等内容组成，画面对半分成两个部分，每部分 5 组，每组内容
相似并相互对称，从左向右，第 1 组圆屋顶高脚屋，内有 1 人；第 2 组羽
人舞，有 6 个舞人：第 1 人持矛，第 2 人吹芦笙，第 3、4、5、6 人为羽
人舞蹈；第 3 组铜鼓晒台，分两层：上层有 4 人持杵做舂米状，后有 1 人

表演舞蹈。第6晕翔鹭纹，16只翔鹭首尾相接逆时针方向环飞。第7、10晕栉纹。鼓胸2弦分晕，分4晕：第1、3晕栉纹；第2晕双行切线圆圈纹；第4晕羽人龙舟竞渡纹，船6艘逆时针方向航行，每船有持矛的羽人3人，各船之间有栖鸟。鼓腰分上下两部分。上部以斜线夹双行切线圆圈纹带分成6格，每格内填羽人舞蹈纹。下部2弦分晕，共3晕：第1、3晕栉纹，第2晕双行切线圆圈纹。鼓足光素无纹。双耳2对，饰稻穗纹。鼓身有合范线2道。鼓面、鼓身有多处垫片痕。鼓内足部处镌刻汉字："回河州鼓重两千百八十二。"

图 3-5 黑格尔Ⅰ型之 BTHT2188KL229（HN14）号铜鼓

原河西省富川县凤翼社春罗村发现，现藏河内市博物馆。

鼓高 26、面径 45、胸径 46.5、腰径 39、足径 48.5、壁厚 0.2 厘米。

鼓面中心太阳纹 8 芒，光体高凸，芒体粗硕，芒间饰复线角形纹。2 弦分晕，共分 7 晕：第 1、3、5、7 晕锯齿纹；第 2、6 晕同心圆圈圆点纹；第 4 晕翔鹭纹，6 只翔鹭逆时针方向环飞，其中 1 只模糊。鼓胸 2 弦或 3 弦分晕，共 3 晕：第 1 晕光素；第 2 晕同心圆圈圆点纹；第 3 晕双鸟头船纹，船 6 只，每船上有 4 个羽人舞蹈纹，船间两处有 1 只长喙鸟。鼓腰上部以双行斜线纹带纵向分 8 格，6 格有牛纹，共有 5 只公牛和 1 只母牛，均逆时针环绕分布，另 2 格为空格；下部以 2 弦或 3 弦分成 2 晕：第 1 晕同心圆圈圆点纹，第 2 晕锯齿纹。鼓足无纹饰。鼓耳 2 对，饰稻穗纹。合范线 2 道。鼓面边沿、鼓身有垫片痕迹。

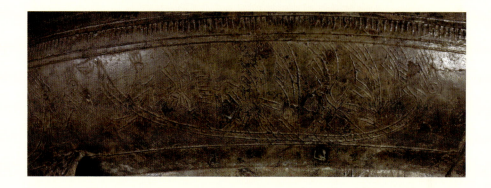

图 3-6 黑格尔 I 型之 LSb-38068 号铜鼓

发现于西原的多乐地区，现藏越南国家历史博物馆。

鼓高 62、面径 7、胸径 80.5、腰径 56.5、足径 84.5、壁厚 0.2 厘米。

鼓面中心太阳纹 12 芒，光体凸起，芒间饰翎眼纹。2 弦分晕，共 10 晕：第 1 晕锯齿纹；第 2、4、8、10 晕栉纹；第 3、9 晕双行同心圆圈纹；第 5 晕 "S" 形云纹；第 6 晕变形羽人纹；第 7 晕翔鹭纹，以两个对称长方形的栉纹夹圆圈圆点纹分隔两半，每半各有 6 只鹭鸟逆时针飞行。鼓面边沿素面。鼓胸 2 弦分晕，共 4 晕：第 1、3 晕栉纹；第 2 晕双行圆圈圆点纹；第 4 晕变形羽人划船纹，共有船 6 艘，船间有 1 个羽人和 2 只水鸟。鼓腰 2 弦分晕，共 5 晕：第 1 晕以栉纹夹双行同心圆圈纹带分成 8 格，格内为变形羽人纹；第 2 晕勾连雷纹；第 3、5 晕栉纹；第 4 晕双行同心圆圈纹。鼓足素面。稻穗纹扁耳 2 对，每耳中部有一条缝将耳分成两半，中间仅以一小点连接。鼓身有合范线 2 道，有少量不规则垫片痕迹。

84

传播与创新

图 3-7 黑格尔 Ⅱ 型之 BTTH6021/KL1027 号铜鼓

2002 年 5 月发现于清化省锦水县锦平社平安村，现藏清化省博物馆。

鼓高 35、面径 58.4、胸径 52、腰径 43、足径 53.5、壁厚 0.2 厘米。鼓沿外伸 2.7 厘米。

鼓面中心太阳纹残缺。2 弦分晕，共 5 晕：第 1 晕六角形内填莲子纹，共有 26 个六角形夹莲瓣纹；第 2 晕龙纹，有龙 11 条，夹有 1 个莲瓣纹；第 3 晕菩提花纹；第 4 晕如意云纹；第 5 晕菱形雷纹。鼓面边缘逆时针环行乌龟 4 只，其中 3 只已残缺。鼓胸 2 弦分晕，共 4 晕：第 1 晕莲瓣纹，第 2 晕圆圈内填 5 瓣花纹，第 3 晕六角形内填莲子纹，第 4 晕如意云纹。鼓腰 2 弦分晕共 3 晕：第 1 晕如意云纹；第 2 晕变形羽人纹；第 3 晕变形船纹，船上有羽人。鼓足有 1 晕如意云纹。双耳 2 对。鼓身合范线 2 道，鼓面、身有多处垫片痕。

图 3-8　黑格尔 II 型之 HB3705 号铜鼓

1968 年在和平省新乐县丰富社矮村修砖窑时出土，1975 年移交和平省博物馆。鼓高 64、面径 95、胸径 90、腰径 80、足径 94、壁厚 0.3 厘米。鼓沿外伸 2.8 厘米。

鼓面中心太阳纹 8 芒，光体圆突，芒体较粗短，芒间无纹，太阳纹外有直径 5.7 和 7.5 厘米的 2 个圆圈，圆圈外各有 1 晕乳钉纹。太阳纹外 2 弦分晕，共 7 晕，均为菩提树叶纹。鼓面边缘逆时针环立青蛙 3 只、大象 1 只，另有两处只残存塑像的底部，所立是何物不清，可能是 1 只大象和 1 只青蛙，画面应为 4 只青蛙与 2 只大象相间分布。鼓胸 3 弦分晕，共 4 晕：第 1 晕复线角纹，第 2 晕菩提树叶纹，第 3、4 晕叶脉纹。鼓腰 2 弦分晕，共 4 晕：第 1 晕叶脉纹，第 2、4 晕菩提树叶纹，第 3 晕叶脉纹。鼓足 2 弦分晕，共 2 晕：第 1 晕叶脉纹，第 2 晕菩提树叶纹。耳 2 对，饰索纹。鼓身有合范线 2 道。

图 3-9　黑格尔 Ⅱ 型之 HB3739 号铜鼓

和平省奇山县名和社出土，现藏和平省博物馆。

鼓高 35.5、面径 60、胸径 55.4、腰径 48.6、足径 57.9、壁厚 0.2 厘米。鼓沿外伸 2.4 厘米。

　　鼓面中心太阳纹 8 芒，光体突起，光体外有一圈莲子纹和一圈莲花瓣纹，再往外为很短的芒箭。2 弦分晕，共 6 晕：第 1 晕龙纹，共有龙 6 条；第 2 晕鸟纹；第 3 晕莲花纹；第 4、5 晕菱形填花纹；第 6 晕乳钉纹。鼓面边缘环立青蛙 4 只，其中 1 只为逆时针方向，其余 3 只为顺时针。鼓胸 2 弦分晕，共 4 晕：第 1 晕树间立人纹，第 2 晕鸟纹，第 3 晕莲苞间立孔雀纹，第 4 晕树纹。鼓腰为一道粗棱。鼓足 2 弦分晕共 3 晕：第 1 晕飞鸟纹，第 2 晕莲苞纹，第 3 晕孔雀立群山顶纹。扁耳 2 对，鼓身合范线 2 道，鼓面和鼓身有垫片痕多处。

图 3-10　黑格尔Ⅲ型之 HCM9748 号铜鼓

胡志明城市公安经济警察于 1994 年 3 月 14 日交付胡志明市历史博物馆。

鼓高 48、面径 66.5、胸径 63、腰径 49.7、足径 53、壁厚 0.35 厘米。鼓缘外伸 2.5 厘米。

　　鼓面中心太阳纹 12 芒，光体下凹，芒体尖细，芒尖穿破 3 弦，芒间无纹。3 弦分晕，共 16 晕：第 1、2、7、8、13、14 晕，水波纹间圆圈圆点纹；第 3 晕谷粒纹；第 4、15 晕多瓣花纹；第 5、10、11晕，鸟纹、复线菱形纹，鸟与复线菱形纹各 3 个成组，间隔分布；第6、12 晕变形鸟纹；第 9 晕雷纹；第 16 晕多瓣花纹，3 朵 1 组，共 4组，对称分布；鼓面边缘第 15、16 晕上逆时针环立 4 组 3 蛙累蹲塑像。鼓沿饰稻穗纹。鼓胸 3 弦分晕，共 5 晕：第 1 晕谷粒纹；第 2、3晕水波纹间圆圈圆点纹；第 4 晕多瓣花纹；第 5 晕上端鸟纹，其余大

部光素。鼓腰 3 弦分晕，共 10 晕：第 1、9 晕多瓣花纹；第 2、3、7、8 晕水波纹间圆圈圆点纹；第 4、6 晕谷粒纹；第 5 晕光素；第 10 晕，上下两端饰鸟纹，中间大部分光素。鼓足 3 弦分晕，共 3 晕：第 1 晕栉纹，第 2 晕水波纹间圆圈圆点纹，第 3 晕稻粒纹；第 3 晕以下饰弦纹。一侧耳正下方，从耳至足沿，自上而下依次饰有下行变色龙 1 条、田螺 3 只、蜘蛛 1 只、玉树 1 棵，树干之上有下行大象 3 头（现仅存 1 头）、乌龟 1 个。胸部叉根耳两对，饰弦纹，耳根饰稻穗纹。假合范线 2 道，垫片痕少许。

图 3-11　黑格尔Ⅲ型之 LSb-5753 号铜鼓

1920 年从老挝购买，现藏越南国家历史博物馆。
鼓高 48.5、面径 63.5、胸径 57.3、腰径 47.5、足径 53.3、壁厚 0.1 厘米。鼓沿外伸
2.8 厘米。

鼓面中心太阳纹 12 芒，芒体纤细，芒间无纹。3 弦分晕，共 18 晕：第 1、3、4、9、10、15、
16 晕圆圈圆点纹，第 2、4 晕栉纹，第 5、11 晕变形乌纹，第 6、12、17 晕雷纹，第 7 晕谷粒纹，
第 8、13 晕 3 组菱形纹间 3 只鸟纹，第 18 晕只有 1 个盖印。鼓面边缘逆时针环立 3 蛙累蹲 4 组。
鼓沿饰稻穗纹。鼓胸 3 弦分晕，共 6 晕：第 1 晕雷纹，第 2、3 晕圆圈圆点纹，第 4 晕栉纹，第 5
晕谷粒纹，第 6 晕栉纹和水波纹。鼓腰 3 弦分晕，共 10 晕：第 1、9 晕雷纹；第 2、3、7、8 晕圆
圈圆点纹；第 4、6 晕栉纹；第 5 晕为 3 个菱形纹一组间隔排列；第 10 晕上下两端为谷粒纹、叶
脉纹、水波纹组成的组合纹，中部光素。鼓足 3 弦分晕，共 4 晕：第 1 晕栉纹，第 2 晕同心圆圈
圆点纹，第 3 晕雷纹，第 4 晕弦纹。又根耳 2 对，耳根饰稻穗纹，耳体饰弦纹，耳下端饰卷叶纹。
两侧耳下方各有 1 组立体塑像，一侧从耳根至足上部，自上而下依次有头向下的蝉、不知名昆虫、
牛头凤尾形动物、乌龟、蚱蜢、3 头大象、螃蟹等动物，在腰部第 10 晕的位置上有水稻 3 株，稻
株两侧下部各有 2 只螺蛳和 1 条鱼，蚱蜢和 3 头大象立于中间的稻株上；另一侧在腰部第 10 晕的
位置上有天秤、锤子、钳、令牌、手铐等浮雕像。假合范线 2 道。

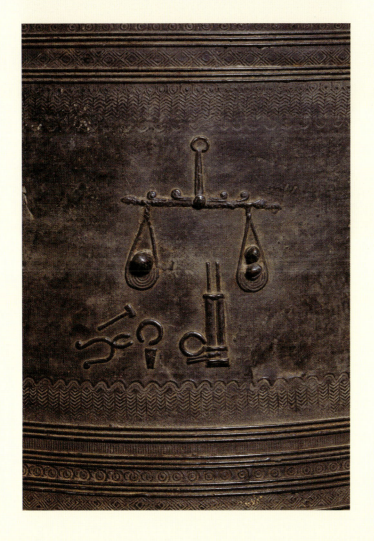

图 3-12 黑格尔Ⅳ型之 BTSLKK1196-KL154 号铜鼓

1980 年在山萝省马江县清抗社发现，现藏山萝省博物馆。

鼓高 24.2、面径 45.6、胸径 45.1、腰径 39.4、足径 42.6、厚 0.2 厘米。

鼓面中心太阳纹 12 芒，芒间饰翎眼纹。2 弦、3 弦或 4 弦分晕，共 9 晕：第 1、4、7 晕乳钉纹，第 2 晕叶脉纹，第 3 晕栉纹，第 5 晕如意云纹，第 6 晕游旗纹，第 8 晕 "S" 字形云纹，第 9 晕绞索纹。鼓胸 2 弦分晕共 5 晕：第 1 晕乳钉纹，第 2 晕如意云纹，第 3 晕回纹，第 4、5 晕 "S" 形云纹。鼓腰 2 弦分晕共 3 晕：第 1 晕同心圆圈圆点纹，第 2 晕菱形雷纹，第 3 晕 "S" 字形云纹。鼓足复线角纹。耳 2 对，饰六瓣纹夹菱形回纹。鼓身合范线 4 道。

图 3-13　黑格尔Ⅳ型之 LSb-5737 号铜鼓

1938 年在河江省同文县安明社南义村收集，现藏越南国家历史博物馆。
鼓高 34.5、面径 59.3、胸径 59.3、腰径 47.4、足径 58、厚 0.2 厘米。

　　鼓面中心太阳纹 12 芒，光体、芒体皆扁平，芒间饰翎眼纹，有
对称小孔 2 个。1 弦分晕，共 16 晕：第 1 晕"酉"字形纹；第 2、5、
12、15 晕栉纹；第 3、4、13、14 晕同心圆纹；第 6 晕菱形雷纹；第
7、9、11、16 晕为变形羽人纹向游旗纹的过渡纹；第 10 晕兽纹间定
胜纹，兽 15 只，每 3 只为一组作逆时针行走，兽似穿山甲，长身，
尖嘴前伸，背有毛刺，饰叶脉纹，定胜纹为菱形，内四角饰卷云纹，

中心为圆圈圆点纹，2个一组的有3组，3个一组的有2组，填饰在
兽纹间。鼓面边缘有蛙爪纹4组。鼓胸1弦分晕共6晕：第1、6晕
素面，第2、5晕栉纹，第3、4晕同心圆纹。鼓腰上半部有4组皿形
纹，外2格为同心圆纹，内2格光素；鼓下部纹饰与鼓胸同。鼓足分
2晕：第1晕同心圆纹，第2晕垂叶纹。辫纹扁耳2对，每耳中部有
一小方形孔。鼓身有合范线2道。

图 3-14 异型鼓之 LSb-5757 号铜鼓

1901 年法属印度支那总督赠送，现藏越南国家历史博物馆。

鼓高 34.2、面径 44.5、胸径 49-50.5、腰径 39.2、足径 48、厚 0.2 厘米。

失蜡法铸造。鼓面中央有直径 11.5 厘米的太极图案，其余部分光素。鼓胸有两道粗棱分晕，共 6 晕：第 1 晕乳钉纹，第 2、5 晕光素，第 3、4、6 晕如意云纹。鼓腰共 6 晕：第 1、2、5、6 晕如意云纹，第 3 晕乳钉纹，第 4 晕四瓣花纹夹乳钉纹。鼓足为鱼鳞纹。腰足之际有 4 只羊角形耳。鼓面第 2 晕处有多个不规则垫片。

图 3-15 异型鼓之 LSb-18248 号铜鼓

河内家林县宁协社收集，现藏越南国家历史博物馆。
鼓高 38、面径 53、胸径 56、腰径 56、足径 54、厚 1.6 厘米。

　　失腊法铸造。鼓面中心无太阳纹，有一双弦圆圈，内圈直径 15.5 厘米，外圈 19 厘米。鼓身花纹分三段。第一段：乳钉纹、四叶花、麒麟、花、龙凤纹、心形如意纹、回纹、镌刻汉字铭文："铜鼓新铸引说"、"东岸县扶宁社大寺"、"景盛八年闰四月吉日新铸"。第二段：此段上下铸回纹边。中间刻汉字："慈山府东岸县扶宁社官员、乡老、社首、村长、中男上下仝社共记"。第三段：有 4 组铭文，4 组纹饰，纹饰有 2 组麒麟、乌龟、花纹。4 只圆茎环耳，已断一个。

〔附〕**鼓身铭文**

铜鼓新铸引说

窃惟鼓之有铜，岂偶然哉？盖自黎朝永佑二年，邑人阮氏禄，号妙宝，乃侍内总太监郊郡公之贵配也。集福鸠工，造灵应寺，在本地分沤殿处，并作钟楼，铸洪钟悬于其上，法音响亮，闻者扪心。中间以旷野之故，染指奸夫，翻成阴破，再则伊寺成久颓圮，是矣重加修缉。颇限于赀，以钟楼为市货之柄，而是钟遂果为龟留之钟矣。邑悯前人之功德，

不忍委之弃物，乃共会同辟，均给财力。因其毁铜铸造大鼓一面，并斗钟一件，余者又铸火器及五事等器，永奉供佛寺之用。嗟嗟！佛法无边，不以此而异乎。彼人行方便，因其旧而致其新，于以进崇前人之功德，益寿其传于不朽云。

　　慈山府东岸县扶宁社官员、乡老、社首、村长、中男上下全社共记

东岸县扶宁社大寺

景盛八年闰四月吉日新铸

图 3-16　明器鼓之 BTHY07/KL19 号铜鼓

发现于兴安省美豪县洋舍社，1998 年 5 月 13 日由海洋省移交兴安省，现藏兴安省博物馆。鼓高 14、面径 14.7、胸径 16.7、腰径 12、足径 16.3、壁厚 0.1 厘米。

　　鼓面中心太阳纹 8 芒，芒间斜线纹。2 弦分晕，共 2 晕：第 1 晕翔鹭纹，4 只翔鹭逆时针方向环飞；第 2 晕切线圆圈圆点纹。鼓胸 2 弦分晕，共 2 晕：第 1 晕切线圆圈纹，第 2 晕光素。鼓腰上部竖线分 4 格，格内无纹。下部有 1 晕切线圆圈圆点纹。鼓足光素无纹。鼓耳 2 对，饰稻穗纹。鼓身有合范线 2 道。鼓面边缘有垫片痕迹。

第三节
越南铜鼓文化的起源与发展：后起而勃发

　　越南学者一直主张铜鼓起源于越南。他们认为，至迟在东山文化阶段越南就已开始使用铜鼓，东山铜鼓的年代大约从公元前 7 世纪至公元 1-2 世纪①。越南学者因此认为，越南的铜鼓最早出现于公元前 7-前 6 世纪，是最早的铜鼓②。但越来越多的证据证明，古典的东山铜鼓即黑格尔 I 型铜鼓源自先黑格尔 I 型铜鼓，而先黑格尔 I 型铜鼓最初出土于云南。黑格尔 I 型铜鼓制造的主要中心区域在越南北部。根据铅同位素分析，中国云南出土的石寨山型铜鼓的矿料来自云南，越南出土的东山铜鼓 A 型和 B 型矿料来自越南③，说明古代的这两类铜鼓铸造地点不同，各自平行发展。李昆声、黄德荣在《中国与东南亚的古代铜鼓》一书中，曾经对铜鼓的起源和传播问题做了一个全面阐述：中国云南滇中至滇西地区出土的万家坝型铜鼓是最早的铜鼓，石寨山型铜鼓是万家坝型铜鼓的直接继承者，越南东山铜鼓是在万家坝型铜鼓的影响下在越南制造的，其出现和消亡的时间均晚于石寨山型铜鼓，两者平行发展，相互交流，相互影响，但越南东山铜鼓对东南亚诸国的影响大于中国的石寨山型铜鼓④。越南使用和铸造铜鼓的历史源远流长，经久不衰。在中国的史籍中有关于交趾铜鼓的零散记载，《后汉书·马援传》："援好骑，善别名马，于交趾得骆越铜鼓，乃铸为马式，还，上之。"《水经注·温水》引《林邑记》云："浦通铜鼓，外越安定、黄冈、心口。盖藉度铜鼓，即骆越也。有铜鼓，因得其名。马援取其鼓以铸铜马。"越南史书中也有使用铜鼓的零星记载，《越史通鉴纲目》："帝（黎仁宗）至蓝京，是夜雹。以望日率百官拜谒山陵，仍备礼告庙，击铜鼓，陈大乐。"后黎朝（15-16 世纪）祭祀仪式上，用铜鼓演奏"大乐"。

---

① ［越］黄春征：《越南发现和研究铜鼓的情况：铜鼓和青铜文化的再探索》，《民族艺术》1997 年增刊。

② ［越］范明玄、阮文好、赖文道：《越南的东山铜鼓》，越南社会科学出版社 1990 年版；［越］阮文煊、黄荣编：《越南发现的东山铜鼓》，载《铜鼓研究资料选译之二（内部资料）》。

③ 崔剑锋、吴小红：《铅同位素考古研究》，文物出版社 2008 年版。

④ 李昆声、黄德荣：《中国与东南亚的古代铜鼓》，云南美术出版社 2008 年版，第 278 页。

铜鼓作为神器和礼器，多被用于宗教、祭祀场合，但在越南也有把铜鼓当做被祭祀的对象，建庙祭铜鼓的习俗。相传，昔日雄王带兵去打仗，驻在山下，夜晚梦见神出现，神请求携带铜鼓随军助战。临阵时，雄王听到空中回响着鼓声，于是指挥士兵奋勇追敌，直到胜利。返回后，雄王封这个神为"铜鼓大王"，在清化省安定县丹尼社建庙祭铜鼓山神。现重建于 1630 年的丹尼社铜鼓庙内供奉有一面黑格尔 I 型铜鼓。1028 年，李朝又在河内附近的升龙城建庙祭铜鼓神（广德县安太坊南村铜鼓祠祠，今属河内市西湖区柚坊），到了西山朝又在河内慈廉县明开社元舍村建"铜鼓灵祠"[1]。到了陈朝、黎朝时仍到铜鼓庙进行祭祀活动[2]。清化省弘化县弘明社 My Da 村"亭神铜鼓"庙内现今还保留有 25 件 1649—1925 年间封建王朝对铜鼓精灵授予称号的纸质文献[3]。

在今越南范围内，古代铜鼓和铜鼓文化主要流传于北部地区，使用铜鼓的民族主要是骆越人及其后裔。《后汉书·马援传》关于马援于交趾得骆越铜鼓的记载当地人耳熟能详。《后汉书·循吏列传·任延》载，东汉建武初年，任延做九真郡太守时，境内"骆越之民无婚嫁礼法"。东汉九真郡辖境相当于今越南清化、河静两省及义安省东部地区。《交州外域记》说："交趾昔未有郡县之时，土地有雒田，其田从潮水上下，民垦食其田，因名为雒民。"这些中国的史书明确说明秦汉时期交趾的主要族群为骆越人。越南历史学家陶维英认为，约在公元前四世纪至公元初年的秦汉时期，今越南北部是被称为骆越人的居民的生活区域，"在交趾和九真地方的骆越人是铜鼓的主人"[4]。

据民族学调查，历史上越南使用铜鼓的民族大致有克木族（Kho Mu）、热依族（Giay）、布标族（Pu Peo）、戈都族（Co Tu）、倮倮族（彝，Lo Lo）、芒族（Muong）、巴那族（Bahnan）、赫蒙族（苗 Hmong）、泰族（Thai）、嘉莱族（Gialai）、布依族等。现今越南仍然使用铜鼓的只有河江省的倮倮族，以及北部山区的少数芒族，大部分铜鼓只是作为祭祀用品、贵重物品或展品留存。

芒族是越南人口较多的少数民族之一，主要居住在北部的安沛、永富、山罗、和平、宁平、河西、清化以及南部的多乐、同奈等省。芒族很早就使用铜鼓，他们的居住区经常有铜鼓出土，有的还出自郎官的墓中。在芒族社会中，铜鼓是醮祭供拜的神圣物，是郎道颁布命令的物证，是节日庙会、婚姻喜事幸福的象征。同时，铜鼓也是权势的象征，完全掌握在芒人传统社会的最高级贵族手中。芒族还把铜鼓视为一种神圣的礼

① 中国广西壮族自治区博物馆等：《越南铜鼓》，科学出版社 2011 年版。

② ［越］阮世龙：《介绍越南两处铜鼓寺庙》，《中国古代铜鼓研究通讯》第十五期，1999 年。

③ Trinh Sinh, "Thanh Hoa and Bronze Drum Culture," *Thanh Hoa Bronze Drums*, Social Science Publing House, 2013.

④ ［越］阮文煊、黄荣编：《越南发现的东山铜鼓》，载《铜鼓研究资料选译之二（内部资料）》。

河内升龙城广德县安太坊南村（今西湖区柚坊）铜鼓灵祠

河内升龙城广德县安太坊南村（今西湖区柚坊）铜鼓灵祠

河内慈廉县明开社元舍村西山朝建的铜鼓灵祠

河内慈廉县明开社元舍村西山朝建的铜鼓灵祠

清化省安定县丹尼社铜鼓庙

清化省安定县丹尼社铜鼓庙供奉的神台

图 3-17　越南铜鼓祠庙

仪重器，只有在举行庄严的仪式时才拿出来使用[1]。芒族使用的铜鼓主要是黑格尔Ⅱ型，因此一些越南学者认为黑格尔Ⅱ型铜鼓的主人是越南芒族人。

芒族使用铜鼓的方式各地有所不同。和平省敏德县芒族敲铜鼓时将铜鼓横在凉席上，铜鼓下面垫几块石头，一名巫师用木质鼓槌敲打鼓面鼓心位置，同时另一人两手握着两根长木棒敲击鼓胸，他们一边打鼓一边绕着铜鼓转圈。清化省的芒族人则把铜鼓横着悬挂在木架上敲击。富寿省的芒族用粗绳子将铜鼓的四面耳朵绑起来挂在架子上，或者将绳子把每只耳朵与四个插在地里的木桩绑起来，鼓底面向的地面挖一个大约一市尺的坑，以便释放铜鼓的声音。敲鼓的有四五人，每个人两手握着木槌，随着一个握谱的人展示的节奏，围着铜鼓共同敲击，铜鼓洪亮的响声从坑里传出来。

永福省青山县芒族在敲击铜鼓时，依惯例以敲打较熟练的作为母鼓，其余的为子鼓。根据已有的节拍敲击鼓面太阳纹和鼓面边缘，或是鼓面上的蟾蜍。小鼓可以四个人敲，大鼓可以六个人敲。有时还规定鼓面上有多少只蟾蜍就要多少人敲。青山县大部分村庄流行敲打人数按偶数敲，一般都是2、4、6、8人一起敲，打鼓队形一般是三男或四女，也有少数是一人握着两个木棒，自己定好母棒和子棒，接着按照节拍敲打。敲打的时候铜鼓也是挂在架子上或者直接挂在庙梁上，也有放在木桩上或者放在挖好的回音坑上[2]。

倮倮人将铜鼓看作自己民族的宝物，是葬礼和节日仪式不可缺少的一种乐器，河江省和高平省的倮倮人至今还保存和使用铜鼓。在河江省同文、苗旺、安明等县的倮倮人中还保存有铜鼓22面，高平省有8面，这些铜鼓都是黑格尔Ⅳ型铜鼓，即中国的麻江型铜鼓。倮倮族日常不用铜鼓的时候要把铜鼓埋藏在地下，如族内有人去世，则取出来以备出殡时使用。取之前要请巫师做仪式，点三支香，倒两杯酒到鼓面和鼓胸前请示祖先召回鼓魂后才可以敲打铜鼓。葬礼中敲打铜鼓是为了将故人的灵魂送到祖先身边。若是需要向别家借鼓就得带两只鸡（公鸡和母鸡）祭祀他们的祖先才可以使用。铜鼓要专门运送，路途遥远的，人们用红布带绑着鼓耳，包住铜鼓以免被龙发现卷走。葬礼上，铜鼓要成对使用，每对有公鼓和母鼓，葬礼上必须敲公鼓和母鼓。使用时把铜鼓挂在正门靠墙的平行桁梁上，母鼓挂在左边，公鼓挂在右边。敲打铜鼓的人面向墙面坐着，右手握着木槌敲向两面铜鼓面，左手握着一根竹条敲向鼓的鼓胸以稳定节奏感。倮倮族人使用铜鼓祭祀土地神和祖先时，常常伴随着体现倮倮族人民生活面貌的倮倮族舞蹈，葬礼上也有铜鼓舞。人们围成圆圈一边唱歌一边起舞，叙述着他们的起源、迁徙、耕作、生

---

① 蒋廷瑜：《古代铜鼓通论》，紫禁城出版社 1999 年版。

② 乔秋惠：《越南、中国华南地区以及东南亚一些民族使用铜鼓的习俗》，《艺术文化》第 301 期，2009 年。

活等内容。这是俸保族人民过去的传统，现在俸保族铜鼓只使用在葬礼中①。

越南西北部的克木人也使用铜鼓，但到 1940 年代以后使用铜鼓的习俗就销声匿迹了，他们只有在祭祀祖先的时候才能使用铜鼓，因为对他们来说铜鼓象征着祖先的灵魂。不使用铜鼓的时候他们将铜鼓埋藏在林子里，只有主人知道埋藏的具体位置。祭祀祖先那天，克木人连续敲打铜鼓唤醒祖先见证氏族和家族的兴盛。击鼓时用一条长绳将铜鼓的双耳串起挂在家外的梁柱上，鼓手右手用木槌敲打鼓面，左手用纸竹片打鼓身②。

奠边府平原西北部和西部的克木人，在春耕仪式中使用铜鼓。仪式由族长主持，前后杀 3 只鸡：杀第 1 只鸡，取血和谷种以祭神；杀第 2 只鸡，以鸡血点家族成员的前额，求神保佑全家老小及牛群平安；杀第 3 只鸡，以鸡血涂铜鼓和芒锣。义安省西部的克木人在建新房、礼日、春节、结婚时使用铜鼓，用铜鼓前要用鸡血酒和一条红布供铜鼓③。

河江省的布标族过去在葬礼中也使用过铜鼓，但或许因为年代久远，事实上没人亲眼见过他们如何使用。从同云县和安明县迁到其他地区的布标族也提到在葬礼上使用铜鼓。他们使用铜鼓时，把铜鼓悬挂在一条长棍上，两人抬着，边走边打。布衣族使用铜鼓时则用一条长绳将铜鼓的双耳串起挂上家外的梁柱上，站打、坐打④。

越南各民族使用铜鼓的习俗与中国的彝族和壮族有许多相似之处，例如把铜鼓架在架子或房梁上，有公鼓、母鼓之分，埋藏铜鼓的方式、召回鼓魂的方式，甚至一边用木槌一边用竹条敲打的方式，都有许多共通之处；所使用的铜鼓也相同，都是从中国输入的黑格尔Ⅳ型，即麻江型铜鼓。

虽然在越南发现了数量众多的铜鼓，但迄今为止还没有发现铸造铜鼓的作坊遗址。1998年，日本学者西村昌也位于北宁省顺城县城姜乡嬴娄（Luy Lau）城址内发现一块铸造黑格尔Ⅰ型铜鼓的泥范⑤。根据历史记载和考古发掘资料，嬴娄城址被确认为中国汉代交趾郡郡治。近年越南与日本的考古学家在对此城址进行发掘时，在城内发现并出土了数百片东山文化铜鼓的陶范残片和冶炼铸造器物，这些出土陶范残片有外范和内范，其中包括铜鼓口沿、鼓面、鼓身、鼓腰等⑥，这说明嬴娄城址可能存在一个东山文化铜鼓的铸造中心。

---

① ［越］罗天宝：《古铜鼓与河江省各民族》，世界出版社 1996 年版；［越］罗天宝：《关于越南俸保族铜鼓的问题：铜鼓和青铜文化的再探索》，《民族艺术》1997 年增刊。

② 孔演：《越南的克木族》，（河内）民族文化出版社 1999 年版。

③ 叶廷花：《关于越南一些少数民族几种使用古代铜鼓的见解》，载《声震神州——文山铜鼓暨民族历史文化国际学术研讨会论文集》，云南人民出版社 2005 年版。

④ 同上。

⑤ ［日］西村昌也：《古莲楼遗址发现铜鼓铸范》，《中国古代铜鼓研究通讯》第十五期，1999 年。

⑥ 日本东亚大学、越南国家历史博物馆等：《嬴娄古城 2014 年调查发掘结果报告》，越南国家历史博物馆资料室，2014 年；黄晓芬：《交趾郡治ルイロウ遗迹Ⅱ》，东亚大学，2017 年。

第四节

越南铜鼓文化的现状：保护与传承在继续

 铜鼓及铜鼓文化在越南已经存在了两千多年，随着社会的发展和变迁，铜鼓已渐渐从人们的生活中淡出，在大部分地区和民族中已相继退出了历史舞台。在越南，现在只有很少的地区和极少数居住在山区的民族还保留着使用铜鼓的古老习俗，如河江省的保保族，以及北部山区的少数芒族，而富寿省的青山县是目前越南唯一保留芒族铜鼓节的地区，他们在雄王忌日和雄王庙会上也都会举行击鼓仪式。但铜鼓作为越南民族文化神圣的象征，越南政府和民众一直高度重视铜鼓及铜鼓的收藏、研究、保护，铜鼓文化的传承与宣传等。这主要表现在以下几个方面：

 一是铜鼓的收藏、保护、研究、展示。越南十分重视对铜鼓的收集和保护，将从各地发现的铜鼓都收归国有，传世的铜鼓除极少数保存在一些少数民族村寨和家中外，绝大多数现已收藏于各级国有博物馆中进行保护、研究和展示。

 二是铜鼓的铸造。虽然铜鼓的铸造历史悠久，但铜鼓铸造工艺复杂，并对其工艺严加保密，历来传子不传女，且在史书上从未见有记载。随着铜鼓文化的衰落，其铸造技术也逐渐失传。为了传承铜鼓铸造工艺，一些民间艺人一直在苦苦探索。据调查，越南河内、清化、顺化等地的村镇上至今仍有传统的铜鼓铸造工艺和一些铸造铜鼓的工厂或作坊，如清化的茶东村（Tra Dong）、东山村（Dong Son）等[1]。清化省韶化县韶中社茶东村自古以来传承着铜器铸造的方法，是著名的仿制古铜器之乡，能铸造东山铜鼓和锣、钟、壶、锅、佛像等铜器。他们铸造铜鼓大致经历了制作泥鼓模型、内外范、合范、浇注、拆范、修补、打磨、抛光等十几道工序。如今铸造铜鼓虽然运用了一些现代工具，但其制模造范的方法却保留了传统的制作工艺[2]。铸铜作坊大多制作包括铜

---

① Trinh Sinh, "Thanh Hoa and bronze drum culture," in *Thanh Hoa Bronze Drums*. Social Siences Publishing House, 2013.

② 黄启善等：《越南民间铸造铜鼓的现场考察》，《广西博物馆文集》第四辑，广西人民出版社 2007 年版。

1. 制模

2. 合范

3. 范和模

4. 合范后固定

5. 浇铸

6. 去范

图 3-18　清化省韶化县韶中社茶东村现代民间铜鼓铸造

鼓在内的各种铜器，但茶东村有专门铸造铜鼓的民间作坊和工匠，如黎明道（Le Minh Dao）、阮明俊（Nguyen Minh Tuan）以铜鼓铸造为业，已有数十年的历史，每年卖出铜鼓上千面。2010 年河内升龙城纪念 100 周年，一百多面铜鼓就是由阮明俊等制作完成的。他们仿制的铜鼓最多的是越南最精美、最典型的玉镂鼓和黄下鼓，所铸铜鼓大多卖给国内企业、机关单位以及私人等。但这些现今铸造的铜鼓主要是用于陈设的工艺品，不能敲打使用，还不具备古代铜鼓的乐器功能。尽管已经掌握了某些铸造技术，但今天的工匠仍复制不出玉镂鼓或东山铜鼓，越南历史博物馆曾试着复制玉镂鼓，但没有达到预期的效果。

为了传承古代铜鼓的传统铸造技术，政府在政策、设备和资金上给予支持，有些地方设立传统工艺村，传承铸造铜鼓的传统工艺。国家对于铸造铜鼓的工匠给予极高的荣誉，授予他们人民工匠或优秀工匠称号。

三是铜鼓文化的保护和传承。铜鼓是越南民族文化的瑰宝，是越南古代文化的标志。铜鼓文化在越南已深入人心，除铸造铜鼓外，铜鼓元素、文化符号在日常生活中被广泛使用，如铜鼓的纹饰在建筑装饰、广告、服装以及市场上都大量使用。铜鼓的文化产品，如尺寸很小的铜鼓、铜鼓款式的茶杯、铜鼓摆件、铜鼓挂件、铜鼓鼓面装饰物件等，作为艺术品、工艺品被大量制作出售。

总体来看，越南对铜鼓文化的保护和继承注重的主要是铜鼓文化的载体即铜鼓本体，局限于物质文化的层面，对非物质文化的如铜鼓仪式、故事传说、音乐舞蹈、歌谣、习俗等的搜集、记录、整理还开展得不够，铜鼓文化的保护、传承、发展的问题在越南也很突出，如何让铜鼓文化在越南延续传承任重而道远。

第四章
泰国铜鼓文化：王权象征犹在

为了更系统地对泰国铜鼓文化进行阐释，并发掘其在中国-东南亚铜鼓文化圈中的重要意义，中国广西民族大学民族研究中心与泰国东方大学（Burapha University）人文学院和艺术学院合作，于2015年1月19日—2月1日、2015年8月13日—20日和2019年5月15日—21日，联合开展了对泰国铜鼓的调查。调查既采用规范的考古学方法，对泰国博物馆所收藏铜鼓进行了测量、描述和拍照，又结合人类学田野调查方法，对博物馆工作人员和民众等做深度访谈，了解铜鼓使用的仪式与习俗。在此基础上，我们对泰国铜鼓与铜鼓文化有了新的认识：泰国铜鼓文化源远流长，从泰族先民和泰族拓展到克伦族等，至今铜鼓仍然作为国之重器而存在。

第一节
泰国铜鼓研究回顾

　　泰国是一个历史悠久的国度，发现有不少旧石器时代、新石器时代的文化遗迹，即便是从建立国家的历史来看，大约自公元初期开始就先后建立了许多古国，如泰国东北部有参半国（在呵叻府色玛，该国起初是扶南国的属国，后又为真腊属国）、哈利奔猜国（中国史称"女王国"，公元 768 年由占玛苔薇公主在南奔城建立，1292 年被兰那泰王国所灭）、庸那迦国（由公元 9-11 世纪泰国湄南河流域的泰人所建的若干小国联合建立，后来演变为兰那泰王国，中国史称"八百媳妇国"）；中部有都元国、金邻国、典逊国（大约公元前 140 年建立，延续了约 700 年）和堕罗钵底国（公元 6-11 世纪）；南部有室利佛逝国（大约在公元 6-14 世纪）、狼牙修国（大约建于公元 1 世纪下半叶）、林阳国（建于公元 3 世纪前）、盘盘国（大约建于公元 4 世纪前）[①]。

　　泰国是中国-东南亚铜鼓文化圈的重要一环，在现今泰国的土地上，发现铜鼓数量较多。泰国自古即有关于铜鼓的记录，如素可泰时期《三界》记载有泰国铜鼓这个词的演变；阿育陀耶（大城王朝 1350-1767 年）王宫有文字记载铜鼓作为皇家乐器在一些仪式上使用的情况；从曼谷王朝（1782 年至今）开始，现在泰国铜鼓的名称确定了下来，至今铜鼓仍广泛使用在皇家的各种仪式上。

　　对于泰国铜鼓的研究，成果有限。西方学者虽开启了铜鼓研究的历史，但主要是在研究东南亚铜鼓或东南亚青铜器时，对泰国铜鼓有所涉及，专门的研究一直较少。

　　泰国学者对铜鼓的学术研究起步较晚。1964 年，泰国艺术大学考古专业硕士研究生宋西·维拉巴扎的硕士学位论文《泰国铜鼓》，是我们目前所看到的最早的一篇专门研究泰国铜鼓的论文。其后，泰国研究铜鼓的学位论文主要有：1974 年品萍·乔苏里亚的硕士学位论文《青铜鼓与东山文化》、西利来·普拉帕滕（Sirirat Prapattong）1992 年的硕士学位论文《11 世纪前泰国历史上和考古发现的乐器研究》、萨·昂因奔 1997 年硕士

---

① 戚盛中：《泰国民俗与文化》北京大学出版社 2013 年版，第 10-12 页。

学位论文《从铜鼓纹饰研究东山文化的环境》、潘盆·本扎伦（Pornpol Pancharoen）的《泰国、中国与越南铜鼓类型的比较研究》。除了学位论文之外，泰国各类刊物发表了一些有关铜鼓的文章，包括介绍性、科普性及研究性的文章，如菩冲·占达维（Bhujjong Chandavij）和那他帕特拉·占达维（Natthapatra Chandavij）1991年10月在广西南宁召开的"中国南方及东南亚地区古代铜鼓和青铜文化第二次国际学术研讨会"上提交的论文《泰国史前金属器时代的铜鼓和工具》，详细介绍了泰国17处遗址发现的24面铜鼓；1994年，普瓦敦·苏万那迪发表《莫达限游铜鼓》（《文化艺术》第5期），巴南·童古发表《铜鼓不是乐器》（《文化艺术》第6期）、《铜鼓：分类》（《文化艺术》第9期）、《铜鼓的成分》（《文化艺术》第10期）、《铜鼓是用来做什么的》（《文化艺术》第12期）；1995年，普瓦敦·苏万那迪发表《铜鼓上的纹饰——太阳纹》（《文化艺术》第2期）、《飞鸟图案》（《文化艺术》第3期），西拉·格沙旺发表《敦丹寺铜鼓》（《文化艺术》第4期），巴南·童古发表《船纹》（《文化艺术》第4期）、《铜鼓上的青蛙》（《文化艺术》第6期）、《铜鼓》（《文化艺术》第7期）、《铜鼓与青蛙节》（《文化艺术》第9期）、《各种类型铜鼓分布》（《文化艺术》第11期）、《铜鼓：声音的魔咒》（《文化艺术》第12期），剑姬拉·变扎鹏发表《铜鼓上的孔雀纹》（《暹罗国评论周刊》第49期）；卡纳努·坎素1998年发表《北碧府萨排林的铜鼓》（《古城》第3期），2005年发表《玛哈拉塔克鼓：2003年清莱府玛差那县发现的一面铜鼓》（《艺术》第6期）；卡纳努·坎素2009年发布《铜鼓》（《歌乐器》第7期）；等等。玛媞尼·吉拉娃塔娜（Matinee Jirawattana）2003年出版的《泰国铜鼓》（*The Bronze Kettle Drums in Thailand*）[1]是至今为止资料最为全面的关于泰国铜鼓的专题研究著作。

中国学者虽在研究东南亚铜鼓或东南亚青铜器上成果不少，但专门研究泰国铜鼓的成果凤毛麟角。目前所见，主要有1997年姚舜安、滕成达发表的《泰国铜鼓述略》[2]，玉妮2013年在泰国东方大学（Burapha University）完成的硕士学位论文《泰族和壮族的铜鼓信仰》（Cultural Beliefs on Bronze Drums of Thai and Zhuang People），2014年玉妮发表的《泰国（泰族）铜鼓信仰研究——以泰国王宫使用铜鼓为例》和《壮族和泰族铜鼓信仰文化比较研究》[3]等。

---

[1] M. Jirawattana, *The Bronze Kettle Drums in Thailand*. The Office of National Museums, Fine Arts Department, 2003.

[2] 姚舜安、滕成达：《泰国铜鼓述略》，《广西民族学院学报（哲学社会科学版）》1997年第3期。

[3] 玉妮：《泰国（泰族）铜鼓信仰研究——以泰国王宫使用铜鼓为例》，《广西博物馆文集》第十辑，广西人民出版社2014年版；玉妮：《壮族和泰族铜鼓信仰文化比较研究》，《泰国东方大学艺术学院院报》2014年第1期。

第二节

泰国铜鼓的类型

我们 2015 年和 2019 年的三次调查，历时近 30 天，共调查了涉及 11 个府的 12 个博物馆（收藏室）所藏 32 面铜鼓。根据我们的调查，结合前人的调查研究，我们发现，泰国的铜鼓主要分布于北部、东北部、中部和南部，有黑格尔 I 型和黑格尔 III 型两类[①]。

（一）黑格尔 I 型铜鼓

黑格尔 I 型铜鼓共 20 面。其中，泰国北部的清莱府（Chiangrai）1 面，程逸府（Uttaradit）1 面；东北部的乌汶府（Ubon Ratchathani）2 面；中部的北碧府（Kanchannaburi）1 面，叻丕府（Ratchaburi）2 面，京畿府（曼谷）的泰国国家博物馆3 面；南部的春蓬府（Chumphon）7 面，洛坤府（Nakhon Si Thammarat）3 面。

泰国的黑格尔 I 型铜鼓大多有明确的出土地点，但地层不明，伴出物少，因而只能根据器型比较来大体推断其时代。玛媞尼·吉拉娃塔娜（Matinee Jirawattana）在 2003 年出版的《泰国铜鼓》（*The Bronze Kettle Drums in Thailand*）一书中，逐一推断了 32 面黑格尔 I 型铜鼓的年代，有以下几种判定：（1）公元前 800-前 700 年；（2）前 700-前 600 年；（3）前 700-前 300 年；（4）前 700-前 100 年；（5）前 700-公元 500 年；（6）前 500-前 100 年；（7）前 400-前 100 年；（8）前 100-公元 100 年；（9）公元 200 年前[②]。

按照玛媞尼·吉拉娃塔娜的推断，泰国黑格尔 I 型铜鼓的年代均在公元前 800 至公元 500 年之间。但我们认为，这个推断的上限似乎偏早。最早应不早于前 500 年，我们

[①] 曾有中国学者说泰国也有黑格尔 II 型铜鼓和黑格尔 IV 型铜鼓（如姚舜安、滕成达：《泰国铜鼓述略》，但我们的调查只见到黑格尔 I 型和 III 型铜鼓。玛媞尼·吉拉娃塔娜（Matinee Jirawattana）2003 年出版的《泰国铜鼓》（*The Bronze Kettle Drums in Thailand*）中也只有 I 型和 III 型铜鼓。

[②] M. Jirawattana, *The Bronze Kettle Drums in Thailand*, The Office of National Museums, Fine Arts Department, 2003.

将在下文论及。

（二）黑格尔Ⅲ型铜鼓

黑格尔Ⅲ型铜鼓共12面。其中泰国北部的清迈府（Chiang Mai）1面，清莱府（Chiang Rai）3面；中部的华富里府（Lopburi）2面，叻丕府（Ratchaburi）1面，京畿府（曼谷）的泰国国家博物馆3面，吞武里大学（Thonburi University）2面。

泰国的黑格尔Ⅲ型铜鼓都是传世铜鼓，其年代主要以类型学的方法来推断。玛媞尼·吉拉娃塔娜在2003年出版的《泰国铜鼓》一书中，对15面黑格尔Ⅲ型铜鼓年代的推断有以下几种：（1）公元1-5世纪；（2）公元前300年-公元19世纪；（3）公元前200年-公元19世纪；（4）公元5世纪[①]。

但中国学者多数认为，黑格尔Ⅲ型铜鼓的时代是在唐宋至现代[②]。我们认为，玛媞尼·吉拉娃塔娜对泰国黑格尔Ⅲ型铜鼓年代的判断似乎偏早了些，最早也应在公元5世纪之后。

① M. Jirawattana, *The Bronze Kettle Drums in Thailand*, The Office of National Museums, Fine Arts Department, 2003.

② 王克荣：《古代铜鼓研究中的几个问题》，载《古代铜鼓学术讨论会论文集》，文物出版社1982年版；张世铨：《论古代铜鼓的分式》，载《古代铜鼓学术讨论会论文集》，文物出版社1982年版。

图 4-1　黑格尔Ⅰ型之 CHS2 号铜鼓

2003 年清莱府清孔县工程挖掘发现，2004 年收藏于清莱府清显国立博物馆（Chiang Saen National Museum）。

鼓高 23.5、面径 35、胸径 33、腰径 26、足径 33.5、壁厚 0.4 厘米。

鼓面中心太阳纹 6 芒，芒体粗短，芒间饰叶脉纹，2、3 弦分晕，共 6 晕：第 1、4 晕圆圈圆点纹，第 2 晕翔鹭纹，第 3、5 晕锯齿纹，第 6 晕光素。鼓面边缘 4 只单蛙逆时针环立，蛙体昂首挺立，整个蛙体是写意的。鼓胸 1、2 弦分晕，共 4 晕：第 1、3 晕为锯齿纹，第 2 晕圆圈圆点切线纹，第 4 晕纹饰不清。鼓腰 2 弦分晕，共 4 晕：第 1 晕饰写实牛、鸟纹，中间隔以叶脉纹或者网格纹；第 2、4 锯齿纹；第 3 晕圆圈圆点纹。鼓足外撇，光素。单耳 4 对，耳体饰稻穗纹。鼓身有合范线 2 道。鼓面、鼓身垫片痕多。

图 4-2 黑格尔 I 型之 CP1 号铜鼓

出土于春蓬府穆恩县（Mueang）那差安乡（Na Cha Ang）考萨姆乔（Khao Sam Kaeo）考古遗址，起初存放在纳孔·斯利·塔玛勒国立博物馆（Nakhorn Sri Thammarat National Museum），2011 年至今存于春蓬国立博物馆（Chumphon National Museum）。鼓高 51、面径 69、胸径 74、腰径 51、足径 74.5、壁厚 0.2 厘米。

鼓面中心太阳芒 14 芒，芒间饰翎眼纹，1、2 弦分晕，共 14 晕：第 1、2 晕圆圈斜线纹；第 3 晕圆点纹；第 4 晕鸟纹，6 只鸟逆时针环绕；第 5、9 晕圆圈斜线纹；第 6、8 晕圆点纹；第 7 晕变形鸟纹；第 10 晕翔鹭纹，共 16 只；第 11、13 晕栉纹；第 12 晕圆圈圆点纹；第 14 晕光素。鼓面无蛙。鼓胸 2 弦分晕，共 5 晕，纹饰不清。鼓腰 1、2 弦分晕，共 6 晕：第 1 晕光素，第 2 晕栉纹、圆圈斜线纹、斜线纹、变形羽人纹，第 3、5 晕栉纹，第 4 晕圆圈圆点纹，第 6 晕光素。足腰间折痕凸出。鼓足外撇，素面，有残缺。双耳 4 对，耳体饰绳纹。鼓身有合范线 2 道。鼓面、鼓身布满垫片痕。

图 4-3　黑格尔Ⅰ型之 CP2 号铜鼓

与 CP1 号同出土于考萨姆乔遗址，起初存放在纳孔·斯利·塔玛勒国立博物馆，2011 年至今存于春蓬国立博物馆。

鼓高 56、面径 68.5、胸径 75、腰径 54、足径 67、壁厚 0.25 厘米。

　　鼓面中心太阳芒 12 芒，芒体稍肥。芒间饰翎眼纹，2、3 弦分晕，共 11 晕：第 1、3、5、8、9 晕圆圈圆点斜线纹；第 2 晕勾连雷纹；第 4、11 晕光素；第 6 晕翔鹭纹，8 只逆时针环绕；第 7、10 晕栉纹。鼓面无蛙，有残破。鼓胸凸出，2、3 弦分晕，共 6 晕：第 1、4 晕栉纹，第 2、3、6 晕圆圈圆点斜线纹，第 5 晕光素。鼓腰 2、3 弦分晕，共 6 晕：第 1 晕圆圈圆点斜线纹，第 2、5 晕栉纹，第 3、4 晕圆圈圆点斜线纹，第 6 晕光素。腰足间折痕凸出。鼓足外撇，素面，有残缺。双耳 4 对，耳体饰绳纹。鼓身有合范线 2 道。鼓面、鼓身布满垫片痕。

图 4-4　黑格尔Ⅰ型之 CP3 号铜鼓

与 CP1 号同出土于春蓬府考萨姆乔遗址，起初存放在纳孔·斯利·塔玛勒国立博物馆，2011 年至今存于春蓬国立博物馆。

鼓高 15.5、面径 15、胸径 19.7、腰径 11.3、足径 16.4、壁厚 0.15 厘米。

　　鼓面中心太阳纹 8 芒，芒间折线纹。2 弦分晕，共 2 晕：第 1 晕翔鹭纹，4 只翔鹭逆时针方向环绕；第 2 晕，切线圆圈圆点纹。边缘光素。鼓胸 2 弦分晕，只 1 晕，饰切线圆圈圆点纹。鼓腰 2 弦分晕，共 2 晕：第 1 晕两侧弦纹夹切线圆圈圆点纹，纵向分为 8 格，格中光素；第 2 晕切线圆圈圆点纹。鼓足光素。双耳 2 对。鼓身有合范线 2 道，有少量垫片痕。整个鼓制作粗糙。

图 4-5 黑格尔 I 型之 CP6 号铜鼓

出土于春蓬府帕多县（Pha Toh）邦湾乡金南河边，现藏泰国文化部艺术厅。
鼓高 46、面径 67、胸径 73、腰径 48、足径 64 厘米。

鼓面纹饰模糊，中心太阳纹 12
芒，芒体纤细，芒间饰角型纹。2、3
弦分晕，共 7 晕：第 1、3、6 晕栉纹；
第 2、7 晕圆圈圆点文；第 4 晕羽人纹；
第 5 晕翔鹭纹，6 只翔鹭逆时针环绕。
鼓胸 2、3 弦分晕，共 5 晕：第 1、3、
5 晕栉纹，第 2 晕切线圆圈圆点纹，
第 4 晕素面。鼓腰 2 弦分晕，共 4 晕：
第 1 晕两侧叶脉纹夹切线圆圈圆点纹
组成的纹带，纵向分为 8 格，格中无
纹；第 2、4 晕栉纹；第 3 晕切线圆圈
圆点纹。鼓足素面。双耳 2 对。耳体
饰稻穗纹。鼓身有合范线 2 道。鼓面、
鼓身有少量垫片痕。

传播与创新

图 4-6 黑格尔 I 型之 NKS1 号铜鼓

现藏洛坤府国立博物馆（Nakhon Si Thammarat National Museum），出土自娃克勒素莱塔那（Wat Khi Lek Surat Thani）。

鼓高 43.8、面径 51、胸径 56.7、腰径 40、足径 59.6、壁厚 0.15 厘米。

鼓面中心太阳纹 12 芒，芒体肥硕，芒间翎眼纹。2、3 弦分晕，共 5 晕：第 1 晕云雷纹；第 2 晕光素；第 3 晕翔鹭纹，4 只翔鹭逆时针环绕；第 4、5 晕栉纹。鼓面无青蛙。鼓胸 2、3 弦分晕，共 4 晕：第 1、2 晕栉纹，第 3、4 晕光素。鼓腰 2、3 弦分晕，共 3 晕：第 1 晕双竖弦叶脉纹，第 2、3 晕栉纹。鼓足外撇，素面。双耳 2 对，耳体饰稻穗纹。鼓身有合范线 2 道。鼓面鼓身垫片痕多。

图 4-7　黑格尔Ⅰ型之 PR1 号铜鼓

程逸府（Uttaradit）出土，现藏巴真武里府（Prachinburi）国立博物馆。
面径 48、鼓高 41.2、胸径 50、腰径 39、足径 51.8、壁厚 0.4 厘米。

　　鼓面中心太阳纹 10 芒，光体较大，芒体粗短，芒间无纹，2、3 弦分晕，共
6 晕，纹饰不清晰。鼓胸 2 弦分晕，共 4 晕，纹饰不清晰。鼓腰 2 弦分晕，共 3 晕：
第 1 晕两边为竖弦斜线纹，中间为竖弦圆圈圆点斜线纹，共 6 组对应分布，其中
4 组正对鼓耳之下；第 2 晕圆圈切线纹；第 3 晕栉纹。鼓足外撇，素面。双耳 4
对，2 对一组，耳饰稻穗纹。鼓身有合范线 2 道。鼓面、鼓身垫片痕较多。

图 4-8　黑格尔 I 型之 TNM4 号铜鼓

程逸府穆安县（Muang）出土，现藏泰国国家博物馆。
鼓高 41.6、面径 65.2、胸径 65、腰径 49.5、足径 62、壁厚 0.15 厘米。

　　鼓面中心太阳芒 12 芒，芒体稍肥。1、2、3 弦分晕，共 9 晕：第 1、3、5、8 晕栉纹，第 2、6、7 晕圆圈圆点、斜线纹，第 4 晕 6 只翔鹭纹逆时针环绕，第 9 晕光素。鼓胸 2 弦分晕，共 3 晕：第 1、3 晕栉纹，第 2 晕圆圈圆点纹。鼓腰 2 弦分晕，共 6 晕：第 1、6 晕光素，第 2 晕斜线纹、圆圈圆点纹，第 3、5 晕栉纹，第 4 晕圆圈圆点纹。鼓腰足处有折痕，鼓足外撇、素面。双耳 2 对（其中一耳残缺），耳体饰绳纹。鼓身有残破，合范线 2 道，鼓身鼓面布满垫片痕。

图 4-9　黑格尔Ⅰ型之 TNM5 号铜鼓

程逸府穆安县出土，现藏泰国国家博物馆。
鼓高 52.5、面径 70.6、胸径 73.2、腰径 53.5、足径 71.5、壁厚 0.15 厘米。

　　鼓面中心太阳芒 12 芒，芒体稍肥。2、3 弦分晕，共 9 晕：第 1、3、6、
8 晕栉纹；第 2、7 晕圆圈圆点纹；第 4 晕羽人纹；第 5 晕翔鹭纹，共 6 只逆
时针环绕；第 9 晕光素。鼓胸微凸，有残破，2 弦分晕，共 4 晕：第 1、3 晕
栉纹，第 2 晕圆圈圆点纹、斜线纹，第 4 晕光素。鼓腰 2 弦分晕，共 6 晕：
第 1、6 晕光素，第 2 晕斜线圆圈圆点纹，第 3、5 晕栉纹，第 4 晕圆圈圆点
斜线纹。腰足处有折痕，鼓足外撇，素面。双耳 2 对（残留 2 只），耳体饰
绳纹。鼓身有残破，合范线 2 道，鼓面鼓身布满垫片痕。

图 4-10　黑格尔 I 型之 TNM6 号铜鼓

程逸府穆安县出土，现藏泰国国家博物馆。
鼓高 52.7、面径 65.5、胸径 68.5、腰径 53、足径 71.5、壁厚 0.2 厘米。

　　　鼓面中心太阳芒 10 芒，芒体凸出，稍肥；1、2、3 弦分晕，共 10 晕：
第 1、2、7、8 晕圆圈圆点斜线纹；第 3、6、9 晕栉纹；第 4 晕叶脉纹；
第 5 晕翔鹭纹，共 6 只逆时针环绕；第 10 晕光素。鼓面边沿饰田螺 4 只。
鼓胸微凸，2 弦分晕，共 4 晕：第 1、3 晕栉纹，第 2 晕圆圈圆点纹、斜
线纹，第 4 晕光素。鼓腰 2 弦分晕，共 6 晕：第 1、6 晕光素，第 2 晕圆
圈圆点纹、斜线纹，第 3、5 晕栉纹，第 4 晕圆圈圆点斜线纹。腰足处有
折痕，鼓足外撇，光素。双耳 2 对，耳体饰绳纹，鼓身有合范线 2 道。鼓
面鼓身有垫片痕。

图 4-11　黑格尔 I 型之 UBR1 号铜鼓

乌汶府（Ubon Ratchathani）坤耐县（Khuaeng Nai）班清团（Ban Chi Tuan）出土，现藏乌纹国立博物馆（Ubon Ratchathani National Museum）。
鼓高 53.2、面径 63.7、胸径 70、腰径 52、足径 68.5、壁厚 0.3 厘米。

　　鼓面中心太阳芒 14 芒，纹饰不清，能辨认的只有一晕栉纹。鼓胸 2、3 弦分晕，共 5 晕，只有一晕栉纹清楚，其他纹饰不清。鼓腰 2、3 弦分晕，共 7 晕：第 1 晕光素，第 2 晕斜线纹，第 3、6 晕栉纹，第 4、5 晕圆圈圆点切线纹，第 7 晕素面。鼓足外撇，折菱突出，素面。双耳 2 对，耳体饰绳纹。鼓身有合范线 2 道。鼓身鼓面布满垫片痕。

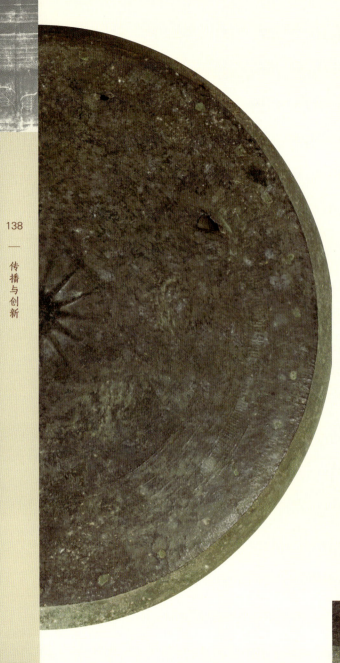

图 4-12　黑格尔Ⅲ型之 CHM1 号铜鼓

现藏清迈国立博物馆（Chiang Mai National Museum），馆藏编号：5/2516（1126），系由泰国国家博物馆于 1973 年赠送。

鼓高 38.7、面径 47.8、胸径 44、腰径 35、足径 39.8、壁厚 0.3 厘米。

鼓面中心太阳纹 8 芒，芒体尖细，芒根间饰翎眼纹，芒尖有圆点纹环绕。1、2 弦分晕，共 16 晕：第 1、6、11、14 晕栉纹；第 2、12 晕谷粒纹；第 3 晕变形羽人纹；第 4 晕鸟纹；第 5、10、15 晕几何回纹；第 7 晕双行谷粒纹；第 8、9、13 晕花瓣纹-鱼纹-鸟虫纹-花瓣纹-鸟虫纹-鱼纹一组，共 4 组；第 16 晕无纹；第 14、15 晕上有单蛙 4 只逆时针环立，蛙体单薄。鼓缘是稻穗纹。鼓胸 1、2 弦分晕，共 6 晕：第 1、5 晕几何回纹纹；第 2、4 晕谷粒纹；第 3 晕栉纹；第 6 晕上侧自上而下叶脉纹、水波纹，下侧

水波纹。鼓腰 1、2 弦分晕，共 10 晕：
第 1、9 晕双行谷粒纹；第 2、8 几何回
纹；第 3、7 晕栉纹；第 4、6 晕水波纹；
第 5 晕光素；第 10 晕上侧皆为叶脉纹、
水波纹，下侧水波纹、叶脉纹，双耳正
对之下，立有田螺两只，下行大象 1 只。
鼓足 1、2 弦分晕，共 4 晕：第 1 晕栉
纹，第 2 晕双行谷粒纹，第 3 晕水波纹，
第 4 晕光素。足缘饰稻穗纹。双耳 2 对，
耳体饰弦纹和几何回纹，耳根饰稻穗
纹。鼓身有假合范线 2 道。

传播与创新

图 4-13　黑格尔 Ⅲ 型之 CHS4 号铜鼓

现藏清莱府清盛国立博物馆（Chiang Saen National Museum）。
鼓高 18.2、面径 25、胸径 23、腰径 18.8、足径 20、壁厚 0.2 厘米。

鼓面中心太阳纹 8 芒，光体饰花瓣纹，2、3 弦分晕，共 6 晕：第 1 晕栉纹；
第 2 晕谷粒纹；第 3 晕圆圈纹；第 4 晕 2 个几何回纹 2 个花瓣纹交替间隔分布；
第 5 晕鸟纹-花瓣纹-鱼纹-花瓣纹一组，共 4 组；第 6 晕水波纹。鼓面边沿三叠
蛙 4 组逆时针环立。鼓面边缘饰稻穗纹。鼓胸 2、3 弦分晕，共 4 晕：第 1、3

晕谷粒纹，第 2 晕光素，第 4 晕栉纹。鼓腰 3 弦分晕，共 1 晕，为折线纹。鼓腰、鼓足一侧正对耳下，立有田螺 1 只，下行大象 1 只。鼓足 2、3 弦分晕，共 3 晕：第 1 晕圆圈纹，第 2 晕谷粒纹，3 晕水波纹，鼓足边缘稻穗纹。双耳 2 对，耳体饰绳纹，耳根饰稻穗纹。鼓身有假合范线 2 道。

图 4-14　黑格尔Ⅲ型之 SP1 号铜鼓

现藏华富里府索米德特逢拉那拉国立博物馆（Somdet Phranarai National Museum），
系由 Pol. Maj. WisarnSophaeak 捐赠。
鼓高 48、面径 67.6、胸径 61.5、腰径 48.4、足径 52、壁厚 0.3 厘米。

　　鼓面中心太阳纹 12 芒，芒体尖细，芒根尖，有翎眼纹，3 弦分晕，共 16 晕：第 1 晕谷粒
纹；第 2 晕栉纹；第 3、4、8、9、14、15 晕花瓣纹；第 5、10、16 晕几何回纹；第 6 晕 12
瓣花纹；第 7、13 晕羽人纹；第 11、12 晕变形回纹-12 瓣花纹-变形回纹-12 瓣花纹-鸟虫纹-
12 瓣花纹-鸟虫纹-12 瓣花纹-鸟虫纹-12 瓣花纹-变形回纹-12 瓣花纹 1 组，共 4 组。鼓面边
沿 3 只单蛙逆时针环立，蛙体单薄。鼓缘饰稻穗纹。鼓胸 3 弦分晕，共 5 晕：第 1 晕栉纹；第
2、3 晕圆圈圆点纹；第 4 晕几何回形纹；第 5 晕上侧自上而下圆圈圆点纹、叶脉纹，大部光
素。鼓腰 3 弦分晕，共 10 晕：第 1、9 晕几何回形纹；第 2、3、7、8 晕花瓣纹；第 4、6 晕栉
纹；第 5 晕光素；第 10 晕上侧自上而下圆圈圆点纹、水波纹、叶脉纹，下侧自上而下叶脉纹、

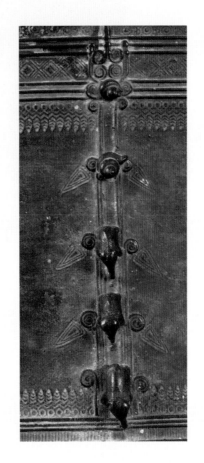

水波纹、圆圈圆点纹。鼓腰一侧正对双耳之
下第 9、10 晕有蕨草 1 株，自上而下有田螺
2 只，大象自上而下 3 只。鼓足 3 弦分晕，
共 4 晕：第 1 晕栉纹，第 2、3 花瓣纹，第 4
晕几何回纹，足缘饰弦纹。双耳 2 对（其中
一边缺一只），耳体饰弦纹，耳根饰稻穗纹。
鼓身有假合范线 4 道。鼓面、鼓身有垫片痕
少许。

图 4-15　黑格尔Ⅲ型之 SP2 号铜鼓

现藏华富里府索米德特逢拉那拉国立博物馆，馆藏编号：771/2510。系由 Pol. Maj. Wisarn Sophaeak 捐赠。

鼓高 48.6、面径 65.5、胸径 60.5、腰径 48.7、足径 52、壁厚 0.3 厘米。

　　鼓面中心太阳纹 12 芒，芒体尖细，芒根尖饰翎眼纹，3 弦分晕，共 18 晕：第 1、4、8、14 晕栉纹；第 2、3、9、10、15、16 晕花瓣纹；第 5、11 晕谷粒纹；第 6 晕 3 个鸟虫纹一组，共 4 组，每组之间饰几何回纹；第 7、13 晕简化羽人纹；第 12 晕 3 个鸟虫纹相间 3 个几何回纹，共 4 组；第 17 晕几何回纹；第 18 晕花瓣纹。鼓面边沿 3 只累蛙 4 组逆时针环立（其中 2 组各缺 1 蛙），蛙体单薄。鼓缘饰稻穗纹。鼓胸 3 弦分晕，共 5 晕：第 1 晕为谷粒纹；第 2、3 晕圆圈圆点纹 7 个一组，每组间饰花瓣纹；第 4 晕几何回形纹；第 5 晕上侧自上而下谷粒纹、水波纹，下侧为水波纹。

鼓腰 3 弦分晕，共 10 晕：第 1、9 晕几何回形纹；第 2、3、7、8 晕圆圈圆点纹 7 个一组，每组间饰；第 4、6 晕栉纹；第 5 晕水波纹；第 10 晕上侧自上而下谷粒纹、叶脉纹、水波纹，下侧自上而下水波纹、叶脉纹、谷粒纹，其中一侧正对两耳之下有稻株 1 棵，自上而下立有田螺 2 只，立有下行大象 3 只（2 只已缺）。鼓足 3 弦分晕，共 4 晕：第 1 晕圆圈圆点纹 7 个一组，每组间饰花瓣纹；第 2 晕栉纹；3 晕谷粒纹；第 4 晕弦纹、水波纹。双耳 2 对（其中一边缺一只），耳体饰叶脉纹，耳根饰稻穗纹。鼓身有假合范线 4 道，其中 2 道穿过鼓耳。

图 4-16　黑格尔Ⅲ型之 TBU1 号铜鼓

现藏吞武里大学（Thonburi University）艺术文化中心，系 2007 年由清莱一个寺庙捐赠。
鼓高 51.8、面径 65.5、胸径 58.9、腰径 48、足径 53、壁厚 0.35 厘米。

　　鼓面中心太阳芒 12 芒，芒体纤细。三弦分晕，共 16 晕：第 1、10、14 晕栉纹，第 2、6、7、
11、12 晕菱形纹、鱼纹、鸟纹，第 3、9、13 晕菊花纹，第 4、8、15 晕雷纹，第 5、16 晕方格雷
纹。鼓面边沿三叠蛙 4 组，顺时针环立。鼓沿外延 3.3 厘米。鼓面边缘饰稻穗纹。鼓胸 1、2 弦分
晕，共 7 晕：第 1、6 晕栉纹，第 2 晕菊花纹，第 3、5 晕方格雷纹，第 4、7 晕雷纹。鼓腰 1、2
弦分晕，共 14 晕：第 1 晕上部饰栉纹、水波纹，下部素面；第 2、10、13 晕雷纹；第 3、9、11
晕方格雷纹；第 4、8 晕菊花纹；第 5、7、12 晕栉纹；第 6 晕光素；第 14 晕上下部都饰栉纹、水
波纹。鼓足 2 弦分晕，共 1 晕，饰方格雷纹。双耳 2 对，耳体饰弦纹，耳根饰稻穗纹。两侧双耳
之下各饰田螺 4 只，在第 3、第 4 只田螺之间饰下行大象 3 只。鼓身有假合范线 2 道，每合范线两
侧各饰有菩提叶一片。

图4-17 黑格尔Ⅲ型之 TNM3 号铜鼓

现藏泰国国家博物馆，馆藏编号：3/2518/2，系私人捐赠。
鼓高 49.7、面径 63.7、胸径 57.5、腰径 49、足径 51.8、壁厚 0.2 厘米。

鼓面中心太阳芒 12 芒，芒体纤细。3 弦分晕，共 18 晕：第 1、4、14、16 晕栉纹；第 2、3、9、15 晕圆圈圆点纹；第 5、17 方格雷纹；第 6、13 晕羽纹；第 7、11、12 晕菱形回纹、鸟纹、逆时针环绕；第 8、10 晕谷粒纹；第 18 晕菊花纹，5 朵为一组，共 4 组环绕。鼓面边沿双叠蛙 4 组逆时针环绕，鼓沿外延 3.1 厘米，鼓面边缘饰稻穗纹。第 7、11、12、18 晕涂有金粉。鼓胸 3 弦分晕，共 5 晕：第 1 晕谷粒纹，涂金粉；第 2 晕栉纹；第 3、4 晕圆圈圆点纹；第 5 晕方格雷纹，涂金粉。鼓腰 3 弦分晕，共 13 晕：第 1 晕上部饰叶脉纹、水波纹，下部饰水波纹；第 2、12 晕方格雷纹，涂金粉；第 3、6、8、11 晕栉纹；第 4、5、8、9 晕圆圈圆点纹；第 7、10 晕光素；第 13 晕上下部饰叶脉纹、水波纹。鼓足 3 弦分晕，共 5 晕：第 1、3 晕栉纹，第 2 晕圆圈圆点纹，第 4 晕谷粒纹，第 5 晕斜纹。双耳 2 对，耳体饰弦纹，耳根饰稻穗纹。双耳挂环。鼓身有假合范线 2 道，一侧鼓耳之下假合范线上饰稻穗 1 株，稻穗上饰田螺 3 只，下行大象 2 只。整个铜鼓鼓保持完好。

图 4-18　黑格尔Ⅲ型之 WM1 号铜鼓

现藏叻丕府（Ratchaburi）班旁县（Ban Pong）班孟乡（Ban Muang）沃孟村（Wat Muang）沃孟民俗博物馆，系由克伦人发现并送给寺庙住持，2004 年寺庙住持赠送给博物馆。

鼓高 55.5、面径 66.5、胸径 61.2、腰径 46、足径 52、壁厚 0.4 厘米。

鼓面中心太阳纹 12 芒，芒体尖细，芒间无纹，2、3 弦分晕，共 15 晕：第 1、4、10、15 晕栉纹；第 2、3 晕圆圈圆点纹；第 5、8、14 晕双行谷粒纹；第 6、7 晕鸟虫纹，共 16 只；第 9 晕回纹；第 11、12 晕变形小动物纹、回纹、鸟虫纹、回纹、变形小动物纹 5 个一组，共 9 组；第 13 晕水波纹；第 15 晕上 4 只单蛙逆时针环立，蛙体单薄。鼓缘内侧是回形纹，外侧是稻穗纹。鼓胸 2、3 弦分晕，共 5 晕：第 1、2 晕为水波纹，第 3 晕栉纹，第 4 晕回形纹，第 5 晕光素。鼓腰 2、3 弦分晕，共 10 晕：第 1、9 晕回形纹；第 2、8 栉纹；第 3、4、6、7 晕水波纹；第 5 晕光素；第 10 晕上下侧皆为叶脉纹，中间大部光素，第 10 晕正对双耳之下，有蕨草 2 株，各有卷叶 5 朵，两株之间存小立螺 3 只，疑有大象 3 只已缺失。鼓足 2、3 弦分晕，共 5 晕：第 1 晕回形纹；第 2 晕栉纹；3、4 晕水波纹；第 5 晕上下侧水波纹，中间光素，鼓足边缘稻穗纹。双耳 2 对（其中一边缺一只），耳体饰弦纹，上下耳根是稻穗纹。鼓身有假合范线 2 道。

第三节

泰国铜鼓的历史与族属

　　泰国铜鼓起源于本地铸造，还是来源于中国或越南，学术界一直存在争论。曾有学者认为，泰国铜鼓可能是当地人铸造的，因为他们很早就发明了青铜的铸造技术，甚至比中国和越南早得多。1968 年，W. G. 索尔海姆 II（W. G. Solheim II）声称在呵叻高原暖诺他（Non Nok Tha）遗址发现了公元前 3000 年-前 2500 年的青铜器[①]。1976 年，戈尔曼和查尔恩翁萨也宣称，经过 C[14] 测年，发现有公元前 3600 年-前 2900 年的青铜器[②]。这些发现引起了极大的轰动。被称为泰国考古学之父的清·尤地（Chin You-di）提出："在泰国的东北部制造青铜器，比目前所知道的中国商朝开始制造青铜器的时间早近一千年，也比印度的印度河流域哈拉巴文化的主人开始制造青铜器时间早近一百年或百余年。"[③] 索尔海姆据此坚信，班清遗址出土的青铜器是世界上最早的青铜器，东南亚是世界上最古老的文明中心，是人类一切重要文化因素的发源地，中国的青铜器是在泰国青铜文化的影响下产生的[④]。

　　但是，随着发现的增加和研究的深入，学术界越来越明确地认识到上述结论是不可信的。中国考古学家傅宪国指出："农诺他（又译暖诺他）的碳测标本，显然受到扰乱或污染，不能作为断代的依据。自然，青铜器的年代也是不可信的。近几年，在泰国东北部和中部地区，陆续发现了不少采矿、冶炼和一些出青铜器的聚落遗址，青铜器出现的年代一般被认为应在公元前 2000 年左右，包括索尔海姆在内的大部分学者也开始接受这种观点。"他认为，"就现今泰国发现的青铜器来说，公元前 2000 年这个年代还是过早了。有迹象表明，泰国目前发现的部分青铜时代遗存，其年代当不会超过公元前

---

① W. G. Solheim, "Early bronze in northeastern Thailand, " *Current Anthropology*, 1968, 9(1): 59-62.

② C. F. Gorman, P. Charoenwongsa, "Ban Chiang: a mosaic of impressions from the first two years, " *Expedition*, 1976, 18(4): 14.

③ 清·尤地著、王文达译：《泰国的东北部早期青铜器文化及其它》，《东南亚资料》1981 年第 4 期。

④ 傅宪国：《泰国早期青铜文化的发现与研究》，《华夏考古》1996 年第 4 期。

1500 年。"[①] 查尔斯·海厄姆（Charles Higham）2002 年也明确指出，暖诺他遗址和班清遗址（Ban Chiang）的这些资料尚未被证实，必须先搁置一边，而对暖诺他遗址和班清遗址出土稻壳的加速器质谱计（AMS）测年显示，那些早期青铜器的年代在公元前1500-前 1000 年之间[②]。

根据现有的材料，学界普遍承认，泰国青铜时代的年代比中国要晚，其起源很可能不是独立发明，而与中国有关。查尔斯·海厄姆就认为，东南亚青铜时代可从岭南到钦敦尔河谷、从云南到湄公河三角洲来追溯，没有独立的起源。岭南作为传统的青铜制造区域，从中国早期青铜文明时代开始，就开放器物和思想的南向交流。如果东南亚青铜时代不是在这样一个交流的背景下起源，总会有一两个或两三个矿石开采和金属使用的重要发现[③]。

既然青铜文化起源于中国，泰国铜鼓源自中国也顺理成章，因为中国早在春秋时期就开始了铜鼓的铸造。黑格尔 I 型铜鼓在泰国的出现是随着民族的交往而发生的。从春秋战国时期开始，中国南方的越人面临着来自北方的压力。到秦汉时期，随着中央王朝的扩张，这种压力进一步加剧，于是越人南迁。正是在此背景下，铜鼓从中国西南、岭南（或经越南）向包括泰国在内的东南亚传播、扩散。

南迁的越人与东南亚的族群交流、融合，后来形成泰国的主体民族泰族。中国学者张公瑾曾比较系统地梳理了从古代百越到现代傣泰系统民族的历史脉络："原来分布在江苏、浙江、福建、广东地区的古代越人，由于受华夏文化和楚文化的影响，已被同化为汉人了。这是一部分越人后来的情况。其次分布在中国广西、海南、贵州的越族，他们也受到汉楚文化和其他文化的影响，受汉族文化影响的程度较深，但还保留着自己民族的最根本的特点，如语言、建筑和习俗特征。这就是现在的壮族、布依族、侗族、水族、仫佬族、毛南族以及黎族和海南岛部分用临高话和村话的人的情况。至于分布在中国云南省西南部、泰国中北部、缅甸东北部以及印度阿萨姆部分地区的越人，他们地处中印两大文化的中间地带，而且这一带山峦起伏、江河纵横，又属于内陆地区，交通阻塞，最易保存自己的传统特点，他们虽受到中印两大文化的影响和浸润，但都能消化和吸收，并没有被外来文化所同化。他们以百越民族传统文化为主干，又以语言的亲属关系为核心，以信奉南传上座部佛教为特色而构成为一个独特的傣泰民族文化区。"[④] 何平指

① 傅宪国：《泰国早期青铜文化的发现与研究》，《华夏考古》1996 年第 4 期。

② C. Higham, *Early cultures of mainland Southeast Asia*. Bangkok: River Books, 2002: 113.

③ Ibid., p.166.

④ 张公瑾：《中国傣族与国境外近亲民族语言文字的历史、现状和前途》，载秦佳华、周娅主编：《贝叶文化论集》，云南大学出版社 2004 年版，第 196 页。

出："东南亚和云南的傣泰语民族大概是在 1000 多年前才从我国南方迁徙过去的。……傣泰民族的先民在向中国云南省西南边地和中南半岛迁徙的过程中逐渐分化，并在分化过程中不断与当地其他民族融合，逐渐形成了一些新的支系，最终形成了我们今天见到的这些虽然关系密切又有差别的新民族。""在泰人的先民迁徙的过程中，另外还有一些支系进入了湄南河流域，一些人与当地的孟人和高棉人统治集团成员通婚融合，逐渐形成了一个新的族群——泰暹人或暹泰人。……后来暹泰人这一支势力日益壮大，逐渐发展成了今天泰国的主体民族。"① 这种看法与美国学者戴维·K. 怀亚特的观点颇为相似。怀亚特认为，在公元前第一个千年的最后几个世纪以前，"在中国最南部——今天的贵州和广西的内陆河流域有大量同类的人使用我们认为的'原始傣语'。这些人面对着来自他们邻居——北部的中国和东部的越南——的不断上升的人口、经济和政治压力。随着人口的增加和各集团变得各自分离，他们使用的语言也开始分流。……中国的扩张加速了一些傣人向南迁移。他们迁移到了现在越南北部的高地和老挝的最东北部。在公元后的几个世纪中，中国和越南逐渐地加大了行政和军事控制，并且沿着红河河谷向西北方向移动。他们把早期的傣族分成了两个集团。第一个集团是那些留在红河河谷北部和东北部的民族，如广西的壮族和越南的土族和侬族，他们独立地发展出自己的语言并且在中国和越南的影响下发展了自己的文化。在公元 5 世纪到 8 世纪的时候，第二支南部傣族集团应该位于黑河河谷，老挝最北部和中国邻近的地区。在概念上，我们可以把这个傣族集团与奠边府地区相联系，他们是位于老挝、泰国、缅甸、印度东北部和云南南部的老族、暹罗族、掸族和高地傣族的祖先。面对着新环境，他们的关注焦点、习惯和想法也开始侧重于新的方向。"②

因此，可以说泰国黑格尔 I 型铜鼓最初的主人很可能是泰族先民。当然，随着民族的交往交流和融合，其他一些民族可能也受到了铜鼓文化的影响。

黑格尔 III 型铜鼓在泰国的出现体现了铜鼓文化的延续和拓展。说延续，主要是指在泰族中的传承；说拓展，主要指在原本没有铸造和使用铜鼓的民族（如克伦族等）中得到发展。自唐宋时期以来，泰国铜鼓的铸造和使用除了泰族之外，至少还有克伦族等族群。

---

① 何平：《壮泰族群的分化与现代傣泰诸民族的形成》，《东南亚纵横》2010 年第 12 期。

② ［美］戴维·K. 怀亚特著、郭继光译：《泰国史》，东方出版中心 2009 年版，第 5—6 页。

第四节

泰国铜鼓文化现状：国之重器今仍是

尽管铜鼓文化在泰国现代文化中，已处于非常边缘的地位，但在寺庙和王室的各种仪式上还有一席之地。泰国的主体民族泰族人认为，铜鼓既是一件重器，又是报信工具和奏乐的乐器。泰国大多数佛寺至少都有两面铜鼓，在寺庙的祭祀仪礼中使用。

我们欣喜地发现，铜鼓至今仍在泰国王宫中作为礼器使用，印证了中国古籍中铜鼓乃权力象征的记载，可说是铜鼓象征皇权（王权）的活化石。现在在曼谷玉佛寺有 2 面铜鼓，泰王宫里有 10 面铜鼓。这些铜鼓属于黑格尔 III 型铜鼓，每一两年要重新刷金漆、描花纹。泰国人（泰族）认为，王宫里的铜鼓是国王一人的财产，所以，只有国王出席的以及与国王有关的仪式才能使用，其他宗教仪式场合以及其他王室成员的相关活动不能使用。平时，铜鼓被存放在王宫里，与王室其他礼器存放在一起。如今，泰国使用铜鼓的王室仪式有：大王宫奠基仪式、国王加冕仪式、玉佛更衣仪式、传统的王室葬礼、宋干节（泼水节）在王宫举行的非公开的庆祝仪式、春耕节仪式、王室凤凰船游行仪式，等等。

泰国春耕节于每年的 5 月 13 日在大王宫对面的王室田广场上举行，主要目的是由王室带头举行一个仪式，标志全国农耕的开始，同时也给农民做出表率，以提高农民耕种的积极性。如今泰国春耕节分为两个仪式：一个是在王宫中以非公开方式举行的祈福仪式，另一个是给公众开放的耕田仪式暨优秀农民表彰大会。在春耕节的耕田仪式中，两面铜鼓被安放在大锣的两边，置于场地供有神像的一端，和国王、王后的主席台遥遥相对。等国王和王后点香明烛，祭拜神明后，主犁官膜拜诸神明，祈祷，占卜当年雨量，然后将两头圣牛牵到国王面前点粉，接着婆罗门教主持人员敲锣、吹法螺，王室乐队的铜鼓手跟着敲响铜鼓，表示仪式开始。耕田的队伍要在指定场地耕田九圈，队伍打头的是神官，之后是圣牛、圣犁和牛倌，接着是四位挑种子的女性，最后是播种和洒圣水人员。每耕完一圈，法螺便吹响一次，但铜鼓不能停，要一直敲打到耕田结束。之后国王和王后给本年度各府稻谷产量最高的农民及最佳农业合作社颁发奖品，仪式结束。

围观的农民涌入场地捡取播下的稻种，回去播种在自己田里，以期吉祥和丰收。

王室凤凰船游行（又称为王室驳船游行）是泰国上一任国王普密蓬·阿杜德于1959年恢复的一个古老传统，其目的是为国家祈福。至今已举行了17届。该游行是极为壮观的王室盛典，它由52艘王室驳船船队按照古代作战队形排成5列，其中有4艘主要王室驳船——Suphannahongse, Narai Song Suban H. M. King Rama Ⅸ, Anantanagaraj 和 Anekchatbhuchongse，另有10艘带有王室贡品，还有38艘较小的船只。这个5列船队绵延1280米长，110米宽，由来自泰国王室海军不同部门的2200名水手作桨手。游行全程4.5公里，历时大约55分钟，沿湄南河（Chao Phraya River）一直到黎明寺（Wat Arun），涵盖了从吞武里桥（Thonburi Bridge）到 Phra Phutta Yodfa Bridge 的区域。在王室凤凰船游行仪式中，铜鼓被安放在凤凰船周围的兽头船上，兽头船有4艘，上面除了安放铜鼓以外，还有法螺、大锣、胜利鼓、喇叭等其他乐器。在游行开始的时候，婆罗门教主持人员吹响法螺，铜鼓便开始敲打，一直敲打到仪式结束。其间，持桨摇船的海军队员还会齐声唱赞颂歌，祝愿国家兴盛、国王万寿无疆，场面庄严而宏大。

泰国春耕节使用铜鼓的场景（一）

泰国春耕节使用铜鼓的场景（二）

泰国春耕节使用铜鼓的场景（三）

泰国春耕节使用铜鼓的场景（四）

图 4-19　泰国春耕节使用铜鼓的场景

图 4-20　泰国凤凰船游行仪式

　　除了以上两个仪式以外，历届国王的登基仪式、每年玉佛寺的玉佛更衣仪式、宋干节的祈福仪式，都要敲打铜鼓，而这些仪式都在王宫内部举行，不对外公开。

　　现代泰国除了主体民族泰族使用铜鼓之外，克伦族和克木族两个少数族群也使用铜鼓。现代泰国少数族群共有 38 个，约占人口总数 2%。据泰国部族研究所（Tribal Research Institute）2011 年的调查资料，这 38 个少数族群分布于泰国 20 个府 75 个区，其语言分属汉藏语系、南亚语系和南岛-泰语系[①]。其中，克伦族是泰国人口最多的少数族群（245000 人），而克木族的人口（10198 人）位居泰国少数族群的第 15 位。这两个民族每逢新年、婚礼、婴儿命名或丧礼等，都使用铜鼓。关于泰国克伦族和克木族铜鼓保存、使用习俗的调研不多，泰国学者和民众多语焉不详，但很多人都知道其与缅甸、老挝的同类民族相同或相近。

---

① E. Perve, *The hill tribes living in Thailand*. Bangkok: Alligator Service Company, 2006: 11–12.

第五章

柬埔寨铜鼓文化：在高棉文明中闪过

2015年2月1-10日，作为"中国-东南亚铜鼓"研究项目的一部分，广西民族大学民族研究中心与柬埔寨诺顿大学（Norton University）米歇尔·特兰尼特（Michel Tranet）博士合作，对柬埔寨铜鼓进行了一次田野调查。调查采用规范的考古学方法，对柬埔寨所有的馆藏铜鼓进行了测量、描述和拍照，并结合人类学田野调查的方法，与柬埔寨的村民、公务人员等深入访谈，了解铜鼓使用的仪式与习俗，所取得的丰富资料使我们看到铜鼓文化在高棉文明中闪耀的历史。

第一节
柬埔寨铜鼓研究回顾

柬埔寨位于东南亚中南半岛，西部及西北部与泰国接壤，东北部与老挝交界，东部及东南部与越南毗邻，南部则面向暹罗湾，领土面积 18.1 万平方公里，为碟状盆地，三面被丘陵与山脉环绕，中部为广阔而富庶的平原，占全国面积四分之三以上。境内有湄公河和东南亚最大的淡水湖——洞里萨湖（金边湖）。柬埔寨是个历史悠久的文明古国，于公元 1 世纪下半叶建国，历经扶南、真腊、吴哥等时期。9—14 世纪吴哥王朝为鼎盛时期，创造了举世闻名的吴哥文明。1863 年起，柬埔寨先后被法国和日本占领，1953 年 11 月 9 日独立。1970 年代开始，柬埔寨经历了长期的战乱。1993 年恢复了君主立宪制。此后，随着柬埔寨国家权力机构相继成立和民族和解的实现，柬埔寨进入和平与发展的新时期。据 2012 年 6 月的数据，柬埔寨约有人口 1480 万，共有 20 多个民族，其中高棉族为主体民族，占总人口的 80%，还有占族、普农族、老族、泰族和斯丁族等少数民族。高棉语和英语为通用语言。佛教为国教，93% 以上的居民信奉佛教。

柬埔寨是中国-东南亚铜鼓文化圈的一部分。自 19 世纪末 20 世纪初以来，一些西方学者在研究东南亚铜鼓和东南亚早期历史文化时，对柬埔寨铜鼓都有提及。但或许是由于辉煌灿烂的吴哥文化极为耀眼，把学者们的目光牢牢地吸引住了的缘故，长期以来，对柬埔寨铜鼓的调查研究比较薄弱。近年来，随着对吴哥文化研究的不断深入，学界越来越重视前吴哥时期历史与文化的研究，在一些西方学者单独开展或与柬埔寨学者联合开展的柬埔寨历史、文化、艺术的研究成果中，涉及铜鼓的论述稍多，如安德烈亚斯·莱茵科、文·莱超和森·索尼特 2009 年编著的《柬埔寨的第一个黄金时代：普罗荷遗址的发掘》介绍了普罗荷（Prohear）出土的铜鼓，并做了初步分析[1]；埃玛·C. 布

---

[1] Andreas Reinecke, Vin Laychour, Seng Sonetra, *The First Golden Age of Cambodia: Excavation at Prohear.* German: Thomas Muntzer, 2009.

恩科和道格拉斯·拉特克福 2011 年主编了《高棉青铜器：历史的新考察》，前三章探讨了柬埔寨合金器物的起源、亚洲早期铜鼓、柬埔寨的铸造技术及相关的东南亚文明，并对柬埔寨发现的铜鼓进行了多角度的深入研究[①]。可是，至今为止，国际学术界尚无专门介绍和研究柬埔寨铜鼓的专题性著作，在柬埔寨国内，研究柬埔寨铜鼓的学者也寥寥无几。据我们了解，柬埔寨诺顿大学科学学院的米歇尔·特兰尼特博士是调查研究柬埔寨铜鼓较有成就的学者之一。他长期注意收集柬埔寨出土和传世铜鼓资料，并认真地与中国和越南等地的铜鼓进行比较研究，目前正在写作一部关于柬埔寨铜鼓的专著。

---

① Emma C. Bunker and DouglasLatchford eds., *Khmer Bronzes: New Interpretations of the Past.* Chicago: Art Media Resources, 2011.

第二节
柬埔寨铜鼓的类型

　　柬埔寨本是发现有铜鼓较多的国家。暹粒省（Siem Reap Province）斯莱耐村（Slay noy）、班迭棉芷省（Banteay Meanchey）诗奈村（Snay）、波罗勉省（Prey Veng）普罗荷村（Prohear）和毕特密斯村（Bit Meas）、马德望省（Battambang）蒙鲁塞村（Mong Rusei）、磅湛省（Kampong Cham）皮里袍（Prey Pouy）、宾杜昂省（Binh Duong）富查安村（Phu Chanh）等都是铜鼓出土的重要地点，另外，斯通特伦省（Stung Treng）、磅清扬省（Kompong Chhnang）、干丹省乌栋地区（Udong of Kandal）也有铜鼓出土，但具体出土地点不明。据不完全统计，波罗勉省普罗荷村的墓葬遗址中曾出土"几打铜鼓"[①]，班迭棉芷省的诗奈村出土的铜鼓有 20 多面，磅湛省至少有 3 面，干丹省乌栋地区至少有4 面[②]。

　　但是，由于种种原因，柬埔寨发现的铜鼓绝大部分都不是经科学发掘出土的，而且没有得到很好的保护，损坏和流失严重。如班迭棉芷省的诗奈村出土的铜鼓都是被村民盗掘出来，卖到市场后才被执法人员截获的。现在只有少量保存在博物馆，大部分不知所终。由于非法盗掘盗卖严重，以致 2007 年柬埔寨与日本学者共同完成、喜则主编的《诗奈遗址发掘报告》[③]和 2009 年柬埔寨、俄罗斯、日本学者合作、谢尔盖·V. 拉普特夫主编的《诗奈遗址与柬埔寨前吴哥文化的起源》[④]两部著作里，都没有见到新发现的铜鼓。波罗勉省普罗荷村发现的铜鼓也被破坏和流失严重。安德烈亚斯·莱茵科等人仅找到 2 面铜鼓的图，2007 年 5 月 20 日村民在一些柬埔寨考古研究者的指导下挖出 1 面铜鼓，这面出自 4 号墓的铜鼓是唯一较好地保存下来的铜鼓，但不幸的是该铜鼓已经变形，足部残破。大肆的盗掘盗卖是普罗荷村发现的铜鼓流失和损坏的主要原因。安德烈亚斯·莱茵科等人在《柬埔寨的第一个黄金时代：普罗荷遗址的发掘》中，通过"孔桑

---

① Andreas Reinecke, Vin Laychour, Seng Sonetra, *The First Golden Age of Cambodia: Excavation at Prohear*. German: Thomas Muntzer, 2009, p.79.

② 据柬埔寨诺吞大学（Norton University）科学学院的米歇尔·特兰尼特博士的估计。

③ Yoshinori Yasuda, ed., *Excavation in Phum Snay 2007*.

④ Sergey V. Lapteff, *Phum Snay Site and The Origins of Pre-angkor Cambodia*. Moscow, 2009.

的故事"（The Story of Kong Sung）讲述了一个令人痛心疾首的事实：作为助手参加了普罗荷遗址发掘工作的孔桑是普罗荷的一个村民，35岁。他曾经在普罗荷盗掘了7面铜鼓，与其他许多农民一样，他以每公斤7000瑞尔（不到2美元）的价格卖掉了第一面铜鼓。过后不久，由于古董市场的一个中间人把每面铜鼓的价格提高到了50美元，他卖掉了其余6面铜鼓，获得了300美元，买到了他人生当中的第一头水牛，不用再去租牛干农活。在这些盗掘活动中，出土的铜鼓无数，比东南亚已发现的其他遗址都多。据村民报告，这些铜鼓面径35~60厘米，鼓内有大量珠宝，包括金器。[①]

因此，尽管我们2015年2月1-10日对柬埔寨铜鼓进行的调查力图穷尽柬埔寨所有已发现的铜鼓，但我们能看到并进行调查的铜鼓只有12面，而且其中一些铜鼓因为保存不佳，所能采集的信息较少。所调查的12面铜鼓分属黑格尔Ⅰ型和黑格尔Ⅲ型。

（一）黑格尔Ⅰ型铜鼓

黑格尔Ⅰ型铜鼓共11面。1面保存在暹粒省吴哥文化艺术保护区博物馆，3面保存在班迭棉芷省博物馆，1面保存在磅湛省文化艺术局，4面保存在米歇尔·特兰尼特博士的柬埔寨民族学博物馆，2面保存在柬埔寨国家博物馆。据了解，这11面铜鼓中，有4面（吴哥文化艺术保护区博物馆藏1面，磅湛省文化艺术局藏1面，柬埔寨国家博物馆藏2面）出土地点不明，其余7面都知道出土地点，但并非科学发掘出土。

柬埔寨黑格尔Ⅰ型铜鼓的年代目前只能根据波罗勉省普罗荷村出土的铜鼓来推断。普罗荷村出土的铜鼓虽多，但只有2面铜鼓出土的资料比较具体明确。其中一面只有照片，铜鼓已经下落不明；另一面保存了下来（正在国家博物馆修复）。这面铜鼓出自4号墓，虽然鼓面变型，鼓足残损，但可测量出鼓高30.5、面径45厘米，4个青蛙立于鼓面边缘。安德烈亚斯·莱茵科等人认为，如果按照越南学者的分类，该鼓体现了C2类的类型特点；如果按照中国1980年代的分类，则是属于冷水冲型。其年代在公元前3世纪至公元1世纪之间[②]。

（二）黑格尔Ⅲ型铜鼓

黑格尔Ⅲ型铜鼓1面，现藏柬埔寨国家博物馆，是老挝政府送给前首相宋双的礼物。

其实，黑格尔Ⅲ型铜鼓在柬埔寨其他地方还有收藏。我们2015年2月8日参观柬埔寨王宫时发现，柬埔寨王宫至少有4面黑格尔Ⅲ型铜鼓，其中2面置于国王接见政要的大厅里。

据了解，柬埔寨的黑格尔Ⅲ型铜鼓都是来源于老挝，时代较晚，是近现代进入柬埔寨的。

---

① Andreas Reinecke, Vin Laychour, Seng Sonetra, *The First Golden Age of Cambodia: Excavation at Prohear*. German: Thomas Muntzer, 2009. p.38.

② Ibid., pp.79-80.

图 5-1　黑格尔 I 型之 AC1 号铜鼓

暹粒省斯莱耐村出土，现藏暹粒省吴哥文化艺术保护博物馆。
鼓高 52.5、面径 77.6、胸径 83、腰径 64、足径 82、壁厚 0.15 厘米。

　　鼓面中心太阳纹 12 芒，光体高凸，芒体肥硕，芒间饰翎眼纹。1、2 弦分晕，共 7 晕：第 1 晕光素，第 2 晕勾云纹，第 3 晕羽人纹，第 4 晕 8 只翔鹭纹（4 只一组，组间柿蒂纹），第 5、7 晕栉纹，第 6 晕圆圈圆点切线纹。鼓胸 1、2、3 弦分晕，共 6 晕：第 1、4 晕栉纹，第 2、3 晕圆圈圆点切线纹，第 5、6 晕光素，第 5、6 晕之间隔有双行谷粒纹。鼓胸原有损坏，已经修补。鼓腰 1、2、3 弦分晕，共 5 晕：第 1 晕被双行谷粒纹带分割为 2 部分，另有 8 组竖向纹饰，自左向右两列谷粒纹，1 列栉纹，又 1 列谷粒纹，两列圆圈圆点切线纹，又 1 列谷粒纹，又 1 列栉纹，两列谷粒纹；第 2、5 晕栉纹；第 3、4 晕圆圈圆点切线纹，弦间为谷粒纹。鼓腰鼓足间有明显凸棱。鼓足光素，稍微外撇。双耳 4 只，耳体稻穗纹。合范线 4 道。鼓面、鼓身垫片痕多。

图5-2　黑格尔 I 型之 BP1 号铜鼓

班迭棉芷省诗奈村出土，现藏班迭棉芷省博物馆。

面径 46、胸径 47、腰径 37.5、足径 47.5 厘米。

　　鼓面中心太阳纹10芒，芒体粗硕，芒间翎眼纹，2、3弦分晕，共7晕：第1晕勾连纹，第2、6晕圆圈圆点纹，第3、5、7晕栉纹，第4晕翔鹭纹（共4只，逆时针环绕）。鼓胸2、3弦分晕，共4晕：第1晕圆圈圆点纹，第2晕栉纹，第3、4晕无纹。鼓腰2弦分晕，共4晕：第1晕有12组由2列斜线纹组成的纹饰，第2晕圆圈圆点纹，第3晕栉纹，第4晕光素。鼓足外撇，素面。鼓胸、鼓腰、鼓足均有残损。单耳4只，耳体饰绳纹。合范线2道。

图 5-3　黑格尔 I 型之 CM1 号铜鼓

法国政府从老挝购买后于 1934 年 7 月赠送国家博物馆，现藏柬埔寨国家博物馆，馆藏编号：5742。

残高 25、面径 52、胸径 55、腰径 49、壁厚 0.15 厘米。

鼓面中心太阳纹 12 芒，芒体粗硕，光体下凹，芒间翎眼纹，1、2 弦分晕，共 10 晕：第 1 晕光素，第 2 晕圆圈圆点纹，第 3、7、10 晕为栉纹，第 4 晕勾连纹，第 5 晕羽人纹，第 6 晕翔鹭纹（共 8 只翔鹭，4 只一组，组间有定胜纹，逆时针环绕），第 8、9 晕圆圈圆点纹。4 只青蛙逆时针环立，蛙体壮实，其中 2 只缺失，蛙体有稻穗纹。鼓胸 1、2 弦分晕，共 5 晕：第 1、4 晕栉纹，第 2、3 晕圆圈圆点切线纹，第 5 晕光素。鼓腰 1、2 弦分晕，共 6 晕：第 1 晕光素，第 2 晕 2 列栉纹夹 2 列圆圈圆点切线纹共 8 组，第 3、6 晕栉纹，第 4、5 晕圆圈圆点切线纹。鼓腰以下缺失。双耳 2 对，耳上稻穗纹。合范线 2 道，鼓面、鼓身垫片痕较多。

第五章 柬埔寨铜鼓文化：在高棉文明中闪过

图 5-4　黑格尔 I 型之 CM2 号铜鼓

斯通特兰省出土，1966 年 3 月 25 日由柬埔寨国家博物馆收藏，馆藏编号：5741。
鼓高 56.5、面径 87、胸径 98、腰径 77.5、足径 93.5、壁厚 0.3 厘米。

　　鼓面中心太阳纹 12 芒，光体高凸，光滑，芒体粗短，芒间斜线纹。1、2、3 弦分晕，弦间谷粒纹，共 9 晕：第 1 晕光素，第 2 晕圆圈圆点切线纹，第 3 晕壁虎 6 组（2 只一组，每组壁虎头与头相对），第 4 晕雷纹，第 5 晕翔鹭纹（共 30 只逆时针环绕），第 6 晕（齿尖向内）、第 9 晕（齿尖向外）锯齿纹，第 7、8 晕圆圈圆点切线纹。鼓胸 2、3 弦分晕，弦间谷粒纹，共 8 晕：第 1（齿尖朝上）、4 晕（齿尖朝下）锯齿纹，第 2、3 晕圆圈圆点切线纹，第 5 晕龙舟竞渡纹 6 组（两组之

间有翔鹭纹、鱼纹分隔，还有鹿、鱼相隔），第 6 晕圆圈圆点切线纹，第 7 晕狐狸纹（头尾相接，共 20 只），第 8 晕光素。鼓腰 1、2 弦分晕，共 5 晕：第 1 晕由两列锯齿纹夹两列圆圈圆点切线纹组成切割成 4 个单元，上面 2 个单元各是 2 只鹿，下 2 个单元 2 只羽人，共 6 组；第 2（齿尖朝上）、5（齿尖朝下）晕锯齿纹；第 3、4 晕圆圈圆点切线纹。鼓足外撇，素面。双耳 2 对，耳体饰稻穗纹。合范线 2 道，鼓面、鼓身有垫片痕。

图5-5　黑格尔Ⅰ型之KC1号铜鼓

出土或采集地点不明，现藏磅湛省文化艺术局。

鼓高41.5、面径50、胸径52.5、腰径43、足径56、壁厚0.3厘米。

　　鼓面中心太阳纹6芒，芒体粗大，呈三角形。锈蚀严重，纹饰不清。鼓身锈蚀
严重，纹饰不清。鼓腰有残损，2、3弦分晕，共4晕：第1晕由2列斜线纹组成的
纹饰共12组，第2、3晕栉纹，第4晕光素。鼓足外撇，素面，有残损。原有4耳，
已缺。合范线2道，鼓身垫片痕较多。

图 5-6　黑格尔Ⅰ型之 MT1 号铜鼓

马德望省蒙鲁塞村（Mong Rusei）出土，现藏柬埔寨诺顿大学科学学院的米歇尔·特兰尼特博士的民族学博物馆。

残高 22、面径 37.5、胸径 36、腰径 27、壁厚 0.2 厘米。

　　鼓面中心太阳纹 8 芒，光体高凸，芒根粗，芒尖细，芒间饰翎眼纹。1、2 弦分晕，共 7 晕：第 1、3、5、7 晕栉纹，第 2、6 晕圆圈圆点纹，第 4 晕翔鹭纹（共 4 只翔鹭逆时针环绕）。鼓胸 2 弦分晕，共 3 晕：第 1 晕圆圈圆点纹，第 2 晕栉纹，第 3 晕光素。鼓腰 2 弦分晕，共 4 晕：第 1 晕 2 列斜线纹共 8 组，第 2 晕圆纹，第 3 晕栉纹，第 4 晕光素。鼓足外撇，素面，有残缺。单耳 4 只。合范线 2 道。鼓面、鼓身有垫片痕。

图 5-7 黑格尔Ⅲ型之 CM3 号铜鼓

现藏柬埔寨国家博物馆，馆藏编号：5163。
鼓高 51.2、面径 68.5、胸径 66、腰径 50、足径 55、壁厚 0.2 厘米。

　　鼓面中心太阳纹 12 芒，芒体纤细，2、3 弦分晕，共 15 晕：第 1、3、5、8、14 晕为花瓣纹，第 2、7、13 晕为栉纹，第 4、9、15 晕为几何回纹，第 6、12 晕为羽人纹，第 10、11 晕为花瓣纹、菱格纹、花瓣纹、鸟虫纹、花瓣纹、鸟虫纹、花瓣纹、菱格纹一组共 3 组，还有一组为花瓣纹、菱格纹、花瓣纹、鸟虫纹、花瓣纹、鸟虫纹。鼓面边缘是稻穗纹，鼓沿外伸 2.4 厘米，3 只累蛙逆时针环立。鼓胸 2、3 弦分晕，共 5 晕：第 1 晕栉纹；第 2、3 晕花瓣纹；第 4 晕几何回纹；第 5 晕上部自上而下圆圈圆点纹、水波纹，

其余大部光素。鼓腰 2、3 弦分晕，共 10 晕：第 1、9 晕几何回纹；第 2、3、7、8 晕为花瓣纹；第 4、6 晕为栉纹；第 5 晕光素；第 10 晕上部自上而下圆圈圆点纹、水波纹，下部自上而下水波纹、圆圈圆点纹，中间大部光素。鼓身一侧正对双耳之下，有水蕨一株，水蕨上自上而下立有田螺 3 只下行大象 1 只。鼓足 2、3 弦分晕，共 5 晕：第 1 晕栉纹，第 2、3 晕花瓣纹，第 4 晕几何回纹，第 5 晕光素，鼓足边沿饰稻穗纹。双耳 1 对，耳体是弦纹，耳根为稻穗纹。假合范线 4 道。鼓面鼓身有垫片痕。

第三节

柬埔寨铜鼓的历史与族属

根据现有的资料，我们大体可以推断，柬埔寨人大约在公元前 3 世纪至公元 1 世纪间开始使用铜鼓。

那么，这些铜鼓是当地铸造的，还是外地传来的？安德烈亚斯·莱茵科等人将普罗荷遗址发现的铜鼓、青铜饰品和金银器与中国、越南发现的同类器进行比较研究，发现普罗荷遗址 4 号墓出土的铜鼓内盛头盖骨（33 号墓—青铜碗下有头盖骨、47 号墓—盘下有头盖骨，而且村民说头盖骨放在铜鼓内是常见的），是东南亚其他地方未见有的风俗，而只有中国贵州省赫章县可乐乡刘家沟墓葬遗址有同类现象。他们认为，铜鼓和其他青铜器可能是从云南沿湄公河传到柬埔寨东南部，也可能经红河到东京湾，然后经海路到头顿港，沿西威古河，到达毕特密斯遗址和普罗荷遗址附近 [1]。日本别府大学的角川茂（Shigeru Kakukawa）、稗田贞臣（Sadaomi Hieda）和平尾良光（Yoshimitsu Hirao）曾对诗奈遗址出土的公元 1-4 世纪的青铜手镯进行化学分析以确定其产地，发现其中大部分青铜工艺品产自中国华南地区。他们据此推断，柬埔寨和湄公河河谷地区与中国的交流至少可上溯到公元 4 世纪，华南青铜器伴随着中国文化一起进入。诗奈遗址出土的青铜原料与泰国的相似，而与越南的不同。泰国和越南的青铜原料均来自华南，但显然不是来自同一地点。这说明，从中国到泰国和到越南的青铜贸易有不同的路线。既然越南和泰国由高山分隔为不同的地理区域，青铜原料的不同说明它们可能属于不同文化区域。泰国和诗奈遗址青铜器的相似性说明整个湄公河河谷属于同一文化区。尽管湄公河河谷（如泰国的诗奈村）和越南的青铜器都来自中国，但由于区域内交通便利，湄公谷内的交流更加频繁 [2]。因此，现在很多学者认为，柬埔寨的黑格尔 I 型铜鼓的源头可以追溯到中国。

至于这些铜鼓如何传到柬埔寨，有的可能是贸易交换而来，有的也可能与民族迁徙

---

① Andreas Reinecke, Vin Laychour, Seng Sonetra, *The First Golden Age of Cambodia: Excavation at Prohear*. German: Thomas Muntzer, 2009, pp.147−155.

② Yoshinori Yasuda, ed., *Excavation in Phum Snay 2007*. pp.63−64.

有关。安德烈亚斯·莱茵科等人便推测，普罗荷遗址的主人很可能是来自贵州、云南、广西和交趾的一个大族群。公元前 2 世纪至公元 43 年，汉王朝扩张，夜郎失去独立，越南北部红河三角洲南越人的首领贰征战死，这个时间段正与普罗荷Ⅱa 和Ⅱb 期文化的结束对应①。

如此看来，很有可能是越人（据研究，夜郎和滇越均属越人系统）最初将铜鼓带到了柬埔寨。铜鼓进入柬埔寨之前，早已有人类生息繁衍在这块土地上，并建立了初步的文明。据研究，大约 4 万年前，东南亚的居民可能是尼格利陀人②，即中国古籍记载的"昆仑奴"。大约在距今 5000—4000 年，南岛语系（Austronesian）③人进入东南亚地区，但南岛语系民族文化对柬埔寨的早期文明影响不大。虽然大约在公元 2 世纪时，属于南岛语系的占婆人来到今越南中部一带，建立了自己的国家——林邑，但在向南扩展时，遇到了强大的扶南国的阻挡。大约在距今 3000 年前，南亚语系④（Austro-Asiatic family，或称"孟-高棉语系［Mon-Khmer family］"）民族进入东南亚地区。大约在公元 1 世纪前后，南亚语系的高棉人以湄公河三角洲为中心建立了一个国家——扶南。从此，高棉人作为柬埔寨历史的主角，以耀眼的姿态活跃在东南亚的历史舞台上，直至今天仍是柬埔寨的主体民族⑤。其实，在扶南国建立之前，高棉人已建立了较高的文明。学者们普遍认为，普罗荷遗址、诗奈遗址和毕特密斯遗址的主人是高棉人⑥，而这些遗址的地点与扶南国首都相近，是包含着重大的历史信息的。来自中国和越南北部的铜鼓文化进入柬埔寨给高棉文明带来了深远的影响。先进的青铜冶铸技术运用在生产生活等方面（普罗荷和诗奈等地出土的青铜锸、靴型钺等青铜器与中国南方同类器相似也说明了此问题），促进了高棉人经济社会的发展，而带来铜鼓文化的越人也与高棉人在互动中逐渐融合。

---

① Andreas Reinecke, Vin Laychour, Seng Sonetra, *The First Golden Age of Cambodia: Excavation at Prohear*. Germany: Thomas Muntzer, 2009, pp.168-170.

② ［新］尼古拉斯·塔林主编、贺圣达等译：《剑桥东南亚史Ⅰ》，云南人民出版社 2003 年版，第 58-62 页。

③ 关于南岛语系民族的起源，长期存在两种观点：大陆起源说和海洋起源说。前者认为，南岛语系民族起源于中国大陆东南部，而后南下，向东南亚海岛地区和西太平洋迁移。后者认为，南岛语系民族起源于东南亚海岛地区，然后通过两条线路迁徙：一条向北到菲律宾，一条向东到美拉尼西亚、波利尼西亚等太平洋诸岛。

④ 南亚语系民族的起源一般有两种观点：一种观点认为是起源于中印度，一种观点认为是起源于中国西南。

⑤ 大约在 6 世纪下半叶，真腊取代扶南，建立了真腊王国。真腊王国在吴哥王朝时期，政治经济文化高度发达，是柬埔寨历史上最辉煌的时期。其间兴建的吴哥窟和吴哥城代表了吴哥文化的最高成就，是人类文明史上的灿烂瑰宝。真腊王国不断扩张，全盛时期其疆土从缅甸延伸到越南海岸，北至老挝，南至马来半岛。16 世纪真腊王国灭亡，柬埔寨陷入越南和暹罗拉锯式的争夺之下，但高棉人在柬埔寨的历史上一直扮演主要角色，发挥主导作用。

⑥ Sergey V. Lapteff, *Phum Snay Site and the Origins of Pre-angkor Cambodia*. Moscow, 2009, p.29.

第四节
柬埔寨铜鼓文化之现状：已成追忆

　　来自中国和越南北部的铜鼓文化尽管在柬埔寨早期历史中有一定的影响，但这影响在此后的历史发展过程中未能持久，因为柬埔寨的主体民族高棉人不仅受中国文化的影响，而且受印度及马来半岛文化的影响。如果说建立扶南国之前这种影响尚不很明显的话，自扶南国开始，印度和马来半岛文化对高棉人影响则已非常巨大。关于扶南王国的历史，《晋书·扶南传》载："其王本是女子，字叶柳。时有外国人混溃者，先事神，梦神赐之弓，又教载舶入海。混溃且诣神祠，得弓，遂随贾人泛海至扶南外邑。叶柳率众御之，混溃举弓，叶柳惧，遂降之。于是混溃纳以为妻，而据其国。"由此记载来看，混溃到来之前扶南本已存在，有自己的女王，母系社会特点浓厚。混溃（又称"混填"）当上国王之后，才改为父系。而"事鬼神"的"混溃"可能是一个婆罗门教徒，他所来自的"徼国"，据考证可能是位于南印度或马来半岛的一个受印度文化影响很深的国家[1]。混溃与叶柳结合建立了混氏王朝后，大力传播印度文化。历经范氏王朝（3世纪至4世纪中叶）后，进入跋摩王朝（4世纪下半叶至7世纪初），到东晋穆帝升平元年（357）时，逃到扶南的印度贵族竺旃檀当政，推广印度的政治制度和宗教文化，为扶南的第二次印度化做了准备。继竺旃檀之后，来自南印度的婆罗门教徒憍陈如为王（《梁书·武帝纪中》），大力倡导婆罗门教，广为传播佛教，印度的文字、立法和风俗习惯等更加深入地影响扶南。至此，高棉人的文化已高度印度化。此后，真腊王国时期，高棉人的印度化达到顶峰，婆罗门教和佛教对高棉人的影响逐渐深入骨髓。在此背景下，以原始信仰为基础、以原始宗教为本质的铜鼓文化自然很快淡出了高棉人的生活，退出了柬埔寨的历史。

　　正因如此，只有黑格尔 I 型铜鼓在柬埔寨早期历史上较短的一段时间里出现，而后铜鼓便销声匿迹，未能像中国和越南一样发育出类型众多的铜鼓。现在在柬埔寨所见的

---

[1]　卢军、郑军军、钟楠编著：《柬埔寨概论》，世界图书出版广东有限公司2012年版，第28页。

黑格尔Ⅲ型铜鼓，不仅数量寥寥，而且时代很晚，都是近现代老挝、泰国等邻国所赠送的礼物。如今的柬埔寨，铜鼓已经不再使用。虽然王宫里边还放置有铜鼓（黑格尔Ⅲ型铜鼓），但所有仪式已不再使用铜鼓，其性质只是对铜鼓曾为权力象征的历史记忆的保存，与博物馆里的铜鼓并无二致。

第六章

缅甸铜鼓文化：源于滇越的播化

　　2015年7月29日-8月13日间，广西民族大学民族研究中心李富强率调研组赴缅开展了缅甸铜鼓文化的田野调查。调查既采用规范的考古学方法，对缅甸博物馆和民众家庭所收藏铜鼓进行了测量、描述和拍照，又结合人类学田野调查的方法，与博物馆工作人员和民众等深入访谈，了解铜鼓使用的仪式与习俗，所取得的丰富资料使我们对缅甸铜鼓文化有了明确的认识：这是源于滇越的播化。

第一节
缅甸铜鼓研究回顾

缅甸位于中南半岛西部，东部和东南部与泰国、老挝相连，南部和西南部濒临印度洋的孟加拉湾、安达曼海，隔海与印度尼西亚的苏门答腊岛遥遥相望，西北毗邻印度、孟加拉国，北部、东北部与中国云南、西藏接壤，领土面积67.85万平方公里，跨越温带、亚热带和热带，是东南亚各国中国土面积仅次于印度尼西亚的国家。

缅甸是一个多民族国家，共有135个民族。据2014年统计，缅甸人口约5141.9万人，其中缅族约占65%，主要的少数民族有掸族（约占总人口的8.5%）、克伦族（约6.2%）、若开族（约5%）、孟族（约3%）、克钦族（约2.5%）、钦族（约2.2%）、克耶族（约0.4%）[1]，以及华人、印度人、孟加拉人，但缅甸官方不承认华人、印度人、孟加拉人为法定少数民族。

"缅甸"之名，其来有自。顾炎武《天下郡国利病书》卷一百十二"缅甸始末"条云："缅人，古朱波也。汉通西南夷后，汉谓之掸，唐谓之骠，宋元谓之缅，明朝立为缅甸宣慰司。自永昌西南，山川延邈，道路修阻，因名之缅也。"这片古老土地的文明史由来已久，与中国的关系源远流长。早在公元初始前后，现今的缅甸境内即已出现了早期国家。如仅见诸《汉书》和《后汉书》的记载，就有在今缅甸直通（Thaton）的邑卢没国、在今缅甸南部的谌离国、在今缅甸伊洛瓦底江中下游地区的夫甘都卢国（以上《汉书·地理志下》），以及在缅甸北部的掸国（《后汉书·和帝纪》）。这些国家多与中国有了往来，如掸国永元九年（同上）、永宁元年（《后汉书·安帝纪》）、永建六年（《后汉书·顺帝纪》）遣使前来奉贡；敦忍乙王莫延慕义于永元六年遣使来献犀牛、大象（《后汉书·南蛮西南夷列传》）。

中国对缅甸的关注具有历史传统。早自汉代开始，历代文献都有对今缅甸境内诸国、诸朝的记载，既记录了各个时期的中缅关系，也记录了缅甸的历史变迁。曾有学者

---

[1]　钟智翔、尹湘玲：《缅甸文化概论》，世界图书出版广东有限公司2014年版，第6—15页。

将中国汉代至清代137种古籍中有关缅甸的记载选编成《中国古籍中有关缅甸资料汇编》，洋洋80万字，蔚为大观①。

从古籍记载来看，中国人早在唐代就知道缅甸有人使用铜鼓。刘恂《岭表录异》载："贞元中，骠国进乐，有玉螺铜鼓。即知南蛮酋首之家，皆有此鼓也。"②白居易的《新乐府·骠国乐》中也有"玉螺一吹椎髻耸，铜鼓千击文身踊"的诗句③。

缅甸关于古代铜鼓使用的记录则是始于11世纪（相当于中国北宋时期）。在现在的下缅甸，有2件11世纪中叶关于直通（Thaton）穆库塔王（King Mukuta）的孟文、巴利文的铭文，提到他的人民敲击一面大鼓对他表示敬意。在中缅甸卑谬（Prome）瑞南多塔（Shwenandaw Pagoda）发现的一块孟文铭文中，提到蒲甘（Pagan）的江喜佗王（King Kyansittha，1084-1111年在位）列举的要送去印度菩提伽耶（Bohdgaya）的一个佛教圣地修复的物品中，就有铜鼓。另外，属于江喜佗王的江喜佗优明（Kyansittha Umin）壁画中，有3面铜鼓的图像。④

自从19世纪开始，西方人在探索东南亚早期历史之时，对缅甸铜鼓有所涉及，这是严格意义上铜鼓研究的开端。但直至现在，西方学者关于缅甸铜鼓的专题研究依然十分罕见。仅见有维吉尼亚·M.地克罗克（Virginia. M. Di Crocco）1991年到中国南宁参加"中国南方及东南亚地区古代铜鼓和青铜文化第二次国际学术讨论会"的论文《北宋时期在缅甸使用铜鼓的证据》⑤和库勒（R. M. Cooler）的《缅甸克伦铜鼓》⑥。除此之外，我们参考的西方学者的有关著作主要还有新西兰奥塔果大学（the University of Otago）人类学教授查尔斯·海厄姆（Charles Higham）所著的《东南亚大陆的早期文化》⑦，英国伦敦大学艺术和考古学系、东方和非洲研究院教授伊丽莎白·霍华德·摩尔（Elizabeth Howard Moore）的《骠国文化研究论文集》⑧等。

---

① 余定邦、黄重言编：《中国古籍中有关缅甸资料汇编》，中华书局2002年版。

② 刘恂：《岭表录异》卷上，广东人民出版社1983年版，第7页。

③ 引自余定邦、黄重言编：《中国古籍中有关缅甸资料汇编》上册，第26页。

④ 维吉尼亚·M.地克罗克：《北宋时期在缅甸使用铜鼓的证据》，载中国古代铜鼓研究会编：《铜鼓和青铜文化的新探索——中国南方及东南亚地区古代铜鼓和青铜文化第二次国际学术讨论会论文集》，广西民族出版社1993年版，第78-79页。

⑤ 同上。

⑥ R. M. Cooler, *The Karen bronze drums of Burma*. New York : E. J. Brill, 1995.

⑦ Charles Higham, *Early Cultures of Mainland Southeast Asia*. River Books Ltd. Bangkok, Thailand, 2002.

⑧ Elizabeth Howard Moore, *The Pyu Landscape: Collected Articles*. Published Under the Auspices of the Department of Archaeology, National Museum and Library Ministry of Culture, Republic of the Union of Myanmar, 2012.

　　缅甸学者对铜鼓的研究起步较晚，成果不多，主要集中在对克伦族等少数民族铜鼓的介绍和研究上。曼纳山著、索摩梅桑出版社 1978 年 12 月出版的《克伦铜鼓》是缅甸学者为数不多的关于铜鼓的专著之一。该书有克伦族制造铜鼓的方法、铜鼓起源的传说、铜鼓使用习俗等的介绍和研究。此外，一些关于少数民族历史文化的著作，如缅甸社会主义路线党中央委员会编写、文学宫出版社 1967 年 12 月出版的《缅甸少数民族文化与风俗习惯（克伦卷）》、钦马珏 2006 年发表的《克耶邦文化博物馆馆藏传统乐器研究》、索昂晨 2013 年撰写的《克伦族的历史文化与克伦邦简史》等，或多或少都涉及铜鼓的内容。

　　中国学者虽然在研究中国和东南亚铜鼓时，对缅甸铜鼓时有涉及，但专题性的研究较少，当前主要有广西民族大学韦丹芳的《中缅、中老跨境民族传世铜鼓比较研究》[1]等论文。

---

① 　韦丹芳：《中缅、中老跨境民族传世铜鼓比较研究》，《贵州民族研究》2014 年第 4 期。

第二节

缅甸铜鼓的类型

缅甸出土的铜鼓较少。据伊丽莎白·霍华德·摩尔所言，大约有五六面，均属黑格尔 I 型铜鼓。其中，1 面发现于克钦邦密支那与八莫之间的新波（Sin Bo）；曼德勒市的吴文茂（Win Maung）还记录有来自曼德勒北部的若干个铜鼓的碎片；1 面存放于瑞西光塔（the Shwezigon Pagoda）的文物室；1 面由耶塔光·唐（Yetagon Taung）发现于曼德勒东部的掸山麓丘陵上的一个青铜-铁器时代的墓葬遗址；在另一个地点发现有 2 片饰有鸟纹的铜鼓碎片；还有 1 面属于东山类型 A 型的黑格尔 I 型铜鼓存放于实皆（Sagaing）[①]。但由于这些铜鼓均非经科学发掘出土，民众发现后，有的报告博物馆，有的即据为己有，或自由买卖，致下落不明，所以，我们此行仅见到此类铜鼓两面。

缅甸的传世铜鼓较多，主要保存在博物馆、寺庙、教堂以及克伦族和克耶族人家中。我们此行所见到的传世铜鼓共有 41 面，其中，大多属黑格尔 III 型铜鼓，少数是异形铜鼓。

一、黑格尔 I 型铜鼓

黑格尔 I 型铜鼓共 2 面。

其中一面保存在克耶邦垒固（Loikaw）文化博物馆。该铜鼓是 1983 年入藏该馆的。围绕该鼓的来源和身世，当地民众流传有一些神奇的传说故事。据说，在 1981 年，克耶邦垒固市迪莫索镇妙列村有一个克耶族的猎人，他上山打猎时打中了一个猎物，猎物带伤逃进一个山洞里。猎人见天色已晚，恐有不测，便不再追击，而回家去了。第二天，猎人约了一个朋友到那个山洞去寻找猎物。不料，猎物不知去向，却见到了这面

---

① Elizabeth Howard Moore, *The Pyu Landscape: Collected Articles*. Published Under the Auspices of the Department of Archaeology, National Museum and Library Ministry of Culture Republic of the Union of Myanmar, 2012，p.27.

铜鼓，铜鼓上有一个洞，猎人相信这面铜鼓是猎物所变，铜鼓上的洞，就是猎人打中猎物的伤口。猎人和朋友费了很大的力气将铜鼓取出并抬回来，放置在猎人家中。过了一段日子，村长来串门，看见了铜鼓，觉得很精美、气派，认为它应该放在像自己这样有权势的人家中，于是强夺到自己家里。可是，从此以后，村长家中鸡犬不宁。村长醒悟到是铜鼓惹的祸，便将之归还猎人。又过了若干时候，猎人因急需用钱，将铜鼓卖给了一个中国商人。但中国商人与前面所讲的村长一样，自从将这面铜鼓带回家之后，诸事不顺，灾难不断，只好又将铜鼓还给猎人。此时，与猎人一起到山洞去取铜鼓的友人，贪心泛起，也想占有这面铜鼓，为此不惜与猎人上法庭打官司。法官见二人争执不下，便判将铜鼓捐给博物馆。经过这么多的风风雨雨，这面铜鼓才被收藏在了垒固文化博物馆里。

另一面保存在曼德勒市的吴文茂家。这面铜鼓是 2010 年在克钦邦的新波村出土后，由吴文茂以 50 万缅币从村民手里购买的。据说同出的还有四五面，但其余几面现在都下落不明了。

由于缅甸出土的黑格尔 I 铜鼓都没有经过科学发掘，我们无法根据地层及伴出物来确定其年代，只能根据器形特征做大致推测。在我们所调查的这两面铜鼓中，保存于垒固文化博物馆的那一面，按照中国学者的分类，属于石寨山型；吴文茂家里的那一面，亦属于石寨山类型，但具有万家坝类型铜鼓的某些特征；而据摩尔在《骠国文化研究论文集》所记录的保存在实皆的一面（据向吴文茂先生和实皆博物馆工作人员了解，该铜鼓原保存在实皆博物馆，但前些时候，发现该铜鼓的村民已从博物馆索回，现已不知下落），属于东山类型 A 型。根据前人的研究，万家坝类型铜鼓的年代是春秋中期至秦汉时期[1]，石寨山类型铜鼓的年代是战国至西汉时期[2]，越南东山类型铜鼓延续时间较长，早期东山铜鼓与石寨山铜鼓并行发展，时间大约为战国晚期至东汉初期，但东山铜鼓不像石寨山铜鼓那样于公元前后消失而是继续发展，东山晚期型铜鼓承接东山早期型铜鼓，其铸造时间约为西汉中期至东汉中期[3]。因而，缅甸黑格尔 I 铜鼓的年代应大体相当于中国战国至东汉时期。

---

[1] 李伟卿：《中国南方铜鼓的分类和断代》，《考古》1979 年第 1 期；王克荣：《古代铜鼓研究中的几个问题》，载《古代铜鼓学术讨论会论文集》，文物出版社 1982 年版，第 87—94 页。

[2] 张世铨：《论古代铜鼓的分式》，载《古代铜鼓学术讨论会论文集》，第 95—107 页。

[3] 万辅彬、房明惠、韦冬萍：《越南东山铜鼓再认识与铜鼓分类新说》，《广西民族学院学报》（哲学社会科学版）2003 年第 6 期。

二、黑格尔Ⅲ型铜鼓

黑格尔Ⅲ型铜鼓共 37 面。

其中，缅甸国家博物馆（Myanmar National Museum）6 面，克伦邦帕安（Hpa An）文化博物馆 6 面、帕安市妙耶德那崩寺 2 面、丹东市丹东枝（Than Taung Gyi）镇 2 面，克耶邦垒固（Loikaw）文化博物馆 15 面、天主教堂主教管区中心 5 面，曼德勒市 1 面。

黑格尔Ⅲ型铜鼓的年代，中国学者有的认为是唐代至今[①]，有的认为是从宋代至现代[②]。汪宁生根据缅甸方面的材料，认为是明至近代。《缅甸百科全书·铜鼓》和《中缅泰印边民志》均说，此类铜鼓的制作中心在克耶邦，威当城（今克耶邦乐可城）曾是制作最盛之处，缅甸其他邦甚至东南亚其他国家都来此购买。这里制造铜鼓开始于五百年前，直到近代还有铸造，它是由壮族传到缅甸的[③]。但据我们调查，缅甸只有黑格尔Ⅰ型铜鼓和黑格尔Ⅲ型铜鼓，黑格尔Ⅰ型铜鼓在东汉之后已消失，可据中国古籍记载，唐代骠国在向唐朝"进乐"时有铜鼓，此铜鼓应是黑格尔Ⅲ型铜鼓。1967 年最后一个技师吴龙山逝世，此类铜鼓的制作技艺就此失传。

三、异形铜鼓

异形铜鼓 4 面，保存在克耶邦天主教堂主教管区中心。这些铜鼓形状与黑格尔Ⅰ、Ⅱ、Ⅲ、Ⅳ型铜鼓均不相同，鼓面、鼓身饰浮雕纹饰，所饰纹饰也很特殊，常有十二生肖图样、莲花纹、菩提叶纹、鱼、龙等，鼓面立有青蛙，头朝中心的太阳纹。

据了解，这些铜鼓的年代大概相当于中国清代中晚期。从铜鼓上的生肖图案（有的甚至配以汉字）、龙的图案等文化因素来看，这些铜鼓很可能来自中国，或者其制作受到中国的强烈影响。

---

① 王克荣：《古代铜鼓研究中的几个问题》，载《古代铜鼓学术讨论会论文集》，第87-94页。
② 张世铨：《论古代铜鼓的分式》，同上书，第95-107页。
③ 汪宁生：《试论中国古代铜鼓》，《考古学报》1978 年第 2 期。

图 6-1 黑格尔Ⅰ型之 LKM13 号铜鼓

现藏克耶邦莱固文化博物馆，馆藏编号：208。1983 年从克耶迪莫索镇妙列村购买。
鼓高 48.4、面径 54.5、胸径 57.5、腰径 48、足径 52.3、壁厚 0.15 厘米。

鼓面中心太阳芒共 8 芒，芒体肥硕，芒间饰翎眼纹，1、2 弦分晕，共 9 晕：第 1、2、3 晕纹饰不清；第 4 晕羽人纹；第 5 晕翔鹭纹、定胜纹，1 个翔鹭、1 个定胜纹一组，共 4 组环绕，其余晕纹饰不清。鼓面原饰青蛙，已经缺失。鼓胸外凸 1.5 厘米。2 弦分晕，共 3 晕，纹饰不清。鼓腰 2 弦分晕，共 5 晕，纹饰不清。鼓足外撇，然后折沿。鼓耳 4 只，耳体饰稻穗纹。合范线 2 道，鼓身有垫片痕。

图 6-2　黑格尔 I 型之 MDL1 号铜鼓

现藏曼德勒市吴文茂家，2010 年在克钦邦新波村被发现后，由吴文茂购买。
鼓高 40.5、面径 43.8、胸径 51.2、腰径 38、足径 54.2、壁厚 0.12 厘米。

鼓面中心只有光体，光体大突出，光体直径 9.2 厘米，鼓面素面。鼓胸外
凸，素面。鼓腰 6 组云树纹，对称分布于合范线两侧。下部有 2 道凸弦纹环绕。
鼓腰与鼓足间折痕明显。鼓足外撇，素面。鼓耳 2 对，耳体饰绳纹。合范线
2 道，鼓面、鼓身垫片较多。

图 6-3　黑格尔Ⅲ型之 CC5 号铜鼓

现藏克耶邦天主教堂主教管区中心。
鼓高 19.2、面径 30、胸径 28.2、腰径 22.2、足径 25.8、壁厚 0.3 厘米。

　　鼓面中心太阳纹共 8 芒，1、2 弦分晕，共 7 晕：第 1、5 晕栉纹，第 2、4 晕圆圈圆点纹，第 3 晕鱼纹、鸟纹、菊花纹，第 6 晕酉形纹，第 7 晕光素。鼓面边缘饰稻穗纹，鼓面立 4 蛙，逆时针方向环立。鼓面边沿外延 1.9 厘米。鼓胸 1、2 弦分晕，共 2 晕：第 1 晕酉形纹，第 2 晕饰圆圈圆点纹。鼓腰 1 弦分晕，共 5 晕：第 1 晕上部饰稻穗纹，下部光素无纹；第 2、4 晕饰栉纹；第 3 晕饰菊花纹，共 15 朵环绕；第 5 晕上部光素，下部饰叶脉纹。鼓足微外撇，素面。双耳 2 对，耳体饰弦纹，下耳根饰稻穗纹。鼓身有假合范线 2 道，一侧合范线上饰田螺 2 只，下行大象 1 只。

图 6-4 黑格尔Ⅲ型之 CC7 号铜鼓

现藏克耶邦天主教堂主教管区中心。

鼓高 33.2、面径 45.8、胸径 44、腰径 32、足径 34.5、壁厚 0.2 厘米。

　　鼓面中心太阳纹 8 芒，芒体纤细，芒根间饰翎眼纹。1、2 弦分晕，共 16 晕：第 1、10 晕饰栉纹，第 2、6、9、14 晕饰圆圈圆点纹，第 3、15 晕饰双行谷粒纹，第 4 晕饰鸟纹，第 5 晕饰变形羽人纹，第 7 晕谷粒纹，第 8、12、13 晕饰鱼纹、菊花纹、鸟纹（2 菊花 2 鸟 2 鱼为一组，共 4 组，逆时针环绕），第 11 晕方格雷纹，第 16 晕光素无纹。鼓面边缘饰稻穗纹一圈，鼓面饰立蛙 4 只，逆时针环绕。鼓面边沿外延 2.4 厘米。鼓胸 1、2 弦分晕，共 4 晕：

第1晕双行谷粒纹，第2晕栉纹，第3晕圆圈圆点，第4晕谷粒纹。鼓腰1、2弦分晕，共9
晕：第1、9晕上部饰叶脉纹，下部饰水波纹；第2晕双行谷粒纹；第3、6晕栉纹；第4、7
晕圆圈圆点纹；第5晕光素无纹。鼓足1、2弦分晕，共3晕：第1晕光素无纹，第2晕栉纹，
第3晕双行谷粒纹，鼓足边缘饰2道弦纹。双耳2对，耳体饰弦纹，耳根饰稻穗纹。鼓身有
假合范线2道。

图 6-5　黑格尔 Ⅲ 型之 LKM2 号铜鼓

现藏克耶邦垒固文化博物馆，馆藏编号：166，系 1970 年从和雅村购买而来。
鼓高 48.4、面径 63.7、胸径 58.5、腰径 49.5、足径 51、壁厚 0.15 厘米。

　　鼓面中心太阳芒共 12 芒，芒体纤细，芒间无纹。3 弦分晕，共 17 晕：第 1、13 晕栉纹，第 2、3、7、8、14、15 晕圆圈圆点纹，第 4、9、16 晕方格雷纹，第 5 晕鸟纹、菱形纹（3 个鸟纹、3 个菱形纹为一组，共 4 组），第 6、12 晕羽纹，第 10、11 晕菊花纹、鸟纹、菱格纹，第 17 晕菊花纹（3 朵一组共 4 组）。鼓面边缘稻穗纹，鼓面 4 组 3 叠蛙，逆时针环立，蛙体单薄。鼓面边沿外延 2.6 厘米。鼓胸 3 弦分晕，共 4 晕：第 1 晕栉纹，第 2、3 晕圆圈圆点纹，第 4 晕方格雷纹。鼓腰 3 弦分晕，共 11 晕：第 1 晕上部饰叶脉纹，下部光素；第 2、10 晕双行雷纹；第 3、4、8、9 圆圈圆点纹；第 5、7 晕栉纹；第 6 晕菊花纹；第 11 晕上部饰叶脉纹，下部饰羽纹。鼓足 3 弦分晕，共 4 晕：第 1、2 晕圆圈圆点纹，第 3 晕方格雷纹，第 4 晕为 3 道弦纹。足部边缘饰谷粒纹。双耳 2 对，耳体饰弦纹，耳足饰稻穗纹。鼓身有假合范线 2 道，其中一侧合范线的耳下部位饰水稻一株，水稻上饰 3 只田螺和 3 只下行大象。

图 6-6 黑格尔Ⅲ型之 LKM6 号铜鼓

现藏克耶邦垒固文化博物馆，馆藏编号：191，系 1974 年由垒固市捐赠。
鼓高 45、面径 63.7、胸径 57.9、腰径 48、足径 50、壁厚 0.15 厘米。

鼓面中心太阳芒共 12 芒，芒体纤细，芒间饰翎眼纹。2、3 弦分晕，共 22 晕：第 1、4、11、16、19 晕栉纹，第 2、3、17、18 晕圆圈圆点纹，第 5、9、15 晕方格雷纹，第 6、7、12、13 晕鸟纹、方格纹、圆圈圆点纹（3 个鸟纹、3 个方格纹为一组共 2 组），第 8、14 晕羽纹，第 10 晕方格填菱形纹，第 20 晕谷粒纹，第 21 晕方格纹，第 22 晕菊花纹 3 朵一组共 4 组。鼓面边沿单蛙 4 只逆时针环立，蛙体单薄，饰有几何纹。鼓面边缘饰稻穗纹，鼓沿外延 2.9 厘米。鼓胸 2、3 弦分晕，共 6 晕：第 1 晕方格雷纹，第 2、5 晕栉纹，第 3、4 晕圆圈圆点纹，第 6 晕方格纹。鼓腰 2、3 弦分晕，共 13 晕：第 1、7 晕光素；第 2、12 晕菱形回纹；第 3、6、8、11 晕栉纹；第 4、5、9、10 晕圆圈圆点纹；第 13 晕上下部均饰叶脉纹，中间大部光素。鼓足 2、3 弦分晕，共 2 晕：第 1 晕方格雷纹，第 2 晕栉纹。鼓足下部残，边缘饰稻穗纹。双耳 2 对，耳体饰弦纹，耳足饰稻穗纹。鼓身有假合范线 2 道。

图 6-7 黑格尔Ⅲ型之 LKM8 号铜鼓

现藏克耶邦垒固文化博物馆，馆藏编号：193，系 1974 年由垒固市捐赠而来。通体涂抹清漆。

鼓高 46.2、面径 61.2、胸径 56.2、腰径 44.5、足径 49.5、壁厚 0.2 厘米。

鼓面中心太阳芒共 8 芒，芒体纤细，芒间饰翎眼纹。1、2 弦分晕，共 18 晕：第 1、7、11、17 晕圆圈圆点纹，第 2、8、13、15 晕栉纹，第 3、9、16 晕方格雷纹，第 4、12 晕双行谷粒纹，第 5 晕鸟纹，第 6 晕变形羽人纹，第 10、14 晕菊花纹、鸟纹、鱼纹，第 18 晕光素。鼓面边沿单蛙 4 只逆时针环立，蛙体单薄。鼓面边缘稻穗纹。鼓沿外延 2.5 厘米。鼓胸 1、2 弦分晕，共 4 晕：第 1 晕双行谷粒纹，第 2 晕栉纹，第 3 晕方格雷纹，第 4 晕谷粒纹。鼓腰残破经修补，1、2 弦分晕，共 9 晕：第 1 晕上部饰叶脉纹、水波纹，下部光素；第 2、8 晕圆圈圆点纹；第 3 晕双行谷粒纹；第 4、6 晕栉纹；第 5 晕光素；第 7 晕方格雷纹；第 9 晕上下部均饰叶脉纹、水波纹，中间大部光素。鼓足 1、2 弦分晕，共 3 晕：第 1 晕栉纹，第 2 晕双行谷粒纹，第 3 晕弦纹。足部边缘饰谷粒纹。双耳 2 对，耳体饰几何纹，耳足饰稻穗纹。鼓身有假合范线 2 道。

图 6-8 黑格尔Ⅲ型之 LKM12 号铜鼓

现藏克耶邦垒固文化博物馆，馆藏编号：197，系 1974 年由垒固市捐赠而来。铜鼓通体涂抹清漆。

鼓高 48.5、面径 63.3、胸径 57.1、腰径 49.5、足径 51、壁厚 0.15 厘米。

鼓面中心太阳芒共 12 芒，芒体纤细，芒根间饰翎眼纹，太阳芒尖饰一圈圆圈圆点纹。2、3 弦分晕，共 20 晕：第 1、4、15、18 晕栉纹，第 2、3、16、17 晕圆圈圆点纹，第 5、9、14 晕方格雷纹，第 6、7、11、12 晕鸟纹、菱形纹（3 个鸟纹、3 个菱形纹为一组，共 2 组），第 8、13 晕羽纹，第 10 晕方格填菱形格纹，第 19 晕方格雷纹，

第20晕菊花纹（3朵一组共4组）。鼓面边沿双叠蛙4组逆时针环立，蛙体单薄。鼓面边缘稻穗纹。鼓沿外延3.1厘米。鼓胸2、3弦分晕，共6晕：第1晕方格雷纹，第2、5晕栉纹，第3、4晕圆圈圆点纹，第6晕方格纹。鼓腰2、3弦分晕，共13晕：第1、7晕光素；第2、12晕双行雷纹；第3、6、8、11晕栉纹；第4、5、9、10晕圆圈圆点纹；第13晕上下部均饰叶脉纹，中间大部光素。鼓足部分残缺，2、3弦分晕，共2晕：第1晕方格雷纹，第2晕栉纹。双耳2对，耳体饰弦纹，耳足饰稻穗纹。耳体一侧饰下行大象3只，其中一只残缺。鼓身有假合范线2道。

图 6-9　黑格尔 III 型之 MDL2 号铜鼓

现藏曼德勒市克伦族 U Saw Lar Pho 家，系一位曾在国际红十字会工作的瑞典人四十多年前在缅甸收集，因无法携带回国，赠给现在的主人。

鼓高 52.5、面径 71、胸径 63.8、腰径 52、足径 53、壁厚 0.18 厘米。

　　鼓面中心太阳纹 12 芒，芒体纤细。2、3 弦分晕，共 18 晕：第 1、8 晕栉纹，第 2、7、11、15 晕谷粒纹，第 3、10、14 晕菱形回纹，第 4、16 晕圆圈圆点纹，第 5、13 晕（3 个太阳花纹以三角形组成一组环绕），第 6、12 晕 3 个圆圈圆点纹以三角形组成一组环绕，第 9、18 晕光素，第 17 晕折线纹。鼓面边沿三叠蛙 4 组逆时针环立，鼓面边缘饰稻穗纹。鼓胸 2、3 弦分晕，共 5 晕：第 1 晕栉纹，第 2、3 晕谷粒纹，第 4 晕圆圈圆点纹，第 5 晕光素。鼓腰 2、3 弦分晕，共 10 晕：第 1 晕栉纹；第 2、5、8 晕谷粒纹；第 3、6、9 晕菱形回纹；第 4 晕光素；第 7 晕圆圈圆点纹；第 10 晕上、下部为叶脉纹，中间大部光素，一侧耳下自上而下有 3 个乳钉和 3 只下行大象立于一棵稻株上。鼓足 2、3 弦分晕，共 5 晕：第 1 晕栉纹，第 2 晕谷粒纹，第 3 晕菱形回纹，第 4、5 晕光素，鼓足边缘饰稻穗纹。双耳 2 对。鼓身有假合范线 3 道。

图 6-10 黑格尔Ⅲ型之 MKP4 号铜鼓

现藏克伦邦帕安市的克伦文化博物馆，馆藏号码：43-1，为吉祥喜庆场合使用的铜鼓。通体涂抹铜粉。

鼓高 47.8、面径 64、胸径 58.2、腰径 52、足径 53.4、壁厚 0.18 厘米。

鼓面中心太阳纹12芒，芒体纤细，芒间无纹。3弦分晕，共16晕：第1、5晕谷粒纹，第2、6、8、12、14晕栉纹，第3、9、10晕鸟纹、菱形回纹，第4、11晕羽纹，第7、13晕圆圈圆点纹，第15晕雷纹，第16晕1道弦纹。鼓面边沿三叠蛙逆时针环立，蛙体纤细。鼓面边缘稻穗纹。鼓面外延2.9厘米。鼓胸3弦分晕，共4晕：第1、3晕栉纹，第2晕圆圈圆点纹，第4晕雷纹。鼓腰3弦分晕，共11晕：第1晕上部栉纹、水波纹，下部光素；第2、10晕谷粒纹；第3、5、7、9晕栉纹；第4、8晕圆圈圆点纹；第6晕光素；第11晕上部饰叶脉纹、水波纹，下部饰水波纹、栉纹，中间大部光素。鼓足有残缺，1、3弦分晕，共5晕：第1晕圆圈圆点纹，第2晕栉纹，第3、5晕谷粒纹，第4晕光素。双耳2对，耳体饰弦纹，耳足上下饰稻穗纹。其中一侧鼓耳之下有田螺和下行大象各3只。鼓身有假合范线2道对称分布。

图 6-11　黑格尔 III 型之 MKPT2 号铜鼓

现藏克伦邦帕安市妙耶德那崩寺（意为"珍宝寺"，俗称"当格莱寺"，意为"小山寺"），来自克伦邦克伦族村庄。

鼓高 48、面径 63、胸径 60.8、腰径 46、足径 54、壁厚 0.12 厘米。

鼓面中心太阳纹 12 芒，芒体纤细，芒间饰翎眼纹。3 弦分晕，共 19 晕：第 1、3、4、10、12、16、17 晕圆圈圆点纹，第 2、6 晕栉纹，第 5、11 晕羽纹，第 7、13、18 晕方格雷纹，第 8、9、14、15 晕鸟纹、变形菱形纹，第 19 晕菊花纹（3 朵一组，共 4 组）。鼓面边沿三叠蛙 4 组逆时针环立，蛙体纤细。鼓面边缘稻穗纹。鼓面外延 2.6 厘米。鼓胸 3 弦分晕，

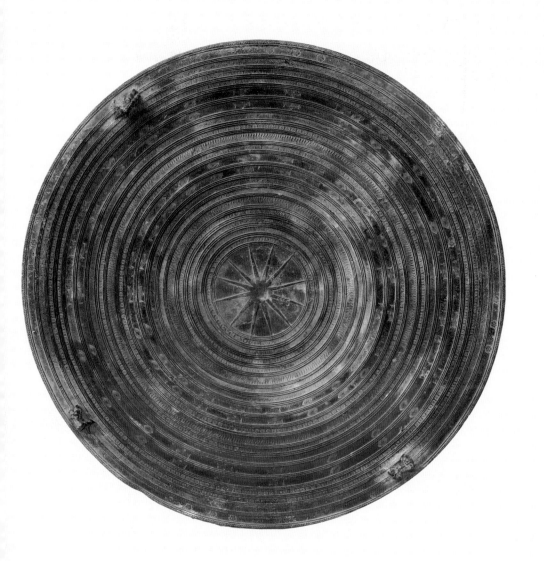

共5晕：第1晕谷粒纹，第2晕栉纹，第3、4晕圆圈圆点纹，第5晕雷纹。
鼓腰3弦分晕，共11晕：第1晕上部饰叶脉纹，下部光素；第2、10晕雷
纹；第3、4、8、9晕圆圈圆点纹；第5、7晕栉纹；第6晕光素；第11晕
上下均饰叶脉纹，中间大部光素。鼓足有残损，3弦分晕，共5晕：第1晕
栉纹，第2、3晕圆圈圆点纹，第4晕雷纹，第5晕3道弦纹。双耳2对，
耳体饰菱形纹，耳根饰稻穗纹。其中一侧鼓耳之下饰有稻株一株，稻株上
立有3只田螺和3只下行大象（其中一只已缺失）。鼓身有假合范线2道对
称分布。

图 6-12　黑格尔Ⅲ型之 MNM1 号铜鼓

现藏缅甸国家博物馆，馆藏编号：3409。系殖民地时期铸造，1996 年从克耶族人家收集入馆的。

鼓高 49.8、面径 67.7、胸径 63、腰径 52.5、足径 52.5、壁厚 0.35 厘米。

鼓面中心太阳芒共 16 芒，芒体纤细，芒间饰菊花纹。3 弦分晕，共 16 晕：第 1、7、14 晕谷粒纹，第 2、9、15 晕菊花纹，第 3、10 晕羽纹，第 4、11 晕栉纹，第 5、6、12、13 晕圆圈圆点纹，第 8 晕菊花纹、鸟纹，第 16 晕素面无纹。鼓面边沿三叠蛙 4 组逆时针环立，蛙体单薄。鼓面边缘稻穗纹。鼓胸 3

弦分晕，共4晕：第1晕素面，第2晕栉纹，第3晕圆圈圆点纹，第4晕菊
花纹。鼓腰3弦分晕，共11晕：第1、11晕上羽纹，下菊花纹；第2、6、
10晕菊花纹；第3、4、8、9圆圈圆点纹；第5、7晕栉纹。鼓足3弦分晕，
共4晕：第1晕栉纹，第2晕圆圈圆点纹，第3晕菊花纹，第4晕为3道弦纹。
双耳2对，耳上饰环，耳上稻穗纹。鼓身有假合范线4道，其中一条合范线
立有3只田螺和3只下行动物，上面2只大象，下面1只猴子立于一稻株
纹上。

图 6-13　黑格尔 Ⅲ 型之 MNM2 号铜鼓

现藏缅甸国家博物馆，馆藏编号：3412。系殖民地时期铸造，1996 年从克伦族人家收集入馆。

鼓高 48.8、面径 64、胸径 57、腰径 47、足径 52.5、壁厚 0.35 厘米。

鼓面中心太阳芒共12芒，芒体纤细，芒间饰翎眼纹。3弦分晕，共18晕：第1晕圆圈切线纹，第2、6、9、13、16晕栉纹，第3、17晕雷纹，第4晕鸟纹、方格雷纹（3个鸟纹、3个方格雷纹为一组，共4组），第5、12晕羽纹，第7、8、14、15晕圆圈圆点纹，第10、11晕大型鸟纹、方格雷纹（3个鸟纹、3个方格雷纹为一组），第18晕菊花纹（菊花5朵一组，共4组）。鼓面边沿双叠蛙4组逆时针环立，蛙体单薄。鼓面边缘稻穗纹。鼓胸3弦分晕，共5晕：第1、4晕栉纹，第2、3晕圆圈圆点切线纹，第5晕雷纹。鼓腰3弦分晕，共9晕：第1晕上部叶脉纹、水波纹，下部水波纹；第2、8晕雷纹；第3、7晕栉纹；第4、6晕圆圈斜线纹；第5晕光素；第9晕上下部为叶脉纹、水波纹，中间大部光素。鼓足微外撇，3弦分晕，共5晕：第1、3晕栉纹，第2晕圆圈斜线纹，第4晕谷粒纹，第5晕为3道弦纹。双耳2对，耳上饰环，耳上稻穗纹、菱形纹。一侧鼓耳之下，自上而下立有田螺3只、下行大象3只和田螺1只。鼓身有假合范线2道。

图 6-14　黑格尔Ⅲ型之 MNM4 号铜鼓

现藏缅甸国家博物馆，馆藏编号：4002。系殖民地时期铸造，1970 年从克伦族人家收集入馆。

鼓高 45.2、面径 59.5、胸径 54.3、腰径 48、足径 49、壁厚 0.3 厘米。

鼓面中心太阳芒共10芒，芒体纤细，芒根之间翎眼纹。2、3弦分晕，共17晕：第1晕水波纹，第2、8晕栉纹，第3、4、9、10、14、15晕圆圈圆点纹，第5、16晕菱形雷纹，第6、12晕菊花纹，第7、13晕羽纹，第11晕鸟纹、方格雷纹，第17晕月牙纹。鼓面边沿双叠蛙4组逆时针环立，蛙体单薄。鼓面边缘稻穗纹。鼓面外延2.6厘米。鼓胸2弦分晕，共4晕：第1晕水波纹，第2、3晕圆圈圆点纹，第4晕菱形回纹纹。鼓腰2、3弦分晕，共11晕：第1晕上部叶脉纹，下部光素；第2、6、10晕菊花纹；第3、4、8、9晕圆圈圆点纹；第5、7晕栉纹；第11晕上下部为叶脉纹，中间大部光素。鼓足微外撇，2弦分晕，共4晕：第1晕栉纹，第2、3晕圆圈圆点纹，第4晕3道弦纹。双耳2对，耳上稻穗纹。一侧鼓耳之下，立有田螺2只（缺1只）、下行水牛1头。鼓身有假合范线2道。

图 6-15 　黑格尔 Ⅲ 型之 MNM5 号铜鼓

现藏缅甸国家博物馆，馆藏编号：4001。系殖民地时期铸造的克伦族铜鼓。
鼓高 41.5、铜鼓面径 59、胸径 54.4、腰径 42.2、足径 44、壁厚 0.28 厘米。

　　鼓面中心太阳芒共 14 芒，芒体纤细，芒根之间翎眼纹。1、2 弦分晕，共 16 晕：
第 1、9 晕栉纹，第 2、6、11、15 晕双行谷粒纹，第 3 晕鸟纹，第 4 晕变形羽人纹，
第 5、10、14 晕谷粒纹，第 7、8、12 晕鱼纹、鸟纹（2 条鱼、2 只鸟为一组，共 4 组
环绕），第 13 晕圆圈圆点纹，第 16 晕光素。单蛙 4 只逆时针环立，蛙体单薄。鼓面
边缘稻穗纹。鼓胸 1、2 弦分晕，共 6 晕：第 1、4 晕栉纹，第 2、6 晕双行谷粒纹，
第 3、5 晕谷粒纹。鼓腰 1、2 弦分晕，共 9 晕：第 1、5 晕光素；第 2、8 晕双行谷粒
纹；第 3、7 晕谷粒纹；第 4 晕栉纹；第 9 晕上部为叶脉纹，下部光素，一侧鼓耳下
方饰有水稻一株。鼓足微外撇，1、2 弦分晕，共 3 晕：第 1 晕栉纹，第 2 晕双行谷
粒纹，第 3 晕双行纹。双耳 2 对，耳上稻穗纹。鼓身有假合范线 2 道。

图 6-16 黑格尔Ⅲ型之 TTG2 号铜鼓

现藏克伦邦丹东市丹东支镇第一社区吴莫贝家。鼓身多次修补。
鼓高 46.2、面径 60、胸径 53、腰径 43、足径 48、壁厚 0.2 厘米。

鼓面中心太阳纹 12 芒，芒体纤细，芒间无纹。3 弦分晕，共 16 晕：第 1、4、9、13 晕栉纹，第 2、5、8、10、14 晕圆圈圆点纹，第 3、7 晕羽纹，第 6、11、12 晕方鸟纹、菱形纹（3 个鸟纹、3 个菱形纹为一组，共 4 组），第 15 晕雷纹，第 16 晕光素。鼓面边沿双叠蛙 4 组逆时针环立，蛙体纤细。鼓面边缘稻穗纹。鼓面外延 3.5 厘米。鼓胸 3 弦分晕，共 3 晕：第 1、2 晕圆圈圆点纹，第 3 晕几何回纹。鼓腰 3 弦分晕，共 9 晕：第 1 晕上部饰叶脉纹，下部光素；第 2、3、7、8 晕圆圈圆点纹；第 4、6 晕栉纹；第 5 晕光素；第 9 晕上下部均饰叶脉纹，中间大部光素。鼓足 3 弦分晕，共 3 晕：第 1、3 晕圆圈圆点纹，第 2 晕栉纹。双耳 2 对，耳体饰弦纹，耳根饰稻穗纹。其中一侧鼓耳之下，自上而下立有田螺 2 只和下行大象 2 只。假合范线 2 道对称分布。

图 6-17　异形铜鼓之 CC1 号铜鼓

现藏克耶邦天主教堂主教管区中心，是克耶族的一面丧事铜鼓，鼓体厚重。
鼓高 27、面径 41、胸径 41、腰径 34.5、足径 38.5、壁厚 0.5 厘米。

鼓面中心太阳纹共 8 芒，芒体粗短，成三角形，光体肥硕。2 弦分晕，共 6 晕：第 1、3、5 晕栉纹，第 2 晕十二生肖环绕，第 4 晕菊花纹，第 6 晕十二生肖环绕（每 3 个生肖之间立青蛙一只，头朝鼓心）。鼓面边缘饰弦纹。鼓面外延 0.6 厘米。鼓胸 2 弦分晕，共 2 晕：第 1 晕双龙戏珠 2 组；第 2 晕菩提叶纹，叶尖朝下。鼓腰 2 弦分晕，共 4 晕：第 1、3 晕栉纹；第 2 晕菊花浮雕纹；第 4 晕菩提叶纹，叶尖朝上；第 4 晕合范线上各立有蜘蛛和蚂蚱 1 只。鼓足外撇，素面。单耳 2 只，上耳根饰狮子 1 头，口含耳体。鼓身有假合范线 2 道。

第六章　缅甸铜鼓文化：源于滇越的播化

图 6-18　异形铜鼓之 CC2 号铜鼓

现藏克耶邦天主教堂主教管区中心，克耶族的一面丧事铜鼓，鼓体厚重。
鼓高 21.2、面径 35、胸径 35.5、腰径 32、足径 34.5、壁厚 0.5 厘米。

鼓面中心太阳芒共 8 芒，芒体粗短，成三角形，光体较大。1、2 弦分晕，共 5 晕：第 1、4 晕栉纹，第 2 晕十二生肖浮雕逆时针环绕，第 3 晕乳钉纹，第 5 晕酉形纹。鼓面第 5 晕立有浮雕青蛙 4 只，头朝中心的太阳纹。鼓胸 2 弦分晕，共 1 晕，饰菩提叶纹，叶尖朝下。鼓腰 2 弦分晕，共 3 晕：第 1 晕栉纹，第 2 晕 15 朵菊花浮雕纹（在两条假合范线上各立有蜘蛛、蚂蚱一只），第 3 晕工字纹，第 3 晕合范线上饰有蚂蚱一只。鼓足外撇，素面。单耳 2 只，耳体为圆形，耳上带环，上耳根饰狮子 1 头，口含耳体。鼓身有假合范线 2 道。

图 6-19　异形铜鼓之 CC6 号铜鼓

现藏克耶邦天主教堂主教管区中心。

鼓高 34、面径 35、胸径 35、腰径 32、足径 35.5、壁厚 0.35 厘米。

　　无耳。鼓面中心一条龙，腾云驾雾状。1 弦分晕共 3 晕：弦为乳钉状，第 1 晕花朵纹，花朵之间为十二生肖中文字体——牛、鼠、猪、狗、鸡、猴、羊、马、蛇、龙、兔、虎；第 2 晕以乳钉纹分隔 12 等分，对应第 1 晕中文字体的生肖像；第 3 晕花瓣纹、鱼纹，鱼纹上饰菊花纹，12 个花瓣 12 个鱼纹顺时针环绕。鼓面边缘饰稻穗纹。鼓面外延 0.5 厘米。鼓胸无弦，饰开屏孔雀 31 只，环绕一圈。在 2 道假合范线上，上立上行龙，下立下行龙，中立上行大象。3 圈乳钉纹将鼓腰分为 3 晕：第 1 晕十二生肖环绕，间饰花朵纹；第 2 晕饰十二生肖的中文字体，对应第 1 晕的十二生肖，间饰如意纹；第 3 晕如意纹一圈。腰与足之间饰一圈稻穗纹，鼓足饰西形纹一圈。

图 6-20　异形铜鼓之 CC9 号铜鼓

现藏克耶邦天主教堂主教管区中心。
鼓高 29、面径 30、胸径 38、腰径 34、足径 40、壁厚 0.3 厘米。

　　鼓面中心太阳纹 8 芒，光体较大，芒体粗短，成三角形。2 弦分晕，共 6 晕：第 1、4 为栉纹，第 2、5 晕勾连雷纹，第 3、6 晕十二生肖浮雕环绕。鼓面边沿 4 只单蛙头朝中心太阳纹而立。鼓胸 2 弦分晕，共 2 晕：第 1 晕，浮雕龙纹环绕；第 2 晕菩提叶纹环绕，叶尖朝下。鼓腰 2 弦分晕，共 2 晕：第 1 晕浮雕菊花纹；第 2 晕上部光素，下部浮雕龙纹环绕。鼓足 2 弦分晕，共 2 晕：第 1 晕勾连雷纹，第 2 晕光素。

第三节
缅甸铜鼓源于滇越

从缅甸已发现的铜鼓来看，缅甸早期使用的黑格尔Ⅰ型铜鼓的年代应大体相当于中国战国至东汉时期。那么，这些铜鼓是如何起源的？是当地铸造，还是从外地传来的？铸造或使用这些铜鼓的是什么人？

根据现有的资料，在缅甸这片土地上，大约在公元前 1500 年就有了青铜文化。1998—2001 年间，缅甸文化部考古局主持了对奈甘（Nyaunggan）墓葬遗址的发掘工作。奈甘墓葬遗址座落在下钦敦区实皆县布达林镇的奈甘行政村的伊娃塔村（Ywatha）西南 2.4 公里处，西边和南边濒钦敦江和邦尼亚山脉，东临穆江和伊洛瓦底江，处于生成钦敦江的火山带上。该区域传统上被称为 Tampadipa（铜都），蕴藏有非常丰富的铜矿。奈甘墓葬遗址出土有石器、陶器，以及镞、斧、钺等青铜器 ①。据英国考古学家摩尔研究，这些青铜器的年代是公元前 1500 年 ②。

缅甸青铜文化自发生之初就与中国有密切关系。奈甘遗址周围大多为非金属器文化遗址，所以，这些青铜器标志着奈甘遗址是上层贵族集团的墓葬区，其随葬器物为后来的萨莫（Samon）河流域的文化所模仿。自 1998 年以来从缅甸中部的萨莫河流域出土的青铜器被认为是一种新的青铜-铁器时代文化。这些遗址最集中地沿着短短的萨莫河分布，但从汗林（Halin）到勒卫（Lewe）沿着一条 230 公里的南北轴线附近都有遗址散布其间。萨莫文化的年代在公元前 900 年至公元 400 年之间。据英国学者摩尔研究，缅甸中部的萨莫河流域出土的青铜器与云南昆明南边 80 公里处的李家山出土的青铜器惊人地相似，其年代与早期滇墓的年代重叠。萨莫文化的大部分器物在缅甸之外没有发现。萨莫河流域和上缅甸可能在公元初就在汉朝的控制之下，因而具有中国文化色彩。

---

① Elizabeth Howard Moore, *The Pyu Landscape: Collected Articles.* Published Under the Auspices of the Department of Archaeology, National Museum and Library Ministry of Culture, Republic of the Union of Myanmar, 2012，p.3.

② Ibid., p.21.

萨莫地区的某些青铜器是从昆明附近的石寨山和李家山输入的，其中包括黑格尔Ⅰ型铜鼓。在萨莫河流域和云南的遗址之间，还有相似的埋葬习俗。这些情况都说明缅甸中部和云南之间的交流。其间最重要但非唯一的路径从曼德勒沿伊洛瓦底江朝东北至穆塞（Muse），到达现在的中缅边境。最早的萨莫河流域居民可能为石寨山和李家山文化的主人——滇池和星云湖周围的居民提供了避难所，而萨莫文化随着汉朝统治加强，器物越来越"中国化"，最终走向消亡①。

由此看来，缅甸的黑格尔Ⅰ型铜鼓乃从云南传来，而先秦至汉代分布于云南滇池一带的族群是"滇越"。《史记·大宛列传》云："昆明之属无君长，善盗寇，辄杀略汉使，终莫得通。然闻其西可千余里有乘象国，曰滇越。"《史记·西南夷列传》载："西南夷君长以什数，夜郎最大；其西靡莫之属以什数，滇最大"，"滇王者，其众数万人"，说明"滇"是一个族群，"滇国""滇池"均由"滇"这个族群得名。"滇"是百越的一支。李昆声先生曾对滇池地区出土的青铜器物中具有百越文化特征的文物作了论证：其一，百越为稻作民族，普遍种稻，滇池区域出土的青铜器中有大量青铜农具；其二，越人以使用铜钺而得名，滇池区域青铜文化中发现不少铜钺；其三，百越民族精于纺织，滇池地区出土有青铜器纺织工具，青铜器上也有纺织场面的纹饰；其四，越人跣足，而滇池地区出土的青铜器人像上，均不见有着履者。此外，铜鼓文化、以图代文、贵重海贝、羊角钮钟、一字格剑等百越民族特征，在晋宁石寨山、江川李家山的出土文物中大量存在②。关于滇国的记载，虽始于《史记》，但张增祺先生认为："滇国出现的时间至迟不晚于战国初期，战国末至西汉为全盛时期，西汉后期走向衰落，东汉初叶被中原王朝的郡县制所取代。滇国存在的时间大致有500年左右，即公元前5世纪中叶至公元1世纪。"③"滇越"是使用铜鼓的民族，正是他们创造了万家坝铜鼓和石寨山铜鼓。而随着"滇越"与缅甸族群的交往，铜鼓从云南流传到缅甸。

铜鼓从云南传播到缅甸，既是民族文化交流的结果，也可能伴随着人的迁徙而进行。因为北方族群和政权的强大与扩张常给滇越以南迁的压力。楚顷襄王时（前298年—前263年），曾"使将军庄𫏋将兵循江上，略近巴、黔中以西……至滇池，方三百里，旁平地，肥沃数千里，以兵威定属楚"（《史记·西南夷列传》）。秦始皇时，曾攻

---

① Elizabeth Howard Moore, *The Pyu Landscape: Collected Articles*. Published Under the Auspices of the Department of Archaeology, National Museum and Library Ministry of Culture, Republic of the Union of Myanmar, 2012, pp.19-33.

② 李昆声：《云南考古材料所见百越文化考》，载《贝叶文化论》，云南人民出版社1990年版，第49-67页。

③ 张增祺：《滇国及滇文化》，云南美术出版社1997年版，第11页。

破滇国，并开通五尺道至当地，只是秦朝灭亡后，交通再度中断。汉武帝元封二年（前109），汉朝占领滇国，并置益州管辖，滇国由此被纳入了汉王朝的疆域。在这些时间节点上，出现着较大规模的人员迁徙应是可能的。

缅甸使用黑格尔Ⅲ型铜鼓，如前所述，应始于骠人。骠人进入中国人的视野是在晋代，《西南异方志》和《南中八郡志》中首次出现了"骠"这一名称。但据缅甸史籍记载和考古资料，骠人在公元1世纪就已经建立有毗湿奴城[1]。有人因此认为，骠族在公元前几世纪就已进入缅甸[2]。关于骠人的族源，众说纷纭。缅甸学者多认为，骠人就是缅人，是缅甸的原住民。此说作为缅甸的主流观点，写进了《缅甸大百科全书》和《缅甸基础政治史》等重要著作中。英国学者哈威（G. E. Harvey）[3]、中国学者方国瑜[4]和陈茜[5]等人亦持类似观点；但英国学者卢斯（G. H. Luce）认为，骠人源自中国西北的羌族；岑仲勉认为，骠人可能是彝族的一支或相近族类，从云南来[6]；赵嘉文认为，骠人是中国古籍中的昆仑人，属于孟-高棉语族；何光岳认为，骠人是中国古代百越民族的一支；李谋则认为，骠即白，白即骠，骠、白本属同族两支[7]。

骠人制作或使用铜鼓或是受到滇越人及其后裔持续的文化侵染和影响所致。公元前109年滇国被灭之后，滇国和滇族被逐渐分解，有的被融合、同化，有的则避走进入缅地。东汉史籍中，不再有滇越之称，而代之以掸。掸国，就是滇越西迁至怒江以西、伊洛瓦底江上游地区建立起来的国家，掸国的后裔也是现在的掸族。掸国崛起后，与南部的骠国频繁冲突，直至586年灭亡。

自"太和六年，南诏掠其民三千，徙之柘东"（《新唐书·南蛮传下·骠》）之后，骠国之名罕见于中国史籍，因而人们一般认为骠国大概在832年为南诏所灭。此后尽管骠国原来的领土上依然有骠人居住（据缅甸学者考证，849年建成的蒲甘就是从"骠人之村"演变而来[8]），但缅人在蒲甘逐渐取代骠人成为了主导民族。缅人的族源最远可追溯到中国古代的氐羌族群，不同时期的氐羌部落相会于云贵高原，最后发展成为今

---

① 李谋：《缅甸与东南亚》，世界图书出版广东有限公司2014年版，第30—31页。

② 钟智翔、尹湘玲：《缅甸文化概论》，第15页。

③ ［英］G. E. 哈威著、姚楠译：《缅甸史》，商务印书馆1957年版，第35页。

④ 方国瑜：《古代中国与缅甸的友好关系》，《东南亚》1984年第4期。

⑤ 陈茜：《试论缅族的形成问题》，《东南亚资料》1982年第2期。

⑥ 岑仲勉：《据〈史记〉看出缅、吉蔑（柬埔寨）、昆仑（克伦）、罗匐等族由云南迁出》，《中山大学学报》1959年第3期。

⑦ 李谋：《缅甸与东南亚》，第30-40页。

⑧ 同上书，第32页。

藏缅系民族①。本来生活在中国西北的氐羌族群是游牧民族，由于受到华夏民族的挤压，为逃避战争，逐步南迁。到 7 世纪，其中一支白狼羌（即麾莫人）南迁至云南洱海一带，8 世纪进入缅甸境内。由于骠国已灭，骠族式微，麾莫人的势力逐渐壮大。与此同时，由于进入缅甸后，自然环境发生了变化，加上受骠人、孟人的影响，麾莫人逐渐转变成为一个农耕民族。1044 年，缅人首领阿奴律陀建立了缅人的第一个统一王朝——蒲甘王朝，这标志着缅族的形成②。正如有的学者所说，缅族是当地原住民与后来的骠人及麾莫人经过长期融合逐步形成的③。

从现有的材料看，铜鼓没有进入缅族文化。其中原因或许是因为缅族先民本是游牧民族，与反映稻作文化的铜鼓文化本无渊源，待到与骠人、孟人融合，转型为农耕民族时，佛教文化对缅甸的影响已非常强劲，缅族作为主体民族没有受到已处于边缘地位的铜鼓文化的影响，是合理的。

但铜鼓文化却在克伦族等民族中得到了延续和传承。克伦族也起源于中国，本是居住于澜沧江上游的一个游牧民族，是古氐羌族群中较早南下的一支，大概在 8 世纪进入伊洛瓦底江西岸的敏布地区；9 世纪继续南下，抵达伊洛瓦底江三角洲和萨尔温江下游定居。在这个历史过程中，克伦人也逐渐转变成为一个农耕民族。或许是由于克伦族一直是少数民族的缘故，铜鼓文化得以传承。

① 钟智翔：《缅语的文化源头及其历史时期划分》，载李谋、李晨阳、钟智翔主编《缅甸历史论集——兼评〈琉璃宫史〉》，社会科学文献出版社 2009 年版。

② 同上。

③ 李谋：《缅甸与东南亚》，第 46 页。

第四节
缅甸铜鼓传承于克伦和克耶

如今缅甸依然使用铜鼓的，只有克伦族和克耶族。

据了解，现在缅甸克伦族基本上每个村子都有铜鼓，一般一两面，或三四面。每逢新年、婚礼、婴儿命名或丧礼等，都使用铜鼓。没有铜鼓的人家或者寺庙要开展活动需用铜鼓时，可借用。但铜鼓的使用是严肃神圣的事情，只有在重大场合才使用，平时若无故敲击铜鼓，据说会给村子里的人招来不幸。

克伦族人传说自己祖先居住在湄公河源头，后迁徙至"瓦"地区（现果敢），该地区盛产铜，故大量铸造铜鼓，铸鼓师傅有男有女，据说女铸鼓师傅手艺更精湛。在"瓦"地区共有七种铜鼓，女铸鼓师傅铸造的铜鼓有三种，男铸鼓师傅铸造的铜鼓有四种。

克伦人认为铜鼓是神圣的宝器，其来源是神奇的。有个传说在克伦族中间广为流传：

在很久很久以前，克伦农民普摩多育有七个儿女，住在深山中，以种植业为生。山中野兽常常来破坏农田，所以他迁移到了另一座山中。但是，新迁至的地方猴子众多，也会经常来偷取地里的果实吃，甚至会到家里的粮仓偷吃粮食。一天，他又发现粮仓里的粮食少了，并且发现了粮食上有类似人的脚印。所以，他把一只白色的虫子截为两节，分别放入自己的两个鼻孔，躺在粮仓里装死。正午，像人一样直立行走的猴子们又来到粮仓偷吃粮食，却发现了普摩多鼻孔里有虫子，故认为普摩多已被虫子咬死，所以把他抬回它们居住的山里，准备给他火葬。猴子们把普摩多放在四个铜鼓上，吟诗痛哭。到了晚上，母猴赛歌并比谁更美。这时，普摩多忍不住笑出声来，猴子四散而逃，只留下了首领。普摩多把猴子首领叫到跟前，对它说：根据古训，葬礼上为死者准备的东西尽归死者所有，要随死者而去，所以，现在你们准备的这些东西都归我了。猴子首领不能违抗古训，所以把现场的东西包括四面铜鼓都给了普摩多。普摩多去世后，他的后人在铜鼓这份遗产的分配上产生分歧，其中一人偷偷地把铜鼓拿到了克伦邦佐阁彬山上的瀑布后的溶洞里藏了起来。从山上流下水中含有铜鼓的气息，故在瀑布下沐浴的人会远离疾病，身体强健，因此直到现在，仍有很多人慕名来到该处沐浴游泳。而当年偷偷拿铜鼓到溶洞中藏起来的人，他的子孙后代都患有眼疾。

在现实生活中，克伦人视铜鼓为有灵性之物。他们把铜鼓分为两种：喜庆用的和丧事用的。后者不能放在家里，只能放在寺庙里、森林里或者洞穴中，当丧事发生才会去取来使用。丧事中，丧主家里彻夜敲击丧事铜鼓，有时还会把铜鼓倒置过来，敲击鼓足边缘；铜鼓一般不会放置于低处，而是置于高处。铜鼓有时不敲自响，人们认为这是即将有人去世的征兆，要用公鸡、母鸡以及两瓶酒来供奉铜鼓。克伦人还将铜鼓分为清凉铜鼓与燥热铜鼓，清凉铜鼓会使人神清气爽，万事顺利；燥热铜鼓会流泪，克伦人认为不吉利，要用鸡血、鸟血或酒擦拭鼓身并祭神。在克伦邦丹东市丹东枝镇第一社区就流传着这么一个故事：从前，当地一户人家买了一面铜鼓，放在家里，发现铜鼓在默默流泪，觉得不吉利，便卖掉了。

在克伦人心目中，铜鼓还曾是财富和权势的象征，铜鼓上青蛙的数量代表了铜鼓的价值。

传说古时候一个克伦村子里，有一个很贫穷的寡妇，名叫"皮东农"，意为"孤独的老太太"。因为没有子女，没有亲人，孤苦伶仃，觉得羞耻，故而远离村子，到山里居住。她在山里自力更生，种了很多作物，而且长势喜人。她见状非常欣喜，感觉这些足够她吃一年了。尝新节来临前的一天夜里，她正要去收割作物，却听到了世界毁灭般的吵闹声。她急忙出去看，发现一大群象正在她的田地里高兴地狂吃着作物，毁坏了很多庄稼。她很害怕，也很难过，躲在一旁偷看。这些大象不是普通的野象，而是国王的御用战象，因为她看到了象身上的标志，也看到了赶象的士兵。她亲眼看到了自己的农田被毁，也打听到国王及其部队就驻扎在村子附近，却不敢去找国王索要赔偿。如何去讨回自己的损失？她向村子里的人求助。村里一位智者给她出了个主意：国王公正、富于同情心，可以到国王那里击鼓鸣冤。老太太听从建议，到王宫击鼓喊冤。国王的一个大臣出来问清原委后，束手无策，因为被告是国王，所以大臣也无计可施。最后，有人建议利用铜鼓。由老太太在铜鼓鼓面上加上了三叠蛙，然后在御前敲鼓。国王看到加了三叠蛙的铜鼓，立刻意会到了老妇人的用意。最后，赔偿了老妇人 300 钱。

从此以后，铜鼓上的青蛙数量也就代表了铜鼓的价值。

图 6-21　克伦族的一个家庭及其铜鼓

铜鼓现在依然是克伦人家的传家宝。有些人把粮食存放在铜鼓内，认为这么存放，粮食便会吃不尽，而且吃了里面的粮食会不生病，所以也有人把铜鼓存放在粮仓里。一般来说，铜鼓是由父亲传给儿子，一辈一辈往下传。如果只有一面鼓，而有 2 个儿子，就传给为之养老送终的儿子。如果没有儿子，亦可传给女儿。

克伦族视铜鼓为传家宝，一般是由父亲传给儿子，但也有例外。克伦邦丹东市丹东支镇第一社区诺列图家就是一个例外。她家的铜鼓是由她丈夫的爷爷直接传给她丈夫的。因为她丈夫的爷爷健在时，她丈夫已长大成人。后来她丈夫突然逝世，对铜鼓的传承没有交代，铜鼓便由她处理。她只有两个女儿，没有儿子。往后铜鼓将传给为她养老送终的女儿。这是诺列图和她的两个女儿与铜鼓。

克耶族原称"克伦尼"，意为"红克伦族"，1951 年 10 月 5 日从克伦族中分出，改为克耶族。克耶族受掸族影响较大，民众普遍信仰佛教，少数信仰基督教。据了解，克耶族现在保有和使用铜鼓较克伦族更普遍。在克耶邦垒固市的克耶族人家，基本上每户

图 6-22　克耶人打铜鼓庆祝入住新居场面

都有一面铜鼓。不仅新年、结婚、婴儿命名、入住新居、丧葬等典礼时使用铜鼓，有灾难时也用铜鼓，如天旱无雨也使用铜鼓举行求雨仪式，一边敲鼓，一边跳舞；人生病时，将铜鼓取出来清洗后，用槟榔供祭它以祛病。平时，铜鼓被放置在佛龛下面，或谷仓里。需取出来使用时，要先拜一下，然后用皂角水洗涮。如果不按规矩取用，用后不能再放回家里，否则可能会冲撞家里。人们非常爱护铜鼓，使用时十分小心，时常还会在铜鼓上涂清漆或金粉、银粉等涂料，防止磨损。

　　在克耶人心目中，铜鼓有神力，是求雨的神器。克耶人的一支克阳人中有一个关于铜鼓起源的传说：生活在黄河流域的克阳族祖先，当时使用着一种叫做"小红铁鼓"的神器，只要敲打该神器便会获得食物。在民族迁徙的过程中，该神器却不知去向了。后人试图重新研制该神器，虽然研制出来了，但却没了魔力，故而被用作烹饪的器皿。渐渐地人们发现，如果在制作的过程中念某些咒语，这些器皿就会招来降雨，这些特别的器皿因此被单独划分出来当做求雨神器，慢慢演变成了后来的铜鼓，这一类铜鼓被赋予了新的名称"格隆銮"（音译），意为有求必应鼓。

与克伦人一样，克耶人也把铜鼓分为喜庆用的和丧事用的两类。前者鼓面上的蛙是环立，而后者鼓面立蛙两两相对，而且，丧事用的铜鼓花纹较少或素面，鼓身一般无大象、田螺装饰。

但在铜鼓的使用上，克耶人与克伦人稍有不同。如今克伦人往往是单个使用铜鼓，而克耶人常常是成组地使用铜鼓，这在克耶族九个支系之一的克约人（Kayaw）中最为明显。传说，克约人是最先使用铜鼓的族群，本来他们的铜鼓是七面一组的，代表七个音阶，后来代表最前和最后音阶的铜鼓分别送给了克耶人和克伦人，就剩下五面了。现在几乎所有仪式上使用铜鼓都是五面一组地使用。

克耶人将铜鼓与青蛙崇拜联系起来。他们认为，青蛙叫了天才下雨，下雨了，河流水位高，才能从上游往下游运木头，人们才能过上幸福生活。克耶人因此视青蛙为恩人，给铜鼓铸上青蛙，青蛙越多越吉祥，之所以有的鼓面立单蛙，有的立三叠蛙，他们认为可能与财力有关。

虽然在1960年代之后，克耶人铸造铜鼓的传统工艺已失传，但人们至今依然清楚地记得制造铜鼓对于他们是多么神圣肃穆的事情。事前要选定吉日，开工前，要用一碗

图 6-23　克伦族和克耶族从前铸造铜鼓的范和坩埚

米，点上蜡烛，用芭蕉叶做成漏斗状，装上湿茶叶，插在碗中，摆在炉灶前，供祭灶神。制作铜鼓期间，工匠要守戒，不能饮酒、吃荤，不得行房，不得说脏话。

克耶人相信铜鼓是有灵性的重器。在克耶邦垒固文化博物馆及周边地区，广泛流传着一些关于铜鼓神奇的传说和故事。其中很多传说和故事是围绕着该馆所藏的那面由猎人所获、历经周折、最后因朋友间官司纠缠而由法院判给博物馆的铜鼓展开的。

传说一：该铜鼓一般人不能随便触摸，特别是女人，一旦触摸，浑身发痒。自从该铜鼓进入该馆后，逢初一、十五，周边群众常听见鼓声，其实无人敲击，是铜鼓自己发声的。曾有一个住在博物馆旁边不远的老伯，在2006年12月的一个夜晚，听见博物馆有铜鼓声响了一夜，老伯觉得很好听。第二天，老伯来问博物馆工作人员是敲哪个铜鼓发出的声音，博物馆工作人员很奇怪，因为根本没人敲鼓，所以也无从知晓是哪个铜鼓的声音。老人非要打破砂锅问到底，便逐一将博物馆所藏的16面铜鼓敲了个遍，终于辨别出是那面铜鼓的声音。

传说二：该铜鼓是一面母鼓，与她相配的是保存在该市另一户人家里的公鼓，守护它的是男神，据说也曾显身，是一个很帅的小伙子。这家人曾被托梦说母鼓在博物馆，要主人买回去与之团聚。所以这家人一直与博物馆交涉，要购买该母鼓，博物馆不答应。这家人便常来博物馆看望此母鼓，特别是家里有不好的事情发生，或梦见了铜鼓的时候，还来用皂角水为母鼓清洗，并带一些传统食物前来供祭她。

传说三：该母鼓的守护女神是一个美丽女人，常显身作祟。有一次，周边社区举行一个庆典，借此铜鼓去演奏。演出时，一个帅气的男演员演着演着就不由自主地离场，径自而去。待人们再找到他时，发现他已晕倒在场外。他醒来后说，是一个漂亮女人拉着他的脖子走的。

还有一次，有两个工人在博物馆附近施工，其中一个比较帅气的工人看见一个漂亮姑娘在旁边，提醒工友小心，别碰着那个姑娘，让他的工友很奇怪，因为事实上旁边根本没人。过后不久，那位帅气的工人病倒了，到医院怎么检查都查不出是什么病，只好去问算命先生。算命先生说，那位工人的灵魂出窍了，要招魂回来，病才会好。人们相信，摄走那位工人灵魂的是他看见的那个漂亮姑娘，而那个漂亮姑娘就是那个母铜鼓的守护神显的身。

第七章

印度尼西亚铜鼓文化：舶来品与本土化

2017年8月21-27日和2018年1月4-17日，广西民族大学民族研究中心与印度尼西亚世界大学（Universal University）合作进行了印尼铜鼓文化的调查，先后到雅加达、古邦、阿洛岛、巴厘岛、斯拉雅进行调查。此后，世界大学的唐根基（Herman）作为本课题的合作者于2018年8月-2019年4月间在印尼继续开展多次调查，调查范围包括苏门答腊岛的占碑省、明古鲁省、苏南省、南榜省，爪哇岛的万登省、雅加达、万隆、三宝垄、梭罗、日惹、泗水，巴厘岛，加里曼岛的坤甸，苏拉威西的锡江和斯拉雅儿岛，西努萨登呷拉群岛的隆目岛，东努萨登呷拉群岛的古邦岛、阿洛岛、弗洛勒斯岛、班达尔岛等27个地方。这些调查使我们进一步认识到，印尼铜鼓文化与东南亚所有铜鼓文化一样可追根溯源至中国，但印尼的铜鼓文化经历了从舶来品到本土化的历史，铜鼓文化在印尼的一些族群里至今生机益然。

第一节
印度尼西亚铜鼓研究回顾

印度尼西亚地处印度洋和太平洋、亚洲和大洋洲之间，领土横跨赤道，南北宽约1900千米，东西绵延约5100千米，由不少于17508个大小岛屿组成，北部的加里曼丹岛和新几内亚岛分别与马来西亚、巴布亚新几内亚相连，东北部面临菲律宾，东南部是印度洋，西南与澳大利亚相望，是东南亚地区面积最大的国家，也是世界上岛屿最多的国家。印尼是继中国、印度、美国之后的世界第四人口大国，根据2000年人口普查并于2005年公布的官方数字，印尼人口为2.2亿，但人们普遍认为，印尼人口实际数量为2.4亿①。印尼民族众多，全国共有100多个民族，在总人口中，爪哇族占47%，巽他族占14%，马都拉族占7%，其他较大的民族还有米南加保族、巴达克族、马来族、亚齐族、巴厘族、达雅克族、托拉查族、望加锡族、布吉斯族等，有些民族又分成许多不同的部族，全国有300多个部族之多②。王任叔曾在《印度尼西亚古代史》中对印度尼西亚的民族结构作过概括："印度尼西亚民族里面有：爪哇族、巽他族、马都拉族、马来族、亚齐族、米南加保族、巴塔族、巴邻旁族、南榜族、达雅克族、曼雅尔族、米那哈沙族、武吉斯族、托拉查族、望加锡族、巴厘族、沙沙克族、马鲁古族、帝汶族、沙布族、西伊里安各族以及其他许多族。其中爪哇族最大，其次是巽他族、马都拉族、米南加保族、巴塔族等。长久以来就是以马来族分布最广，他们散布在苏门答腊岛东海岸、苏门答腊与加里曼丹之间的各个岛屿，以及加里曼丹的沿海地区，各族除了接受以马来语为基础的印度尼西亚语以外，还各有自己的语言，各族的文化水平不一样，但都有悠久的历史。……印度尼西亚民族是有许多族构成的，虽然各族具有不同的语言和不同的文化水平，但他们起源于一个民族共同体。他们的语言同属一个语系，文化同属一个系统。"③

---

① ［澳］史蒂文·德拉克雷著、郭子林译：《印度尼西亚史》，商务印书馆2014年版，第1页。

② 唐慧等编著：《印度尼西亚概论》，世界图书出版广东有限公司2012年版，第1页。

③ 王任叔：《印度尼西亚古代史（上）》，中国社会科学出版社1987年版，第6页。

印度尼西亚历史悠久。"爪哇人"化石表明，早在100万年前，就有直立人生活在印尼境内。尽管现在有研究认为，直立人并非现代人类的直系祖先，他们在后来崛起的智人（现代人）走出非洲后就灭绝或在此之前就灭绝了。但"瓦查克人"等人类化石[1]的发现说明，印尼有智人的历史也是非常久远的。澳大利亚学者史蒂文·德拉克雷（Steven Drakeley）认为："根据当前的观点，印度尼西亚人主要是太平洋中南部诸岛语族（最初指的是南部蒙古人种）的后裔，他们早已从中国南部经由台湾和菲律宾慢慢地向外扩散，大约五千年前开始到达印度尼西亚。……一小部分印度尼西亚人由群岛较早期占据着澳大利亚-美拉尼西亚人演化而来，澳大利亚-美拉尼西亚人的后裔幸存于新几内亚岛和一些孤立的地区，他们是具有明显特征的种群，例如马来半岛的塞芒人。在整个印度尼西亚的大部分地区，这些较早的居民或许经过很多个世纪的发展，逐渐地与大量太平洋中南部诸岛语族混合起来，最终形成了当代印度尼西亚人。由于近代历史的发展，现在的很多印度尼西亚人都有印度人、阿拉伯人、中国人或欧洲人的血统。"[2]

印度尼西亚的早期居民以采集和狩猎为生，而后，太平洋中南部诸岛族移民带来了稻作农业，在爪哇岛、巴厘岛等适宜稻作地区强化了人类的定居模式，逐渐形成了大型定居点，为国家的出现创造了条件。加里曼丹东部的古戴（Kutai）王国和西爪哇的多罗磨（Taruma）王国的出现，表明至迟在公元400年前，印尼已有了国家形态。

3—7世纪，印尼建立了一些分散的封建王国，如阇婆婆达（或阇婆达）、婆皇（或婺皇）、诃罗单（或诃罗陀）、干陀利（或斤陀利）和婆利等。7世纪末期，印尼历史上第一个强大的帝国室利佛逝（Sriwijaya）兴起于苏门答腊东南部，并逐渐成为一个跨岛屿的地区强国和当时东南亚最大的贸易中心、佛教文化中心。13世纪末至14世纪初，印尼历史上最强大的麻喏巴歇（Madjapahit 或 Modjopahit）王国在爪哇建立。15世纪，葡萄牙、西班牙和英国先后侵入。1596年荷兰入侵，对印尼进行殖民统治。1942年日本占领印尼，1945年日本投降后，印尼爆发八月革命，8月17日宣布独立，建立印度尼西亚共和国，而后又先后武装抵抗英国、荷兰的入侵，其间曾被迫改为印度尼西亚联邦共和国并加入荷印联邦。1950年8月重新恢复为印度尼西亚共和国，1954年8月脱离荷印联邦。

由于印尼是多民族国家，铜鼓在印尼有很多名称，阿洛人称之为莫科（Moko），马鲁古人叫之为蒂发（Tifa），巴厘人呼之为贝静（Pejeng），而最常用的是纳伽拉（Nekara）。

① 王受业、梁敏和、刘新生：《印度尼西亚》，社会科学文献出版社2006年版，第65页。

② ［澳］史蒂文·德拉克雷著、郭子林译：《印度尼西亚史》，第2页。

最早提到印尼铜鼓的学者是德国人 G. E. 拉姆菲乌斯（G. E. Rumphius），他在1705 年出版的《安汶博物馆》（D'Amboinsche Rarigeitkamer）一书中说：1687 年，塞鲁阿岛（Pulau Serua）百姓报告，在塞鲁阿岛的山顶上有一面铜鼓，据当地百姓传言，此鼓是雷鸣时从天而降的铜鼓，百姓称之为 *Tifa Guntur*（雷蒂发），荷兰语叫作 *Tympanum Tonitrus*，或 *Thunderarum*，是雷鼓的意思 [①]。1906 年，纽文坎（W. O. J. Nieuwenkamp）到巴厘岛吉安雅儿县贝静村调查时，命名了贝静型铜鼓。他认为贝静型铜鼓跟东南亚的黑格尔型铜鼓不同，形状苗条，鼓面从肩部凸出，肩部呈现圆筒形或直形，跟腿部一样 [②]。此后，国外学术界有关印尼铜鼓的研究一直不断，但多为零星涉及，专门介绍和研究印尼铜鼓的成果不多。1991 年，印尼学者林嘉琳（Katheryn M. Linduff）来广西南宁参加"中国南方及东南亚地区铜鼓和青铜文化第二次国际学术讨论会"，提交的论文《印度尼西亚与大陆的关系：受庇护人，殖民地还是贸易伙伴？》对印尼发现的铜鼓有一个比较全面的介绍和深入的研究 [③]。2013 年，印尼学者库斯纽·哈迪马（Khusnul Hatimah），在其著作《国家博物馆西努萨登呷拉铜鼓背后的文化》一书曾分析印尼国家博物馆里的铜鼓，探讨了西努萨登呷拉铜鼓背后的文化，此地铜鼓有辟邪的作用 [④]。2015 年，安汶（Ambon）考古学家马龙·拉拉马斯（Marlon Ririmasse）曾研究了马鲁古铜鼓的发现地及其文化 [⑤]。而中国学术界虽然知道印尼自古就有使用铜鼓的文化传统，但对印尼铜鼓文化的历史与现状大多语焉不详，不甚了了。

[①] 唐根基：《浅谈印尼铜鼓状况》，载李富强、徐昕主编：《中国东盟民族文化与人类命运共同体构建——第三届中国-东盟民族文化论坛论文集》，中国社会科学出版社 2021 年版，第 596 页。

[②] ［印尼］R. P. 苏加诺（R. P. Soejono）、R. Z. 勒利萨（R. Z. Leirissa）主编、唐根基译：《印度尼西亚历史——印尼史前时期的历史》（*Sejarah National Indonesia——Zaman Prasejarah di Indonesia*），Balai Pustaka Jakarta 出版社，2011 年。

[③] 林嘉琳：《印度尼西亚与大陆的关系：受庇护人，殖民地还是贸易伙伴？》，载中国古代铜鼓研究会编《铜鼓和青铜文化的新探索——中国南方及东南亚地区铜鼓和青铜文化第二次国际学术讨论会论文集》，广西民族出版社 1993 年版。

[④] Khusnul Hatimah, *Museum National: Nekara Makalamau sebagai "Material Culture"*, FIB. Universitas Indonesia, Jakarta, 2013.

[⑤] Marlon Ririmasse, "Material Culture Biographi: Diasphora of Bronze Kettledrums in The Moluccas Archipelago", *Balai Arkeologi Yongyakarta*, Yogyakarta, 16-06-2015.

第二节

印度尼西亚铜鼓的数量和分布

关于印度尼西亚铜鼓的数量和分布状况，至今没有一个权威的统计和说明。1991年，印尼学者林嘉琳向"中国南方及东南亚地区铜鼓和青铜文化第二次国际学术讨论会"提交的论文称，印尼有 20 个遗址发现铜鼓或铜鼓残片，有 7 个遗址发现莫科鼓 [①]。作者统计的只是从考古遗址发现的铜鼓的情况。

其实，铜鼓不仅是印尼的历史文物，而且是至今依然使用的物品。我们调查发现，从苏门答腊岛到巴布亚岛都有铜鼓的存在。由于印尼铜鼓有的存放于自己的家里、族屋、博物馆、寺庙，也有一些存藏在山上，很多无法统计。比如阿洛岛原有很多铜鼓，但 1913—1916 年间约有 2164 面铜鼓被荷兰政府熔毁；为保护自己的铜鼓，阿洛岛人除了把铜鼓存放于族屋和家里之外，有的还藏在树洞、山洞里，直到印尼独立之后，他们的后代开始寻找曾被藏的铜鼓，现在几乎家家户户都有铜鼓。但是，据不完全统计，博物馆、收藏家收藏且有文字记录信息的则不足 500 面。

一、苏门答腊岛

苏门答腊岛共有 11 面铜鼓，分布于占碑省 2 面、明古鲁省 3 面、苏南省 1 面、南榜省 5 面。

（一）占碑省

占碑省有 2 面铜鼓。一面发现于 1936 年，是在占碑省葛林吉湖（Danau Kerinci）南面的伽当（Gadang）茶园挖土时发现的，可惜已破损，只留下鼓面和几片鼓片，其面径 75 厘米，鼓面上有 4 只青蛙 [②]。另一面存放于葛林芝区西物腊·班让村族屋

---

① 林嘉琳：《印度尼西亚与大陆的关系：受庇护人，殖民地还是贸易伙伴？》，载中国古代铜鼓研究会编《铜鼓和青铜文化的新探索——中国南方及东南亚地区铜鼓和青铜文化第二次国际学术讨论会论文集》，广西民族出版社 1993 年版。

② A. N. J. Th. à. Th. van der Hoop, *Ragam-Ragam Perhiasan Indonesia*. The Hague: Koninkliijk Bataviaasch Genootschap van Kunsten en Wetenschappen, 1949.

（Rumah Adat di Siulak Panjang Kerinci），比较完整。

（二）明古鲁省

明古鲁省共发现 3 面铜鼓。2 面发现于明古鲁省勒章勒蹦镇（Rejang Lebong）布密沙丽村（Bumisari）：有 1 面铜鼓的鼓面已破，鼓脚破成两片，鼓高 41.5、面径 63 厘米；另一面铜鼓也不完整，鼓面已不见，只留下一点鼓胸，鼓腰与鼓足已不见，残高 50 厘米[①]。第 3 面 1914 年发现于明古鲁镇拉瑙湖附近孙贝查亚村（Sumberjaya），属于黑格尔 I 型铜鼓。

（三）苏南省

1931 年胡普（Hoop）研究苏南省铜鼓时发现，在巴色麻（Pasemah）石壁上刻画着正扛着铜鼓的人，有两个人边敲边扛着 1 面铜鼓，从其外形看很像黑格尔 I 型铜鼓；1933 年冯克（Vonk）在此石壁上也发现此铜鼓，估计与胡普所发现的一样。由此可知，虽然现在苏南省未发现铜鼓，但曾有过铜鼓。

（四）南榜省

南榜省发现 5 面铜鼓。1988 年索马德（Somad）在南榜省中南榜镇斯利弥诺沙丽村（Sri Minosari）挖土时发现了 1 面铜鼓，高 39、面径 39 厘米；同年穆加诺（Mujiono）在索马德家隔壁也发现很像 Phnom Penh 一样的铜鼓，可惜此鼓被偷；不久，他在同一地方又发现比较小的铜鼓，高 63 厘米，鼓面中心太阳纹 14 芒，现在存放于南榜省博物馆[②]；1991 年苏贝罗多太太（Ibu Subroto）在南榜省北南榜镇芒伽拉县（Manggala）班扎东伽尔查亚村（Panca Tunggal Jaya）自己家后园发现了一面比较完整的铜鼓，高59、面径 58 厘米，鼓面太阳纹 12 芒[③]；1937 年巴达维亚博物馆接受了一面来自南榜省格鲁衣村（Krui）的铜鼓，可惜已破碎。

二、爪哇岛

爪哇岛共发现了 43 铜鼓，包括 32 面鼓面有青蛙的黑格尔 I 型铜鼓，2 面鼓面无青蛙的黑格尔 II 型铜鼓，6 面贝静型铜鼓，1 面黑格尔 II 型铜鼓，1 面黑格尔 III 型铜鼓，1面黑格尔 IV 型铜鼓，还有几面已破碎的铜鼓。

（一）雅加达

据调查，雅加达自古至今没有发现过铜鼓，存放于雅加达的铜鼓都来自其他地区，

---

① D. D. Bintarti, 1993, *Atlas Prasejarah Indonesia.* Jakarta: Pusat Penelitian Arkeologi Indonesia.

② R. P. Soejono, 2011, *Sejarah Nasional Indonesia I,* Balai Pustaka, Jakarta. p.337.

③ D. D. Bintarti, 1992, *50 Tahun Lembaga Purbakala dan Peninggalan Nasional.* Jakarta: Pusat Penelitian Arkeologi Nasional Department Pendidikan dan Kebudayaa.

传播与创新

如雅加达国家博物馆存放着来自中爪哇的贝静型铜鼓和小樽铜鼓。此外，还有一些铜鼓来自桑厄昂岛、阿洛岛等。另外，有2面来历不明的铜鼓存放于雅加达国家考古中心，都属于黑格尔I型铜鼓，鼓面径79厘米和76厘米，鼓面上有太阳纹、鸟纹和4只青蛙；雅加达国宫存放着1面黑格尔II型铜鼓，据国宫的服务员说，此鼓是国礼，所以未能调查。

（二）万登省

万登省共发现了2面铜鼓，其出土情况不清楚，一面铜鼓是黑格尔I型铜鼓，另一面铜鼓是黑格尔IV型铜鼓[①]。

（三）东爪哇

东爪哇发现了4面铜鼓，包括3面黑格尔I型铜鼓和1面贝静型铜鼓。其中2面是弥迪克（Midik）1982年在东爪哇拉萌安镇（Lamongan）格东贝玲县（Kedungpring）格拉德南勒卓村（Krandenanrejo）挖田沟时发现的，一面是黑格尔I型铜鼓，高42、面径27厘米；另一面是贝静型铜鼓，高40、面径52.5厘米，鼓面中心太阳纹18芒，鼓胸、鼓腰和鼓足比较完好，可惜鼓面已破损，现存放于泗水Mpu Tantular博物馆[②]。另2面发现于都班镇（Tuban），一面发现于维乐兰村（Weleran）山丘上，可惜其鼓面已不见，只留下鼓身，高74、面径93厘米；一面发现于宋德鲁斯村（Song Terus），是比较完整比较小的黑格尔I型铜鼓，高17、面径18.5厘米[③]。

（四）日惹

日惹索诺补多优存放着4面铜鼓，1面黑格尔I型铜鼓，可惜只有鼓面；2面黑格尔III型铜鼓；1面莫科鼓。据说，前3面铜鼓来自隆目岛，而后1面莫科鼓来自阿洛岛。

（五）中爪哇

中爪哇省发现了32面铜鼓，包括24面有青蛙的黑格尔I型铜鼓，2面无青蛙的黑格尔I型铜鼓，5面贝静型铜鼓，2面黑格尔III型铜鼓。

德芒功镇（Temanggung）发现9面铜鼓。1994年玛尔蒂安娜（Mardiyana）在纳蒂乐卓县（Ngadirejo）德芒功镇德拉基村（Traji）德拉基学校后园挖出了3面比较完整的铜鼓和4面破损的铜鼓。3面完整的铜鼓中，有2面是黑格尔I型铜鼓：一面面径57厘米，鼓面中间有太阳纹10芒，而鼓边有四只青蛙；另一面高64、面径44厘米，鼓面中间有太阳纹10芒。1面是贝静型铜鼓：面径51厘米，鼓面中心太阳纹10芒。

---

① R. P. Soejono, 2011, *Sejarah Nasional Indonesia I,* Balai Pustaka, Jakarta, p.332.

② Ibid., p.298.

③ Bintarti, 1982, *The Bronze Object from Kabila, West Sabu Lesser Sunda Island.* Jakarta: Proyek Penelitian Purbakala. Departemen P & K.

4 面破损铜鼓是黑格尔 I 型铜鼓，第 1 面只留下鼓面、鼓耳残片和 3 片鼓腰和鼓脚残片；第 2 面只留下鼓面和四片鼓胸残片；第 3 面和第 4 面只留下鼓面和鼓胸[1]。此外，在哇德芒功镇达努勒卓村（Tanurejo）也曾发现 1 面贝静型铜鼓，面径 50 厘米，鼓面中间太阳纹 12 芒。

朱贝理（Jupri）于 1984 年在根达尔县泊查镇都古·构沃区纳贝安村（Desa Ngabean Daerah Dukuh Gowok Kecamatan Boja Kabupaten Kendal）发现 6 面铜鼓。其中 5 面是黑格尔 I 型铜鼓，1 面是贝静型铜鼓[2]，现存放于三宝垄市中爪哇省博物馆。黑格尔 I 型铜鼓包括：三片鼓面、一片鼓胸和鼓腰、一片鼓腰，第 1 面面径 56 厘米，鼓面太阳纹 12 芒；第 2 面有点破损，面径 55.3 厘米；第 3 面也破损，面径 56 厘米，鼓面太阳纹 10 芒；第 4 面只留下鼓腰和鼓胸，鼓胸长 8、腰长 13 厘米；第 5 面只留下鼓腰，高 14、径 45 厘米。贝静型铜鼓只留下鼓面，鼓面中心太阳纹 12 芒[3]。此外，在根达尔威勒理村（Weleri）也发现 1 面黑格尔 III 型铜鼓，现存于雅加达国家考古中心。

三宝垄市有 5 面黑格尔 I 型铜鼓，但其发现地不清楚。另外，1883 年巴达维亚博物馆得到 1 面来自三宝垄市的黑格尔 I 型铜鼓。

芒钢村（Mangkang）发现了 2 面黑格尔 I 型铜鼓，可惜只留下鼓面，鼓身已破碎。第 1 面面径 82.3 厘米，鼓面太阳纹 12 芒，鼓面上边有四只青蛙；第 2 面面径 68 厘米，太阳纹 12 芒，鼓面上边无青蛙。

翁伽蓝县（Ungaran）古浓巴蒂村（Gunungpati）萨马德（Samad）挖土时发现了 2 面黑格尔 I 型铜鼓。第 1 面铜鼓的鼓高 98 厘米，只留下鼓面和部分鼓胸，面径 58.5 厘米，鼓面太阳纹 10 芒；第 2 面铜鼓只留下鼓面，面径 59.5 厘米，鼓面太阳纹 12 芒。

山邦安村（Sampangan）发现了 1 面黑格尔 I 型铜鼓，只留下鼓面，径 32.5 厘米[4]。1887 年巴达维亚博物馆得到了 1 面来自巴优美宁市（Banyumening）黑格尔 I 型铜鼓。1889 年在巴优麻丝镇（Banyumas）美乐喜村（Mresi）发现 1 面铜鼓，同年北伽隆安县（Pekalongan）也发现 1 面鼓面。

① D. D. Bintarti, 1995, *Arkeologi Indonesia*. Jakarta；R. P. Soejono, 2011. *Sejarah Nasional Indonesia I*, Balai Pustaka, Jakarta, p.303.

② D. D. Bintarti, 1993, *Atlas Prasejarah Indonesia*. Jakarta: Pusat Penelitian Arkeologi Indonesia.

③ D. D. Bintarti, 1990, "Preliminary classification of the Pejeng type bronze kettledrums". Asian panorama: essays in Asian history, past and present Asian panorama: essays in Asian history, past and present / K. M. de Silva, Sirima Kiribamune, C. R. de Silva, pp.113-122; R. P. Soejono, 2011, *Sejarah Nasional Indonesia I*, Balai Pustaka, Jakarta, p.305.

④ D. D. Bintarti, 1989, *Pertemuan Ilmtah Arkeologi* V (1). Jakarta: Kementerian Pendidikan dan Kebudayaan.

1904 年，吉安珠儿镇（Cianjur）巴巴干村（Babakan）一名农夫挖土时发现 1 面铜鼓；1909 年，在北伽隆安镇（Pekalongan）北玛琅县（Pemalang）伽布南村（Kabunan）村发现了 1 面铜鼓；同年，在三宝垄市贝尔果达坟墓区一名挖墓员挖墓时发现了几片已破损的铜鼓残片，据残片判断属黑格尔 I 型铜鼓。

巴当镇（Batang）苏巴村（Subah）发现了 1 面铜鼓，面径 59 厘米。

冷邦镇（Rembang）发现了 3 面铜鼓，第 1 面发现于苏浪村（Sulang），只留下其鼓面至鼓胸，面径 17.5 厘米；第 2 面发现于格东睦理优村（Kedungmulyo），只留下其鼓面，面径 59.7 厘米；第 3 面 1985 年由雅加达国家考古中心发现于贝拉王安（Plawangan）坟墓区，铜鼓里有遗体，高 67、面径 53 厘米[①]。

新加坡亚洲文明博物馆存放着 1 面来自中爪哇的贝静型铜鼓，比较完整。

（六）西爪哇省

西爪哇出土了 2 面铜鼓，现存雅加达国家考古中心。第 1 面 1929 年发现于茂物市（Bogor），高 51、面径 70 厘米；第 2 面发现于库宁岸镇（Kuningan），高 55、面径 69.5 厘米，鼓足有破损。

三、巴厘岛

巴厘岛发现了 11 面（3 面黑格尔 I 型，8 面贝静型）铜鼓和若干铜鼓残片。

1962 年在吉安雅儿镇（Gianyar）吉安雅儿县贝币德拉村（Bebitra）发现 1 面黑格尔 I 型铜鼓，现藏雅加达国家博物馆，面径 55 厘米，鼓面中心太阳纹 8 芒；此外，在该村还发现几片破损的铜鼓残片[②]。巴厘岛贝币德拉镇另有 1 面黑格尔 I 型铜鼓，现藏雅加达国家考古中心。

G. E. 拉姆菲乌斯曾说，1705 年在吉安雅儿镇贝静村（Desa Pejeng）发现从天而降的大铜鼓，当地百姓使用村名命名此鼓为贝静铜鼓（Bulan Pejeng）。当地百姓认为此鼓是从天而降的"月亮轮"，自古以来就存放在皮纳塔仑·萨希（Penataran Sasih）寺庙中，Sasih 为月亮之意。因在当地人心目中此鼓是神仙，所以必须存放于高处的祭台，此台被称为商伽（Sanggah）[③]。

1978 年 1 月，克图特·斯勒格（I Ketut Seleg）等三位农夫曾在布勒冷县（Buleleng）巴中村（Pacung）挖井时发现 1 面贝静型铜鼓，可惜鼓面已破损，鼓胸、鼓腰与鼓足已不见。此外，当地还发现铜鼓残片 40 公斤，一部分卖给玛琅人，另一部分卖给卡

① D. D. Bintarti, 1989, *Pertemuan Ilmtah Arkeologi* V (1). Jakarta: Kementerian Pendidikan dan Kebudayaan.

② R. P. Soejono, 1984, *Sejarah Nasional Indonesia*, Jakarta: Balai Pustaka.

③ R. P. Soejono, 2011, *Sejarah Nasional Indonesia* I, Balai Pustaka, Jakarta, p.297.

罗·皮斯纳（Carlo Pessina），皮斯纳转送给了意大利人杜纳德·弗利安达（Donald Friend）[1]。

克图特·马斯特拉（I Ketut Mastra）曾在布勒冷县乌拉蓝村（Ularan）发现 1 面贝静型铜鼓，鼓高 27、面径 16 厘米[2]。

顿芭莎县（Denpasar）贝古亚干村（Peguyangan）发现了 1 面贝静型铜鼓，可惜仅存鼓面，面径 40 厘米，鼓面中心太阳纹 8 芒。现藏雅加达国家博物馆[3]。

巴都利蒂县（Baturiti）达巴南镇（Tabanan）贝乐安村（Perean）发现 1 面贝静型铜鼓，现藏巴杜尔达满萨利寺庙（Batur Taman Sari），此鼓被称为尚估（Sangku，神物的意思）。以前该鼓存放于森林寺庙，1971 年当地百姓将此鼓搬到巴杜尔达满萨利寺庙，将铜鼓尊放于神台（Pelinggih）上。该鼓面径 28 厘米，鼓面中心太阳纹 8 芒，可惜鼓面已坏，鼓高 48.5 厘米。[4]

瓦雅安·苏克（I Wayan Suki）曾在锦达玛尼县（Kintamani）邦理镇（Bangli）玛尼科利优村（Manikliyu）挖土时发现 1 面贝静型铜鼓。1997 年，顿芭莎考古中心研究人员对此鼓进行了研究。此鼓高 120、面径 77 厘米，鼓面中心太阳纹 8 芒，铜鼓里有尸体，说明是作葬具之用。[5]

卡奇·勒塔（Kaki Reta）曾在古布县（Kubu）伽朗阿森镇（Karangasem）班（Ban）村班扎尔巴内（Banjar Panek）区发现 1 面贝静型铜鼓，高 45、面径 22 厘米。鼓面中心太阳纹 8 芒，鼓耳中有面具纹。此鼓现藏巴达拉苏阿尔渣伽特（Batara Suarjagat）存放中心。

贝当县（Petang）贝东镇（Bedung）渣浪莎莉村（Carangsari）班扎尔尚估特（Banjar Sangut）区巴塞伽吉印寺庙（Paseh Kangin）发现了 1 面仿贝静型铜鼓，高 35、面径 32 厘米[6]。

① I Wayan Widia. 1980, *Arca Perunggu, Koleksi Museum Bali*. Bali: Proyek Pengembangan Permuseuman Bali.

② I Dewa Kompiang Gede. 1997, "Makna Perahu Masa Prasejarahdan Kelanjutannya Masa Kini Dalam Masyarakatali". Bali: Forum Arkeologi, pp.39−53; R. P. Soejono, 2011. *Sejarah Nasional Indonesia I,* Balai Pustaka, Jakarta, p.312.

③ I Wayan Widia 1986, *Isi dan kelengkapan rumah tangga tradisional di daerah Bali*. Jakarta : Departemen Pendidikan dan Kebudayaan, Direktorat Jenderal Kebudayaan, Direktorat Sejarah dan Nilai Tradisional, Proyek Inventarisasi dan Dokumentasi Kebudayaan Daerah Bali.

④ R. P. Soejono. 2011, Sejarah Nasional Indonesia. Jakarta: Balai Pustaka. (Laporan I Nyoman Kaler, 1981)

⑤ I Dewa Kompiang Gede. 1997, 39−53. "Makna Perahu Masa Prasejarah Dan Kelanjutannya Masa Kini Dalam Masyarakat Bali." Bali: Forum Arkeologi.

⑥ I Wayan Widia, *Arca Perunggu, Koleksi Museum Bali*. Bali: Proyek Pengembangan Permuseuman Bali.

除了上述铜鼓，还有一面巴厘商人扎纳拉·塔耶巴（Zainal Tayyeb）从玛琅市百姓手上买来的形体较大的铜鼓，现藏达巴南县（Tabanan）他自己家里。

四、加里曼丹岛

（一）中加里曼丹省

中加里曼丹省古达哇灵印拉玛县（Kotawaringin Lama）西古达哇灵印镇（Kotawaringin Barat）古达哇灵印拉玛伊斯兰教国宫存放着 1 面黑格尔 I 型铜鼓，此鼓被称为"卡雅爱·新加迪拉加"（Kyai Singadilaga），高 44、面径 45 厘米，鼓胸左右有耳，鼓面太阳纹 10 芒。[①]

（二）西加里曼丹省

1990 年斯雅里弗·宾·爪维（Syarif bin Jawi）、布占格·宾·拉哈米尼（Bujang bin Rahimin）和尤斯曼·宾·普迪（Usman bin Pudi）在西加里曼丹省北芒呷德县（Pemangkat）山巴斯镇（Sambas）瀑布村（Air Terjun）西林东山岭（bukit Silindung）挖土时发现了 2 面黑格尔 I 型铜鼓，现藏西加里丹博物馆。第一面铜鼓高 50.5、面径 68.2 厘米，鼓面太阳纹 12 芒，芒间有羽人纹，鼓面周围有 17 只正飞着鸟，18 只长嘴鸟纹，线纹，没有青蛙；第二面铜鼓高 51、面径 60 厘米，鼓面太阳纹 14 芒，芒间有羽人纹，鼓面上又围着线纹，6 只正飞着长嘴鸟纹，鼓面上也没有青蛙。

五、斯拉雅儿岛

斯拉雅儿岛发现 2 面铜鼓。第一面铜鼓是萨布鲁（Saburu）1686 年在南苏拉威西省斯拉雅儿岛本都巴棍村（Bontobangun）发现的，鼓高 95、面径 126.5 厘米，鼓面太阳纹 16 芒，属于黑格尔 I 型，是全印尼最大的黑格尔型铜鼓。现存于斯拉雅儿纳伽拉博物馆。

第二面铜鼓较少见，属于新型铜鼓，是由当地百姓在斯拉雅儿占北雅岛（Jampea）附近的海域捕鱼时从海底下涝上来后，卖给斯拉雅儿前议员维尔丹（Ir. Wildan）的，现藏维尔丹家中。

六、马鲁古群岛

马鲁古群岛出土 13 面铜鼓，包括 12 面有青蛙的黑格尔 I 型铜鼓和 1 面无青蛙的黑格尔 I 型铜鼓，主要出土于雷帝岛（Pulau Leti）、古尔岛（Pulau Kur）、葛毅岛（Pulau Kei）、鲁昂岛（Pulau Luang）、布鲁岛（Pulau Buru）、果罗么岛（Pulau Golom）、燕

[①] D. D. Bintarti, 1989, *Pertemuan Ilmiah Arkeologi* V (1). Jakarta: Kementerian Pendidikan dan Kebudayaan.

德纳岛（Pulau Yamdena）等。

（一）塞鲁阿岛（Pulau Serua）

塞鲁阿岛发现 1 面黑格尔Ⅰ型铜鼓。此鼓发现于 1625 年，最早著录于拉姆菲乌斯（G. E. Rumphius）1705 年的著作《安汶博物馆》中。他说：1687 年，据马鲁古人报告，在塞鲁阿岛的一座山顶发现了 1 面黑格尔Ⅰ型铜鼓，此鼓是从天上响起雷声时降落下来的，被命名为 Tympanum Tonitrus 或者 Tifa Guntur，或者 Thunderarum，意为雷声铜鼓，后来此鼓被当地省长打碎 [①]。

（二）鲁昂岛（Pulau Luang）

1715 年鲁昂岛出土 1 面黑格尔Ⅰ型铜鼓，1730 年布兰察维茨（E. C. Chr. Branchewitz）在其著作 *Ost-Indianische Reise-Beschreibung* 报告过此鼓。书中说：他曾听百姓说，山顶上有 1 面从天而降的铜鼓（Miraculous bell）。为了了解此物，1715 年他与军队登陆此岛，在百姓的帮助下，在山顶上发现了埋在地下的这面铜鼓，高 51、面径 91 厘米。据百姓说，此铜鼓是怪物，不可碰，否则将遇到灾难，生病不治 [②]。

（三）勒帝岛（Pulau Leti）

勒帝岛出土 3 面铜鼓。第 1 面发现于勒帝岛鲁胡乐乐村（Luhulele）。据林努伊（Rinnooy，1881）和霍威尔（Hoevell，1918）的报告说，当地曾出土 1 面黑格尔Ⅰ型铜鼓，该鼓高 69、面径 97 厘米，可惜的是，该鼓只留下鼓面，现藏雅加达印尼国家博物馆 [③]。另两面发现于 1910 年，据纽文坎 1918 年的报告说，劳佛尔（Rouffaer）曾于 1910 年在达布乐旺村（Tapulewang）村发现了 2 面黑格尔Ⅰ型铜鼓 [④]。

（四）库尔岛（Pulau Kur）

库尔岛共有 2 面铜鼓。据范·霍威尔（G. W. W. C. Baron von Hoevell）1890 年报告说，他在库尔岛的山上和海滩发现了 2 面铜鼓，一大一小。当地百姓说，比较大的铜鼓，鼓面边上有 4 只青蛙像，代表公鼓，而比较小铜鼓的鼓面没有青蛙像，则象征母鼓。可惜这 2 面铜鼓已破损，原藏雅加达国家博物馆，部分碎片于 1933—1934 年被阿迪米莱尔（J. W. Admiral）寄送至瑞士苏黎世民族学博物馆（Zurich Ethnological

---

① G. E. Rumpius, 1705, *D'Amboinsche Rariteitenkamer*. Amsterdam. pp.207-250.

② H. R. van Heekeren, 1958, *The Bronze-Iron Age of Indonesia*. Verhandelingen KITLV, XXII. The Hague: Marinus Nijhoff, p.21; Bernet Kempers, 1988, "The Kettledrums of Southeast Aisa". A. A. Rotterdam: A. A. Balkema Krom. N. J. 1927, Barabudur, Archaeological Description. 2 Vols. The Hague: Nijhoff, p.17.

③ R. P. Soejono, 2011, *Sejarah Nasional Indonesia I*, Balai Pustaka, Jakarta, p.335.

④ Marlon Ririmassw: Biografi Budaya Bendawi: Diaspora Nekara Perunggu Di Kepulauan Maluku, Balai Arkeologi Ambun, 16.6. 2015.

Museum）^①。

（五）杜拉岛（Pulau Dullah）

杜拉岛发现 1 面黑格尔 I 型铜鼓。据何克伦（Heekeren）的报告说：百姓曾说，此鼓是当地两个民族的族宝、保护神。为了保护好，百姓将此鼓分成两半，一半（鼓腰至鼓足，鼓腰有横线纹、竖线纹、曲流纹、圆圈纹、梯纹和鸟纹）存放至发安村（Desa Faan），由皮特鲁斯·芳·艾（Petrus Fang Ooy）照看，但可惜没保管好，存放在稻田中，饱受日晒雨淋；另一半（鼓面至鼓胸，鼓面中心太阳 12 芒，太阳纹周围有直线纹和只留下一只青蛙像，其他纹饰已不清，鼓耳已不见）存放至玛杜阿依村（Desa Matuair）的花园里，无专人照看，为了保护它，百姓做了一个简单的屋顶和围墙^②。

（六）果罗么岛（Pulau Golom）

果罗么岛出土的 1 面黑格尔 I 型铜鼓，是由何克伦发现的，现存放于伽达罗伽村（Kataloka）。为了解该鼓的状况，1953 年马鲁古省文化局代表到此地进行研究。该鼓鼓面比较完整，鼓面中心有太阳纹，太阳纹周围有羽毛纹、曲流纹、正飞的鹭科纹，鼓面边上有四只青蛙像^③。

（七）布鲁岛（Pulau Buru）

1826 年，杜拔利艾（Dupperey）在布鲁岛伽叶礼村（Kayeli）发现 1 面完整的黑格尔 I 型铜鼓，但如今不知存放何处^④。

（八）燕德纳岛（Pulau Yamdena）

燕德纳岛出土 1 面黑格尔 I 型铜鼓，是 2014 年由安博尼考古研究中心的马龙·利利马斯（Marlon Ririmasse）在燕德纳岛（Pulau Yamdena）阿鲁达村（Desa Aruda）发现的，是马鲁古省发现的第 13 面铜鼓。

（九）其他

除了上面的铜鼓之外，拉姆菲乌斯的报告说：1687 年，曾在马鲁古岛也发现了 2 面来历不明的黑格尔 I 型铜鼓，其中一面被拉姆菲乌斯寄送给意大利人美第奇（Cosimo

---

① Kempers, Bernet. "Tijdschrift voor Indis Che Taal-, Land-, en Volkenkunde (Koninklijk) Bataviaasch Genootschap van Kunsten en Weten-schappen 33". *TBG*. 33: 153–155. Jakarta (Dutch); H. R. van Heekeren, "The Bronze-Iron Age of Indonesia." *American Anthropologit, s* 1959.4: 32.

② D. D. Bintarti, 1990. "Preliminary classification of the Pejeng type bronze kettledrums," *Asian panorama: essays in Asian history, past and present*, K. M. de Silva, Sirima Kiribamune, C. R. de Silva, pp.113–122.

③ R. P. Soejono, 1957. "Letter to the editor: Indonesia". *Asian Perspective*, 1.

④ Marlon Ririmassw, "Biografi Budaya Bendawi: Diaspora Nekara Perunggu Di Kepulauan Maluku," in *Balai Arkeologi Ambun*, 16.6. 2015.

Ⅲ dei Medici），另一面则去向不明 ^①。

七、西努萨·登呷拉群岛

西努萨·登呷拉群岛省共发现有 14 面铜鼓，包括 10 面鼓面上有青蛙的黑格尔Ⅰ型铜鼓，2 面鼓面上无青蛙的黑格尔Ⅰ型铜鼓，1 面黑格尔Ⅲ型铜鼓，1 面贝静型铜鼓，主要分布于尚黑昂岛、隆目岛、松巴哇岛、蓖麻县等地。

（一）桑厄昂岛（Pulau Sangeang）

桑厄昂岛出土 9 面铜鼓，包括 8 面黑格尔Ⅰ铜鼓和 1 面黑格尔Ⅲ型铜鼓。其中，6 面铜鼓是荷兰殖民时期在尚黑昂岛蓖麻县（Kabupaten Bima）伟拉镇（Kecamatan Wera）出土的，1937 年 S. 柯特勒文（S. Kortleven）寄送至巴达维亚博物馆，现存雅加达国家博物馆 ^②；另 1 面铜鼓是印尼独立后发现的，1983 年雅加达国家考古研究中心在柯萨斯（E. A. Kosasih）率领下闻讯而来，对此鼓进行研究。到岛后发现此鼓存放于山顶，属于黑格尔Ⅰ型，高 55、面径 92 厘米，鼓面中心有太阳纹，太阳纹周围有羽毛纹、直线纹，鼓面边上有四只青蛙像，鼓胸饰直线纹，两耳，鼓足素面。可惜的是，后来，此鼓被村长卖出 ^③。另外，在蓖麻市（Bima）发现 2 面石质仿铜鼓。第 1 面发现于贝罗县（Belo）瓦杜诺珠镇（Wadu Nocu）冷达村（Renda），高 79、面径 57 厘米；第 2 面发现于孟多县（Monto）多罗柏惹娃村（Doro Parewa），高 49、面径 52 厘米。可惜这两面鼓后来都消失了 ^④。除此之外，在桑厄昂也发现 1 面黑格尔Ⅲ型铜鼓，现存雅加达国家博物馆。

（二）隆目岛（Pulau Lombok）

隆目岛出土 2 面铜鼓，1 面发现于苏给安村，另 1 面发现于古布·司马雅村。

第 1 面黑格尔Ⅰ型，是东隆目县山贝理阿镇（Sambelia）苏给安村（Sugian）一名挖井工挖出来的，高 48.5、面径 63 厘米，鼓面中心太阳 12 芒，太阳纹周围有羽毛纹、直线纹，鼓面边上有四只正飞鹭科纹，其鼓胸和鼓腰有直线纹，而鼓足素面，鼓胸和鼓腰之间的左右边各有一耳 ^⑤。

第 2 面贝静型铜鼓，1999 年 11 月 4 日柯图特·米阿萨（I Ketut Miasa）在东隆

①   Marlon Ririmassw, "Biografi Budaya Bendawi: Diaspora Nekara Perunggu Di Kepulauan Maluku," *Balai Arkeologi Ambun*, 16.6. 2015.

②   A. N. J. Th. à Th. van der Hoop, *Megalithic Remains in South-Sumatra*, 1938 (1940), 200-204, pi. LXXVL-XXXIX, 2 krtn.

③   Kosasih, 1983, "Lukisan Gua di Indonesia Sebagai Sumber Data Penelitian Arkeologi, PIA Ⅲ". Jakarta: Proyek Penelitian Purbakala, Departemen Pendidikan dan Kebudayaan.

④   D. D. Bintarti, 1983, *Pertemuan Ilmtah Arkeologi* Ⅲ (1983). Jakarta: Pusat Penelitian Arkeologi Nasional.

⑤   D. D. Bintarti, 1989, *Pertemuan Ilmtah Arkeologi* Ⅴ (1). Jakarta: Kementerian Pendidikan dan Kebudayaan.

目县（Kabupaten Lombok Timur）北岭巴亚镇（Kecamatan Pringbaya）达山·仁当村（Dusun Dasan Lendang）古布·司马雅区挖出，高110、面径85.5厘米，鼓面已不见，鼓胸与鼓足已损坏，从残片可以看到鼓身纹饰有直线纹、横线纹、竖线纹 [①]。

（三）松巴哇岛（Pulau Sumbawa）

松巴哇岛发现1面黑格尔Ⅰ型铜鼓，出土于大松巴哇县吴拉德·斯然村（Olat Seran）的一座墓里。鼓高40、面径51厘米，鼓面中心太阳12芒，有曲流纹、正飞的鹭科纹，鼓胸左右边各有一耳，鼓胸有梯纹、横线纹、舟纹，鼓腰有梯纹，鼓足的纹饰已不清。现存马达兰市（Mataram）西努萨·登呷拉省博物馆 [②]。

此外，马达兰博物馆存放着2面来自西努萨·登呷拉省的铜鼓，都属于无青蛙的黑格尔Ⅰ型铜鼓。

八、东努萨·登呷拉群岛

东努萨·登呷拉群岛省共有382面铜鼓，包括353面莫科鼓，2面黑格尔Ⅰ型铜鼓，27面其他类型铜鼓，主要发现于阿洛岛、洛德岛、班塔尔岛、呷贝尔岛弗洛勒斯岛等。

（一）阿洛岛（Pulau Alor）

阿洛岛有一千多面铜鼓，被称为千面铜鼓岛，岛上最多的是莫科鼓和光鼓。荷兰殖民时期，荷兰政府曾熔毁了2465面阿洛岛莫科鼓，虽然如此，但还是有很多铜鼓被保护下来，有的藏于族屋、山洞，有的藏于树洞、石洞等。阿洛镇安斯格力厄斯·塔卡拉皮塔（Ir. Ansgerius Takalapeta）镇长2018年接受采访时说："阿洛岛家家户户都有自己的莫科鼓，估计有上千铜鼓。"据阿洛镇文化与教育局委员塞缪尔·劳法（Samuel Laufa）先生2009年统计，阿洛岛约有一千三百多面莫科鼓。为收藏、保护阿洛岛的铜鼓，塔卡拉皮塔镇长建造了阿洛岛千面莫科鼓博物馆。如今阿洛岛到底有多少铜鼓，非常难于统计，以下只是我们调查所及。

1. 阿洛岛伽腊巴黑市阿洛千面莫科鼓博物馆

阿洛千面莫科鼓博物馆拥有86面铜鼓（2018年），包括1面黑格尔Ⅰ型铜鼓，75

① R. P. Soejono. 2011, *Sejarah Nasional Indonesia*. Jakarta: Balai Pustaka.

② Cholid Sodrie. 1980, "Laporan Penelitian Kepurbakalaan Kerajaan Gowa dan Tallo di Sulawesi Selatan". Jakarta: Berita Penelitian Arkeologi, Pusat Arkeologi Jakarta; D. D. Bintarti, 1991, "Prehistoric Bronze Objects in Indonesia," *Bulletin of the Indo-Pacific Prehistory Association* 6 (1985): pp.64–73; A. J. Kempers and Bernet, "The Kettledrums of South-East Asia." *Modern Quanternary Research in South-East Asia* 10 (Rotterdam: Balkema, 1988): p.240; M. Spriggs and D. Miller, "A Previously Unreported Bronze Kettledrum from the Kai islands, Eastern Indonesia," *Bulletin of the Indo-Pacific Prehistory Association* 8 (1988): pp.79–89.

面莫科鼓，10 面其他类型铜鼓。

那面黑格尔 I 型铜鼓是巴洛尔（J. Oil Balol）1972 年 8 月 20 日在阿洛县西南阿洛镇（Alor Barat Laut）爱茉莉村（Desa Aimoli）发现的。此铜鼓的存在和其地址是因梦而得知的，传说该铜鼓曾托梦巴洛尔，告诉他铜鼓存在的地点，并请他来取，凡十余次。J. 艾·巴洛尔依梦的指示去挖掘，果然得鼓。该鼓完整无损，高 67.5、面径 92 厘米，鼓面太阳中心 12 芒。

2. 墨鲁村（Moru）珪国（KerajaaKui）纳萨鲁丁（Nasarudin）国王族屋

2018 年 1 月 7—11 日在阿洛岛调查时，我们课题组曾到墨鲁村珪国国王纳萨鲁丁家进行调查。国王向我们展示了 6 面铜鼓。据了解，山上还有很多同样的铜鼓。这些铜鼓由阿布依族族长尤苏弗·坦皮尼（Yusuf Tangpeni，时 81 岁）保管。

3. 阿洛岛伽柏啦达巴哈族（Elia Tapaha）族长族屋

2018 年 1 月 10 日我们拜访了伽柏啦达巴哈族埃利·塔帕哈族长，据统计他家拥有 258 面莫科鼓。这些铜鼓是他祖先代代相传留下来的，据说他的祖先做过国王。

（二）班达尔岛呷贝尔村（Pulau Kabir）

2018 年 1 月 9 日我们到班达尔岛呷贝尔村，拜访班达尔族族长杰拉密亚斯·瓦安格（Jeramias Waang）。在他的族屋里，存放着其祖先代代相传留下来的 7 面铜鼓。

（三）洛德岛（Pulau Rote）

洛德岛发现 1 面黑格尔 I 型铜鼓。该鼓是 1871 年荷兰殖民时期在罗勒村（Lole）发现的，高 72.8、面径 59 厘米。同年，J. A. 范·德·奇杰斯（J. A. van der Chijs）将它寄送至巴达维亚博物馆，此鼓破裂为两部分，一部分是鼓面，另一部分是鼓身[1]。

（四）古邦岛

2018 年 1 月 6 日，我们到古邦岛拜访了几位族长和古邦博物馆，据了解，古邦岛发现有 24 面铜鼓，包括 8 面光鼓，16 面莫科鼓。

九、巴布亚岛

巴布亚岛伊里安查亚贞德拉瓦西海湾（Teluk Cendrawasi）索隆镇（Sorong）阿亚马璐湖边（Ayamaru）发现了 3 面铜鼓，面径均约 60 厘米，美巴日德（Meybart）百姓称之为"博利"（Bo ri，意为"神器"），也称之为"博梭纳碧"（Bo so napi，意为"老母亲"）[2]。

---

[1] H. R. van Heekeren, 1958, "The Bronze-Iron Age of Indonesia". *Verhandelingen* KITLV, XXⅡ. The Hague: Marinus Nijhoff, pp.28-29.

[2] W. O. J. Nieuwenkamp, 1922, *Zwerftochten op Bali.* Amsterdam: Elsevier; J. G. Huyser, 1931, *Mokkos, Nederlandsch-Indie Ond en Niew.*

第三节
印度尼西亚铜鼓的类型

印尼铜鼓种类繁多，参考借鉴黑格尔的"4 型"分类法、中国学者的"8 大类型"分类法，以及越南学者的"5 型 22 式"分类法，我们把印尼铜鼓分为 4 类 10 型。所谓 4 类，是指黑格尔型铜鼓、贝静型铜鼓、莫科鼓型铜鼓和新型铜鼓；所谓 10 型，则以印尼最常用的铜鼓名称"纳伽拉"分别命名为纳伽拉 I、II、III、IV、V、VI、VII、VIII、IX和 X 型。

一、纳伽拉 I 型（Nekara Type I）

纳伽拉 I 型铜鼓是鼓面无青蛙的黑格尔 I 型铜鼓。印尼目前约有 9 面纳伽拉 I 型铜鼓，包括占碑省 1 面，明古鲁省 1 面，中爪哇 2 面，西家里曼丹省 2 面，马鲁古群库尔岛 1 面，西努萨·登呷拉群岛省马达兰博物馆 2 面。

纳伽拉 I 型铜鼓鼓面中心太阳纹 8、10、12、14、16 芒，太阳周围有纹饰；鼓胸和鼓腰之间有鼓耳，有的左右各一只鼓耳，有的侧边有两只鼓耳，也有些没有鼓耳；鼓胸、鼓腰和鼓足均有纹饰。

与鼓面有青蛙的黑格尔 I 型铜鼓（即纳伽拉 II 型铜鼓）相比，纳伽拉 I 型铜鼓鼓面往内缩，鼓面直径比鼓胸略小，而纳伽拉 II 型铜鼓鼓面往外伸，鼓面直径与鼓身差不多。纳伽拉 I 型铜鼓鼓腰基本垂直，而纳伽拉 II 型铜鼓的鼓腰往下外展。

二、纳伽拉 II 型（Nekara Type II）

印尼纳伽拉 II 型铜鼓是鼓面有青蛙的黑格尔 I 型，主要分布于雅加达、中爪哇、西爪哇、东爪哇、巴厘岛、西努萨·登呷拉群岛、马鲁古群岛、南榜省等地区。据不完全统计，目前印尼拥有 70 面纳伽拉 I 型铜鼓：苏门答腊岛 8 面，包括占碑省 1 面，明古鲁省 3 面，南榜省 5 面；爪哇岛 32 面铜，包括雅加达 2 面，万登省 1 面，东爪哇 3 面，日惹 1 面，中爪哇 24 面，西爪哇省 1 面；巴厘岛 3 面，包括中加里曼丹省 1 面，斯拉雅儿岛 1 面；马鲁古群岛 12 面，主要分布于雷帝岛、古尔岛、葛毅岛、鲁昂岛、布鲁岛、果罗么岛、燕德纳岛、葛毅岛；西努萨·登呷拉群岛省 10 面，主要发现于桑厄昂岛、隆目岛、松巴哇岛；东努萨·登呷拉群岛 2 面，发现于阿洛岛和洛德岛；巴布亚岛 3 面。

纳伽拉 II 型铜鼓有大有小，面径最大的 126.5 厘米，最小的 9.7 厘米。鼓面上边有四只青蛙，鼓面中心有一个太阳纹（有些百姓称之为月亮和星星），太阳纹可分为 8、10、12、14、16 芒，鼓胸与鼓腰之间有四只鼓耳。鼓面除了太阳纹，一般有青蛙像、饰翎眼纹、光体凸出、芒体粗硕、锯齿纹、圆圈斜线纹、翔鹭纹、羽人纹、勾连云纹、栉纹、勾连雷纹、长嘴鸟纹等。鼓胸有栉纹、圆圈斜线纹、龙舟纹、勾连雷纹、龙舟竞渡纹、竖线纹等。鼓腰有勾连雷纹、羽人纹、栉纹、圆圈斜线纹等。鼓足有枝形回纹、大小象纹、椰树纹、鸟纹、鱼纹等。

三、纳伽拉 III 型（Nekara Type III）

纳伽拉 III 型铜鼓相当于黑格尔 III 型铜鼓。是代代相传留下来的铜鼓，一般归国王或族长所有。目前主要发现于班达尔岛和阿洛岛，共有 4 面。其中，2 面存放于班达尔岛呷贝尔村吉利雅斯族屋，1 面存放于阿洛千面莫科鼓博物馆，1 面存放于阿洛岛墨鲁村珪国国王族屋。

纳伽拉 III 型铜鼓鼓面中心太阳纹，鼓面边沿有 4 只立蛙。鼓身瘦长，鼓胸较小，鼓胸下部和鼓腰中间有四只鼓耳，鼓胸、鼓腰和鼓足部有反映当地人的生活和信仰的纹饰。

四、纳伽拉 IV 型（Nekara Type IV）

纳伽拉 IV 型铜鼓相当于黑格尔 IV 型铜鼓，印尼共有 6 面，1 面发现于中爪哇根达尔镇（Kendal）威勒理村（Weleri），现藏雅加达国家考古中心；2 面发现于隆目岛，荷兰殖民时期，存放于 1919 年成立的爪哇学院，1935 年起存放于日惹索诺补多优博物馆至今；1 面发现于桑厄昂岛，现藏雅加达国家博物馆；1 面发现于万登市（Banten），现藏万登博物馆；1 面来自巴厘岛贝币德拉镇，现藏雅加达国家考古中心。

纳伽拉 IV 型铜鼓鼓面中心太阳纹，鼓面没有青蛙。鼓胸和鼓腰之间有其凸棱，鼓胸上有两只鼓耳，或在两侧各一耳，或两耳共一侧。

五、纳伽拉 V 型铜鼓

纳伽拉 V 型铜鼓是印尼铜鼓中最小的铜鼓，迄今为止仅在乌拉蓝镇（Ularan）和库宁岸村（Kuningan）的一座墓里发现 1 面陪葬鼓。现藏雅加达国家博物馆。

纳伽拉 V 型铜鼓形体较小，鼓面和鼓胸之间有胸带纹，鼓腰个鼓足之间有腰带纹，而鼓胸和鼓腰之间有两只鼓耳。

六、纳伽拉Ⅵ型（Nekara Type Ⅵ）

纳伽拉Ⅵ型铜鼓即贝静型铜鼓。所谓贝静型铜鼓，是以 1705 年在巴厘岛吉安雅儿镇贝静村发现的贝静铜鼓为标准器而命名的。目前印尼发现有 18 面纳伽拉 V 型铜鼓（其中 10 面比较完整，6 面只留下鼓面，2 面破损更甚），主要分布于巴厘岛（8 面）、中爪哇（8 面）、东爪哇（1 面）和西努萨·登呷拉省（1 面）。

纳伽拉Ⅵ型铜鼓器形与黑格尔型铜鼓不一样，黑格尔型铜鼓一般比较粗矮，而纳伽拉Ⅵ型铜鼓比较瘦长。纳伽拉Ⅵ型铜鼓鼓面中心有 8 芒太阳纹，芒间有凸出圆形纹。鼓面一般有 6 晕，2 弦分晕，晕里有竖线纹、浪线纹、凸出圆形纹、S 纹等，鼓面边沿外伸；鼓胸往外突出，比鼓腰和鼓足宽；鼓腰呈圆柱形，比鼓胸和鼓足短且细，四只鼓耳附于四方；鼓足稍外撇。鼓身主要有稻纹、面具纹和巴蒂克纹。巴蒂克纹可分为巴厘巴蒂克、阿洛巴蒂克、班达尔巴蒂克、弗洛勒斯巴蒂克、阿多娜拉巴蒂克等。

七、纳伽拉Ⅶ型（Nekara Type Ⅶ）

纳伽拉Ⅶ型铜鼓，是属于新型铜鼓。目前印尼有 1 面，是当地百姓在斯拉雅儿占北雅岛附近海域捕鱼时从海里打捞出来的，现藏斯拉雅儿前议员维尔达（Ir. Wildan）家中。纳伽拉Ⅶ型铜鼓鼓面上有太阳纹，太阳中间站立一头大象，鼓面边缘有 4 只青蛙；鼓胸与鼓腰之间有 4 只比较大的鼓耳，鼓胸、鼓腰和鼓足纹饰丰富。

八、纳伽拉Ⅷ型（Nekara Type Ⅷ）

纳伽拉Ⅷ型铜鼓，当地百姓称之为巨型莫科鼓。目前共有 2 面铜鼓，1 面在班达尔岛，另 1 面在阿洛岛，都属国王或族长所有。纳伽拉Ⅷ型铜鼓器形瘦长，鼓面上有太阳纹和四只青蛙，鼓胸大且凸，鼓胸和鼓腰之间有四只鼓耳，鼓耳上有三个洞。鼓面、鼓胸、鼓腰和鼓足纹饰都比较丰富。

九、纳伽拉Ⅸ型（Nekara Type Ⅸ）

纳伽拉Ⅸ型铜鼓是指光鼓（Kuang）或武璐鼓（Wulu）或莫科蹦鼓（Moko Pung），主要分布于东努萨·登呷拉群岛，包括班达尔岛、阿洛岛、阿多娜拉岛、古邦岛。使用者以班达尔族人居多，班达尔岛、阿洛岛和古邦岛使用此类铜鼓的都是班达尔族人。

我们这几次调查在阿鲁岛、古邦岛和班达尔岛看到的纳伽拉IX型铜鼓共有21面，其中8面在古邦岛，1面在珪国国王族屋，8面在阿洛千面莫科鼓博物馆，4面在班达尔岛。其实，民间有很多这类铜鼓。

纳伽拉IX型铜鼓可分五式：七箭莫科蹦鼓、五箭莫科蹦鼓、三箭莫科蹦鼓、一箭莫科蹦鼓、无箭莫科蹦鼓。这五式铜鼓其实代表五个级别：七箭鼓是价值最高的鼓，而无箭鼓是价值最低的鼓。铜鼓的级别在制造时即定，在鼓面或鼓胸边上依相应的级别刻画上相应的粗短竖线，七箭铜鼓刻7道，五箭铜鼓刻5道，依次类推。

纳伽拉IX型铜鼓鼓面的纹饰多样，七箭铜鼓的鼓面一般有四个星纹，位于鼓面上边；五箭铜鼓的鼓面有一个星纹和15个云纹；三箭、一箭和无箭铜鼓的鼓面一般没有纹饰。

纳伽拉铜鼓IX型七箭铜鼓的鼓胸无纹饰；五箭铜鼓的鼓胸有4个藤纹、竖线纹、横线纹和斜线纹；三箭铜鼓的鼓胸有7个围着鼓胸的藤纹和凸出长线纹；一箭铜鼓的鼓胸有围着鼓胸的8个藤纹、凸出长线纹、两朵心花纹；无箭铜鼓的鼓胸有一个围着鼓胸的长线纹、酸果纹、4个藤纹。

纳伽拉IX型七箭鼓的鼓腰无纹饰，五箭鼓有围着鼓腰的7个藤纹和竖线纹，三箭鼓有围着鼓腰的12个藤纹和竖线纹，一箭鼓有围着鼓腰的9个藤纹、钉菜纹、云纹，无箭鼓有围着鼓腰的4个藤纹和竖线纹。

纳伽拉IX型七箭鼓的鼓足无纹饰；五箭鼓有围着鼓足的12个藤纹、短竖线纹、短斜线纹、竖线纹，鼓腰和鼓足之间有凸出长线纹；三箭鼓有围着鼓足的7个藤纹；一箭鼓有围着鼓足的9个藤纹和竖线纹；无箭纹有围着鼓足的12个藤纹，而鼓足下边有凸出长线纹。

十、纳伽拉 X 型（Nekara Type X）

纳伽拉 X 型铜鼓即莫科鼓（Moko），主要分布于东努萨·登呷拉群岛省，包括阿洛岛、古邦岛、班达尔岛、弗洛勒斯岛、雷帝岛、阿多娜拉岛、罗德岛、布拉岛等。据塞缪尔·劳法 2009 年统计，阿洛岛拥有 1300 多面纳伽拉 X 型铜鼓。而据我们统计，印尼拥有 361 面纳伽拉 X 型铜鼓，阿洛千面莫科鼓博物馆有 83 面，珪国国王族屋有 4 面，伽柏啦达巴哈族埃利·塔帕哈族长有 258 面，古邦岛博物馆有 16 面，雅加达国家博物馆有 2 面，日惹索诺补多优博物馆有 2 面。

莫科鼓的名称多样，马鲁古人叫擂鼓蒂发（Tifa Guntur），爪哇人称丹拉（Tamra），雷帝人（Leti）呼之玛来莫科鼓，芒呷来人（Manggarai）称为丹布尔（Tambur），弗洛勒斯人（Flores）叫之武璐（Wulu），阿洛人称之为莫科（Moko）。在阿洛岛上，不同族群的各种方言对于莫科鼓也有不同名称，魏尔幸方言（古拉那方言）叫莫科鼓为萨搔（Sasau），档卢布依方言（Tanglupui）叫萨梭（Sasao），阿布依方言叫达发（Tafa），盖乐萨（Kailesa）叫伊美（Ime），格龙方言（Klong/klon）称之为哈哈儿（Hahal），伽柏啦方言（Kabola）呼之哈海（Hahai），吉拉曼方言（Kiraman）叫巴纳（Bana），阿鲁龙方言叫福璐（Fulu），黑朗都黑方言（Helangdohi）叫武璐（Wulu），班达尔方言（Pantar）叫光（Kuang）。

纳伽拉X型铜鼓鼓胸两侧各有一只鼓耳，鼓面与鼓肩之间有鼓脖过渡。

纳伽拉X型铜鼓鼓面一般无纹饰，鼓身纹饰可分为七种：

（1）人纹或哇扬纹，包括人纹、长鼻子纹、眼睛纹、大眼鼻和舌纹、哇扬纹、脚展开的人纹、鼻子高又有胡子的人纹、骑着马的人纹、带着匕首的人纹、长耳人纹、面具纹；

（2）月亮纹，包括圆月、月湾纹（蛾眉月）、星星8芒；

（3）动物纹，包括鸡纹、孔雀羽毛纹、鹰纹、鹦鹉鸟纹、蜥蜴纹、双狮纹、狮子头纹、加拉头纹（kala）、马头纹、龙纹、鹿纹、骑马纹、鳄鱼纹、猪纹、兔子纹、猴子纹、狗纹、虎纹；

（4）植物纹，包括谢花纹、石栗花纹、石栗果纹、葡萄叶子纹、苦瓜纹（又分8个一组、7个一组和4个一组）；

（5）建筑纹，包括塔纹、Praja纹、房屋纹；

（6）线纹，包括凸出线纹、横线纹、竖线纹、斜线纹浪线纹、断线纹；

（7）船只纹。

在不同族群中，不同纹饰的纳伽拉X型铜鼓，价值不同。表7-1是阿布依族铜鼓的47个等级，第1等级价值最高，第47等级价值最低；表7-2是卡波拉族铜鼓的44个等级，第1等级价值最高，第44等级价值最低。

表 7-1　阿布依族铜鼓等级表 [1]

等级	印尼方言名称	汉语意译
1	Itikira Hatang Lohi	长手图·土玛蕾鼓
2	Itikira Hatang Bui	短手图·土玛蕾鼓
3	Itikira Palil	土玛蕾鼓
4	Kolmalai Bilek Taha	蜥蜴图古尔·土玛蕾鼓
5	Kolmalai Koti Taha	八个博巴古尔·土玛蕾鼓
6	Jawa Tanah Hawai Boking	耳洞·土爪哇鼓
7	Jawa Tanah Hawai Nuku	一只耳·土爪哇鼓
8	Jawa Tanah Hawai Upu	耳齐·土爪哇鼓
9	Makasar Tanah Bileng Hatang Lohi	长手花图·土望加锡鼓
10	Makasar Tanah Bileng Hatang Bui	短手花图·土望加锡鼓
11	Makasar Tanah Hipar Taha	鸡角图·土望加锡鼓
12	Makasar Tanah Mane Taka	铁线图·土望加锡鼓
13	Makasar Tanah Tilei Taha	竖着铁线梳子图·土望加锡鼓
14	Makasar Tanah Kuda Kai Iti	相咬马与狗图·土望加锡鼓
15	Makasar Tanah Figai Futal	榛子花图（福大儿）·土望加锡鼓
16	Makasar Tanah Figai Kiki	榛子花图（吉吉）·土望加锡鼓
17	Makasar Tanah Da Mohoul Tau Halal	转身鹿船图·土望加锡鼓
18	Makasar Tanah E Hei Auti Doluku	头往下鹿船图·土望加锡鼓
19	Tumirang Utang Pei Paria（7 Paria）	七个巴丽雅图爱玛拉鼓
20	Tumirang Utang Pei Paria (8 Paria)	八个巴丽雅图爱玛拉鼓
21	Tumirang Tametaka	兰花图爱玛拉鼓
22	Tumirang Iya Bileng Gempar Taha	花上分开藤子图爱玛拉鼓
23	Tumirang Amakang Taha	人图爱玛拉鼓
24	Tumirang Tifol Fiti	藤叶图爱玛拉鼓
25	Tumirang Arang Farama	十二支酸果支图爱玛拉鼓
26	Tumirang Baletbang	手上拿着武器人图爱玛拉鼓
27	Tumirang Wandra	万德拉图爱玛拉鼓
28	Tumirang Namang Sei	降落莫科鼓爱玛拉鼓
29	Pegawa Apui Pei	卡拉图贝卡瓦鼓
30	Pegawa Taka Tli	贝卡瓦鼓

---

[1]　表 7-1 和表 7-2 中，铜鼓名称的拼写、对应的汉语音译和意译均由参与调查的印尼世界大学副教授、教育长唐根基（Herman）先生审定。

等级	印尼方言名称	汉语意译
31	Pegawa Malang Taha	耳环图贝卡瓦鼓
32	Dura Puna	长匕首贝卡瓦鼓
33	Iya Kasing	月圆图鼓
34	Upu Kuli	白色莫科鼓
35	Malai Foking Ⅰ	相贴花图玛来萨拉尼 1
36	Malai Foking Ⅱ	非相贴花图玛来萨拉尼 2
37	Slepa Iti	玛来萨拉尼鼓
38	Hawei Yeting Sua	八只耳鼓
39	Bung Klawi	蹦·格拉伟·新古尔玛来鼓
40	Namang Sei	纳芒·水·新古尔玛来鼓
41	Kolmalai Tifa	蒂发·新古尔玛来鼓
42	Mengeng Mat	藤莫科鼓 / 新望加锡鼓
43	Tama Mia	小胡子莫科鼓
44	Tuang Sama	碧古鼓
45	Yeng Buta Kume Mia	龙图花眼鼓
46	Yeng Buta	青蛙图花眼鼓
47	Sian Fata	玉米莫科鼓

表 7-2 卡波拉族铜鼓等级表

等级	印尼方言名称	汉语意译
1	Malai Sai Paha Atang Lou	长手图土玛蕾鼓
2	Malai Sai Paha Atang Toong	短手图土玛蕾鼓
3	Malai Sai Paha Arang Boro	阿朗·博罗·土玛蕾鼓
4	Koil Moli Paha Maruitta	蜥蜴图古尔·土玛蕾鼓
5	Koil Moli Paha Kotta	八个博巴图古尔·土玛蕾鼓
6	Jawa Paha Awel Boi	耳洞图·土爪哇鼓
7	Jawa Paha Awel Nu	一只耳图·土爪哇鼓
8	Jawa Paha Awel Piri	耳齐图·土爪哇鼓
9	Jawa Paha Malawangta	耳环图·土爪哇鼓
10	Makasar sarapan Louta	长手花图·土望加锡玛来鼓
11	Makasar Sarapan toong ta	短手花图·土望加锡玛来鼓
12	Makasar Siu E Beta	鸡角图·土望加锡玛来鼓
13	Makasar mani bata	铁线图·土望加锡玛来鼓
14	Makasar belta olta	狗马图·土望加锡玛来鼓

等级	印尼方言名称	汉语意译
15	Makasar loi ba ata	榛子果图（阿达）·土望加锡玛来鼓
16	Makasar loi bungta	榛子果图（蹦达）·土望加锡玛来鼓
17	Makasar Ei Hei (Rusa Balik Badan)	转身鹿船图·土望加锡玛来鼓
18	Makasar Ei Hei (Rusa Tunduk Kepala)	低头鹿船图·土望加锡玛来鼓
19	Oi malase aniri lou	七个巴丽雅图务当·贝鼓
20	Oi malese aniri toong	八个巴丽雅图杜米浪鼓
21	Kil pepe heta	竖着铁线梳子图爱玛拉鼓
22	Oi malese ata om koho	兰花图爱玛拉鼓
23	Oi malese nomi noo ata omni toho	人图爱玛拉鼓
24	Sabar Turu sabol beita	藤叶图爱玛拉鼓
25	Sabar Turu Banta	十二支酸果图爱玛拉鼓
26	Tumirang blepewana	拿着武器人图爱玛拉鼓
27	Tama hata atang louta	长手图达玛哈达鼓
28	Apui pei	卡拉首图鼓
29	Tamahata holong fara	拿着匕首人图达玛哈达鼓
30	Ulta	月圆图鼓
31	Wel makau	白色莫科鼓
32	Ata koho (bunga saling bersandar)	玛来萨拉尼莫科鼓／相贴花鼓
33	Ata koho (bunga tidak saling bersandar)	玛来萨拉尼莫科鼓／非相贴花鼓
34	Habartur slepa	玛来萨拉尼鼓
35	Awel turlo	八只耳鼓
36	Bung klai	蹦·格尔来·新古尔玛来鼓
37	Oi malese habar	伟·麻勒塞·哈巴尔鼓
38	Kolmalei wele	新古尔玛来鼓
39	Monita	藤子莫科鼓／新望加锡鼓
40	Habar lamal	小胡子图莫科鼓
41	Saframba	碧古鼓
42	Kait ifihing (Gambar Naga)	龙图花生莫科鼓
43	Kait ifihing (Gambar Kodok Hijau)	青蛙图花生莫科鼓
44	Batasasei	玉米莫科鼓

图 7-1　纳伽拉 I 型之 MTRM1 号铜鼓

现存西努萨·登呷拉群岛省（West Nusa Tenggara）马达兰博物馆（Mataram Museum）。

　　鼓面太阳纹 14 芒，2 弦分晕，共 6 晕：第 1 晕三角形纹，第 2、5、7 晕有突出圆圈纹，第 3 晕羽人纹，第 4 晕为长嘴鸟纹，第 6 晕无纹饰。鼓胸 8 晕：第 1 晕无纹饰；第 1 晕和第 2 晕之间三弦分晕；第 2 晕和第 4 晕有围着鼓胸的竖线纹；第 3 晕有围着鼓胸的 "＜" 纹；第 5 晕有羽人纹、船只纹，其他纹饰看不清楚；第 6、7、8 晕不清楚。鼓腰 2 弦分晕，共 8 晕：第 1、2、8 晕的纹饰不清楚；第 3 晕分成几个部分，每部分有羽人纹，羽人纹左右分成 4 晕——第 1、4 晕有阶梯纹，第 2、3 晕有圆圈纹；第 4、7 晕有竖线纹；第 5、6 晕有围着鼓腰的 2 弦圆圈纹。鼓足有一个比较大的晕，晕里的纹饰已不清楚。

图 7-2　纳伽拉Ⅱ型之 SLYM1 号铜鼓

据说 1868 年出土，现藏印度尼西亚南苏拉维西省塞拉亚文化局。
鼓高 91.5、面径 126.2、胸径 134、腰径 112、足径 136.5、缘宽 1 厘米。

　　中心太阳纹 16 芒，芒间饰翎眼纹，中心太阳纹凸起，鼓面 2 弦分晕，共 16 晕：第 1、4、12、15 晕饰锯齿纹，第 3、13、14 晕饰圆圈斜线纹，第 2、8 晕饰勾连云纹，第 5、11 晕饰翔鹭纹，第 6 晕纹饰不清楚，第 7 晕饰羽人纹，第 9 晕饰栉纹，第 10、16 晕饰勾连雷纹。鼓面边沿 4 立蛙逆时针环立，蛙眼凸出。

鼓胸2弦分晕，共6晕：第1、4晕饰栉纹，第2、3晕饰圆圈斜线纹，第5晕龙舟竞渡纹1圈共6组，第6晕饰勾连雷纹。鼓腰2弦分晕，共6晕：第1晕饰勾连雷纹，第2晕饰羽人纹，第3、6晕饰栉纹，第4、5晕饰圆圈斜线纹。胸腰间饰4耳，耳饰稻穗纹。环腰4个隔离带，中间饰3组大羽人纹、两组小羽人纹。鼓足外撇，3弦分晕，共3晕——第1、3晕饰菱形回纹；第2晕饰小象与大象、椰树、鸟纹，以椰树为间隔，小象、大象、椰树及树上有2只鸟、树下有2只鸟的图案构成一圈，其中半圈以合范线为起点——鸟、大象1头、椰子树、树下有1只鸟、小象、小象身上有1只小鸟、1头大象、椰子树（树上下各有1只鸟）、大象（前面有1只鸟）、鸟、大象、椰子树（树下有1只鸟）、大象、椰子树（树上有1只鸟）、小象（象身上有1只鸟）、大象、椰子树（树上1只鸟树下1只鸟）、大象、椰子树（树下2只鸟）、大象、椰子树（树上1只鸟）、大象、椰子树（树下2只鸟）、大象（象鼻子下1只鸟）、椰子树（树下1只鸟）、大象（象鼻子下1只鸟）、椰子树；另半圈合范线为起点：椰子树、大象（象尾1只鸟）、椰子树（树下1只鸟）、大象、椰子树、小象、大象、椰子树（树上1只鸟，树下1只鸟）、大象（象鼻子下1只鸟）、椰子树、大象（象尾1只鸟，象牙上立1只鸟）、椰子树、鸟、大象、椰子树、鸟、大象、椰子树（树上1只鸟）、大象、椰子树。鼓身有2道范线，鼓身布满垫片，是使用合范法铸造的铜鼓。

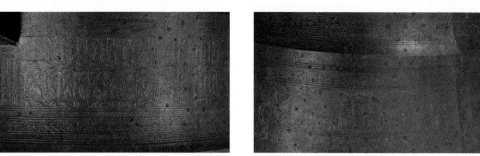

图 7-3　纳伽拉 Ⅲ 型之 MRABAL1 号铜鼓

现藏墨鲁村（Moru）阿布依族（Suku Abui）族屋里，是阿布依族代代相传的族宝。
鼓高 56.5、面径 65.5、胸径 57.5、腰径 46、足径 48 厘米，鼓面边沿外伸 4.8 厘米。

　　鼓面中心太阳纹 12 芒，芒尖穿透 2 弦，2
弦分晕，共 21 晕：第 1、8、15、21 晕饰往外
射的三角形纹；第 2、4、9、11、16、18 晕饰
四方形纹；第 3、17 晕饰云纹；第 5、12、19
晕饰往中心太阳射的三角形纹；第 6、7、13、
14 晕饰平行四边形纹；第 10 晕饰绚纹；第 20
晕无纹，其上面有四只头望天嘴巴张开的青
蛙逆时针环立。鼓胸 2 弦分晕，共 10 晕：第
1、4、6、9 晕粗竖线纹；第 2、7 晕往上三角
形纹；第 3、8 晕往下三角形纹；第 5 晕无纹；

第 10 晕分四组，每组之间有隔离纹，每隔离
纹 1 弦分晕，共 5 晕——第 1、4 晕粗横线纹，
第 2、3、5 晕勾连云纹。每组有 1 只鹿和 2 只
鸟，鹿头往左边看，左右各 1 只鸟。鼓腰 2 弦
分晕，共 16 晕：第 1、6、11 晕无纹，第 2、8、
12、16 晕往下三角形纹；第 3、9、13 晕斜型
四方形纹；第 4、10、14 晕往上三角形纹；第
5、7、15 晕粗竖线纹。鼓腰中有 4 耳。鼓足第
1 晕 1 弦分晕，其余 2 弦分晕，共 7 晕：第 1
晕分 2 大组，每两大组有四只动物，每动物之
间隔着一颗椰子树。第一大组分 4 个小组，第
一小组有正站着吃的 1 匹马，马嘴下有 1 个篮
子，马的前后各有 1 只鸡，马的上面左右边飞
着 2 只鸟；第二组有 1 只正站着鼻往内垂的象，
象的前后各有 1 只鸡，象的上面左右边飞着 2
只鸟；第三组有 1 匹正站着的马，马的前后各
有 1 只鸡，马的上面左右边飞着 2 只鸟；第四
组有 1 只正站着鼻往前垂的象，象的前后各有
1 只鸡，象的上面左右边飞着 2 只鸟。第二大
组与第 1 大组一样。

传
播
与
创
新

图 7-4 纳伽拉Ⅳ型之 JMSEA2 号铜鼓

来自桑厄昂岛，现藏雅加达国家博物馆。
鼓高 26、面径 40 厘米。

　　鼓面无青蛙，中心太阳纹 12 芒，太阳纹外 2 弦分晕，共 6 晕：第 1 晕有围着太阳纹的 33 个乳钉纹，第 2 晕有"＞"纹，第 3 晕有围着太阳纹一连串的梯形纹，第 4 晕有浪线纹，第 5 晕有乳钉纹，第 6 晕无纹饰。鼓胸共 9 晕，晕里无纹饰，鼓胸左右有 4 只鼓耳，左边 2 只，右边 2 只。鼓腰有 1 晕，晕内无纹饰。鼓足 2 晕，晕里无纹饰。

图 7-5　纳伽拉 Ⅴ 型之 JMULKNG3 号铜鼓

发现于乌拉蓝镇库宁岸村的一座墓葬里，现藏雅加达国家博物馆。
鼓高 9.5、面径 5 厘米。

　　鼓面光素，鼓胸中间有 2 道弦纹环绕，两侧各有 2 耳。各鼓耳下鼓腰处各有 3 行竖线纹，鼓腰和鼓足之间有 2 条弦纹环绕。鼓足素面，底部饰 2 道弦纹环绕。

图 7-6　纳伽拉Ⅵ型之 DPJPS1 号铜鼓

据说是 1705 年发现于巴厘岛吉安雅儿镇贝静村，现被置于皮纳塔仑·萨希寺庙里的一个高台上作为"月娘神"祭拜。

鼓高 186.5、面径 160、壁厚 3 厘米。

　　鼓面中心太阳纹 8 芒，当地人称之为月亮纹，芒之间有孔雀羽毛纹，太阳纹外围分成 6 晕：第 1 晕为突出圆圈纹；第 2 晕为圆圈长短线纹；第 3 晕为比较宽的海浪线纹或云纹，浪纹或云纹里有乳钉纹；第 4、5 晕有围着鼓面的断线纹；第 6 晕没有纹饰。鼓胸分 5 晕：第 1 晕无纹饰，第 2 晕有 12 条弦纹环绕，第 3 晕无纹饰，第 4 晕有眼睛又圆又凸出的面具纹，第 5 晕光素。鼓胸与鼓腰之间有 4 只鼓耳。鼓腰 2、3 弦分晕，共 8 晕：第 1 晕纹饰不清，第 2 晕有 5 列栉组成的纹饰若干组（可见 3 组），第 3、4、5、6、7 晕栉纹，第 8 晕光素。鼓足 2、3 弦分晕，共 7 晕：第 1 晕较宽，光素无纹；第 2、3、4、5、6 晕为栉纹；第 8 晕纹饰不清。鼓足有大半边缺失。

图 7-7　纳伽拉Ⅶ型之 SLYM2 号铜鼓

发现于斯拉雅儿占北雅岛附近海域，现藏斯拉雅儿前议员维尔达家中。

　　鼓面中心有太阳纹，太阳纹中间有被圆线包围的象纹。太阳纹外围，2弦分晕，共6晕：第1晕饰凸出断线纹和竖线纹，第2晕饰"U"型纹，第3晕饰8只孔雀纹，第4晕饰围着太阳纹的横线纹，第5晕饰"＜"纹，第6晕饰断线纹。鼓胸共有3晕：第1、3晕比较小，晕里有围着鼓胸的竖线纹；第2晕比较大，共有3组，每一组有3只孔雀纹，每组之间有像羽毛纹一样的竖线纹。鼓腰的纹饰比较丰富，共有3晕：第1、3晕饰围着鼓腰的阶梯纹；第2晕分五组，每组被3块交叉线纹隔开，每组羽人纹。鼓足4晕：第1晕为鼓腰和鼓足的分隔晕；第2晕有围着鼓足的斜线纹；第3晕分3组，每一组被竖线纹隔开，每组有1个人纹、3棵椰树纹、1只鸟纹、1只鸭子纹和2头象纹，象纹头往右看，第1象纹的后面有正坐着的人纹和正飞着的鸟纹，第1象纹前面有1棵椰树和1只鸭子纹，第2象纹前面有1只鸟纹和1棵椰树纹，第4晕斜线纹。

图 7-8　纳伽拉Ⅷ型之 PTKK2 号铜鼓

现藏阿洛县班达尔镇（Pantar）呷贝尔村（Kabir）吉利雅斯（Kiryas）族屋。
鼓高 65、面径 60.5、胸径 55、腰径 35、足径 49、鼓沿外伸 1.9 厘米。

鼓面中心太阳纹 12 芒，12 芒之间有戴着帽子的抽象性人头，芒尖穿透 1 弦。太阳纹外，1 弦分晕，共 12 晕：第 1、3、8 晕竖线纹，第 2、9、10 晕云纹，第 4 晕绚纹，第 5 晕有 29 只抽象的翅膀往上的鸟纹，第 6 晕有 21 只正飞的抽象鸟纹，第 7 晕有 10 只翔鹭纹，第 12 晕 4 只青蛙逆时针环立其上。鼓胸 2 弦分晕，共 6 晕：第 1 晕无纹；第 2、5 晕竖线纹；第 3、4 晕云纹；第 6 晕共有 4 组大同小异的纹饰，有 1 条船，船上站着 1 位指挥人，船中坐着 10 个戴帽子的人，船左边有 1 个动物，只是各组的动物不一样——第 1 组船左边站着 1 匹马，第二组船左边坐着 1 只鹿，第 3 组船左边站着 1 头象，第 4 组船左边站着 1 条狗。鼓胸和鼓腰之间有 4 耳。鼓腰 2 弦分晕，共 7 晕：第 1 晕无纹；第 2 和第 3 晕共有 4 组，每组纹饰由 5 个竖行组成，第 1、5 竖行饰横线纹，第 2、3、4 竖行饰折线纹；第 2 晕在 4 组纹饰之间，饰折线纹；第 3 晕在 4 组纹饰之间饰抽象的正展翅鸟纹；第 4 和 7 晕

是竖线纹；第5和6晕是勾连云纹。鼓腰与鼓足之间有1圈无纹凸棱。鼓足1弦分晕，共5晕：第1、5晕有1圈无纹凸棱；第2和4晕饰勾连平行四边形纹；第3晕共有12只象纹和4只马纹，共分16组——第1组和13组，各有1匹其头往下垂的马，马头和尾上各有1只正飞的鸟；第2组和14组，各有1只其头往下、鼻往内垂的象，象头前站着1位大人，象头和尾上各有1只正飞的鸟；第3组和15组，各有1只其头往下、鼻往下直内垂的象，象头和尾上各有1只正飞的鸟；第4组和16组，各有1只其头往下、鼻往外垂的象，象鼻上站着1位大人，象头和尾上各有1只正飞的鸟；第5组和9组，各有1匹其头往前的马，马头下站着正拉着马的1位大人，大人左边站着1位小孩，马上面有3个四方形纹；第6组和10组，各有只正蹲着头往下鼻子往内垂的象，象头前有位大人，象头和尾上各有1只正飞的鸟，象臀部上站着1只鸟；第7组和11组，各有1只正站着头往下鼻子往下前垂的象，象头和尾上各有1只正飞的鸟；第8组和12组，各有1只正站着、头往下、鼻子往下内垂的象，象鼻上站着1位大人，象头和尾上各有1只正飞的鸟。

图 7-9　纳伽拉Ⅸ型之 KPKFDB1 号铜鼓

七箭莫科蹦鼓，现藏印度尼西亚古邦市（Kupang）克鲁拉罕·华图菲特县（Kelura-han Fatufeto）杜苏·巴图卡德拉村（Dusun Batukadera）尤里奥斯·托比阿斯·唐·劳（Yulios Thobias Tung Lau）家中，据说来自于阿洛群岛的班达岛（Pantar），是纳克拉斯（Nacrasi）族的铜鼓。

鼓高 57.3、面径 31.3、足径 37、腰径 17.5 厘米，鼓面与鼓胸几乎一样大小。

鼓面残，纹饰不清。鼓胸饰 4 耳，已残损不见；鼓胸上部饰 7 道弦纹，下部饰栉纹、斜线纹、栉纹、圆圈圆点纹。腰部饰双线弦纹 1 道；足部饰双线弦纹 4 道，鼓足微外撇。整个铜鼓伤残严重以致变形。

图 7-10　纳伽拉Ⅸ型之 MSMAL3 号铜鼓

班达尔族五箭莫科蹦鼓，现藏阿洛岛阿洛千面莫科鼓博物馆。
鼓高 55、面径 29、胸径 21、腰径 14.5、足径 24.5、壁厚 0.15 厘米。

鼓面边沿外伸 2 厘米。鼓面饰有纹饰，2 弦分晕，纹饰不清。鼓胸顶部饰 6 弦纹，其下 1 宽晕，光素，其下为 3 弦分晕，共 4 晕：第 1、3 晕饰栉纹，第 2 晕为斜线纹，第 4 晕为云蕾凸点切线纹 8 组。鼓胸和鼓腰间有 4 耳。鼓腰 3 弦分晕，共 5 晕：第 1 晕有 4 组纹饰，每组 3 列，每列由 3 条竖线分隔，其间分饰横线纹和斜线纹；第 2、4 晕为栉纹；第 3 晕斜线纹；第 5 晕光素。鼓足外撇，上半部光素，下半部 3 弦分晕，共分 4 晕：第 1、3 晕栉纹，第 2 晕斜线纹，第 4 晕光素。

图 7-11　纳伽拉Ⅸ型之 KBHBG3 号铜鼓

达尔族三箭莫科蹦鼓，现藏古邦达兰格（Darang）族族长巴舍尔·图兰格（Basal Tolang）家。

鼓高 59、面径 37.5、胸径 30、腰径 22.5、足径 29、鼓面边沿外伸 3.5 厘米。

　　鼓面纹饰不清。鼓胸 2、3 弦分晕，共 6 晕：第 1 晕饰弦纹；第 2 晕光素，有破裂和修补痕迹；第 3、5 晕栉纹；第 4 晕斜线纹；第 6 晕凸点、云雷切线纹两两组成一个心形花纹组合，共 8 组。鼓腰几乎是圆柱形，与鼓胸、鼓足分界明显，2、3 弦分晕，共 7 晕：第 1、7 晕光素；第 2、6 晕有 2 套纹饰，一套为方形素框，一套由一列短横线、一列短斜线、一列短横线组成，2 套纹饰相隔分布，各有 3 组；第 3、5 晕栉纹；第 4 晕斜线纹。鼓足外撇，2、3 弦分晕，共 5 晕：第 1 晕云雷切线纹，第 2、4 晕栉纹，第 3 晕斜线纹，第 5 晕光素。

图 7-12　纳伽拉Ⅸ型之 MSMAL4 号铜鼓

班达尔族一箭莫科蹦鼓，现藏阿洛岛阿洛千面莫科鼓博物馆。

鼓高 48、面径 27.4、腰径 14、胸径 22、足径 24、壁厚 0.2、鼓面边沿外伸 1.9 厘米。

　　鼓面纹饰不清。胸上部饰 3 道凸弦纹，其下一宽晕，光素无纹，其下 1、2 弦分晕，共 4 晕：第 1、3 晕栉纹，第 2 晕斜线纹，第 4 晕云雷纹切线纹 8 组。鼓胸下部至鼓腰顶部饰 4 耳，无纹饰。鼓腰 1、2 弦分晕，共 3 晕：第 1 晕由竖线分隔的若干列斜线纹环绕，第 2 晕为斜线纹，第 3 晕栉纹。鼓腰和鼓足分界处饰凸弦纹，鼓足外撇，2 弦分晕，共 5 晕：第 1 晕较宽，光素无纹；第 2、4 晕栉纹；第 3 晕斜线纹；第 5 晕光素，底部饰一道凸弦纹。

图 7-13　纳伽拉 X 型之 MSMAL5 号铜鼓

现藏阿洛岛阿洛千面莫科鼓博物馆。
鼓高 55.3、面径 36.8、胸径 24、腰径 16、足径 28.5、鼓面边沿外伸 3.7 厘米。

　　鼓面素面。鼓胸 2 弦分晕，共 3 晕：第 1、3 晕光素；第 2 晕饰辅首 4 个，分布于鼓耳上根。鼓耳 4 个，在鼓胸第 3 晕，对称分布。鼓腰中部饰弦纹 2 道，2 晕光素。鼓足为 2 凸弦分晕，共 3 晕：第 1、3 晕较窄，光素；第 2 晕较宽，上、下部各饰 4 个辅首纹，上部为倒立，下部正立，正立和倒立辅首相间对称分布。鼓足微外撇，足底饰凸弦纹。该鼓在阿布依族中称怡蒂伽拉·巴利尔（Itikara Palil）或土玛蕾（Malai Tanah），属于第 3 等级；在卡波拉族中称玛蕾·赛·巴哈·阿邦·博罗（Malai Sai Paha Abang Boro）或土玛蕾（Malai Tanah），属于第 3 等级。

图 7-14　纳伽拉 X 型之 MSMAL6 号铜鼓

现藏阿洛岛阿洛千面莫科鼓博物馆。

鼓高 54.3、面径 32.9、胸径 25.8、腰径 18、足径 32、鼓面边沿外伸 2.2 厘米。

　　鼓面素面。鼓胸上、下部各饰 2 道弦纹，弦纹间饰 4 组舞人纹；鼓胸腰间饰镂空 4 耳；鼓腰中部饰弦纹 1 道；鼓足上部饰 2 道弦纹，中部主体纹饰为 4 组舞人纹。鼓足微外撇，整体保存完好。该鼓在阿布侬族中称古尔玛蕾·比雷克·达哈（Kolmalai Bilek Taha）或蜥蜴图古尔·土玛蕾（Kolmalai Tanah Cap Cicak），属于第 4 等级；在卡波拉族中称郭毅尔·茉莉·巴哈·马瑞达（Koil Moli Paha Maruitta）或蜥蜴图古尔·土玛蕾（Kolmalai Tanah Cap Cicak），属于第 4 等级。

图 7-15　纳伽拉 X 型之 MELAL5 号铜鼓

现藏阿洛岛墨鲁村（Moru）的阿布依族人伊奥斯坦塔·劳马莱（Eostantyn Laumalay）家里。

鼓高 52、面径 28、胸径 22、腰径 14、足径 26.5、鼓壁厚 0.2、鼓面边沿外伸 2 厘米。

鼓面纹饰模糊不清。鼓胸上半部有 2 道凸弦纹、下半部有 1 道凸弦纹将鼓胸分为 3 晕：第 1、3 晕光素；第 2 晕 4 个狮子头纹对称分布；鼓胸下半部立 4 耳。鼓腰中部有 2 道凸弦纹将之分成 2 晕，均光素无纹。鼓足上下各有 1 道凸棱将之分成 3 晕：第 1、3 晕光素，第 2 晕 4 个狮子头纹对称分布。该鼓在阿布依族中称北伽娃·阿部怡·贝（Kolmalai Koti Taha）或八个博巴古尔·土玛蕾（Kolmalai Tanah Delapan Bobak），属于第 5 等级；在卡波拉族中称郭毅尔·茉莉·巴哈·郭达（Koil Moli Paha Kotta）或八个博巴古尔·土玛蕾（Kolmalai Tanah Delapan Bobak），属于第 5 等级。

图 7-16 纳伽拉 X 型之 MRABAL3 号铜鼓

现藏墨鲁村阿布依族族屋里。
鼓高 60、面径 35、腰径 16、胸径 29、足径 30、鼓面边沿外伸 3 厘米。

　　鼓面素面。鼓胸腰之间饰镂空 4 耳；鼓胸饰上部饰 3 线弦纹，胸下部饰 1 道凸弦纹穿 4 耳而过；腰饰 2 道弦纹，上下部是 1 道凸弦纹，中部饰 3 线弦纹；鼓足外撇，上部饰弦纹 1 道，下部饰弦纹 2 道。保存完好。该鼓在阿布依族中称爪哇·丹那·哈外怡·博经（Jawa Tanah Hawai Boking）或耳洞·土爪哇（Jawa Tanah Telinga Lubang）或爪哇·伽伟·博经（Jawa Gawei Boking），属于第 6 等级；在卡波拉族中称爪哇·巴哈·阿维尔·博艺（Jawa Paha Awel Boi）或耳洞图·土爪哇（Jawa Tanah Telinga Lubang），属于第 6 等级。

图 7-17　纳伽拉X型之 MSMAL7 号铜鼓

现藏阿洛岛阿洛千面莫科鼓博物馆。

鼓高 56.5、面径 29.8、胸径 20、腰径 13.5、足径 22、鼓面边沿外伸 1.8 厘米。

鼓面素面。鼓胸上部饰双凸弦纹，将之分为 2 晕，均光素无纹，鼓胸一侧立单耳。鼓腰中部饰 1 道凸弦纹，上下晕均光素；鼓足下部饰凸弦纹 1 道，上下晕均光素。鼓足微外撇，整体保存完整。该鼓在阿布依族称爪哇·丹那·哈伟·努古（Jawa Tanah Hawei Nuku）或一只耳·土爪哇（Jawa Tanah Satu Telinga），属于第 7 等级；在卡波拉族称爪哇·巴哈·阿维尔·努力（Jawa Paha Awel Nu）或一只耳图·土爪哇（Jawa Tanah Satu Telinga），属于第 7 等级。

图 7-18 纳伽拉 X 型之 MSMAL17 号铜鼓

现藏阿洛岛阿洛千面莫科鼓博物馆。

鼓高 55、面径 32.6、胸径 25、腰径 16.5、足径 31.5、鼓面边沿外伸 2 厘米。

鼓面素面。鼓胸上部饰 4 凸弦纹，将鼓胸分为 2 晕：第 1 晕窄小，光素无纹；第 2 晕较宽，饰藤蔓纹 4 组。鼓胸下部立 4 耳，耳上饰四叶纹。鼓腰中部有一凸棱，其余光素。鼓腰与鼓足分界处有 1 凸棱。鼓足下部有 1 凸棱将鼓足分为 2 晕：第 1 晕较宽，饰藤蔓纹 4 组；第 2 晕较窄，光素，鼓足外撇明显。该鼓在阿布依族中称万德拉图爱玛拉鼓（Tumirang Wandra）或爱玛拉·万德拉（Aimala Wandra），属于第 27 等级；在卡波拉族中称望加锡·丹那·比冷·哈当·楼黑（Makasar Tanah Bileng Hatang Lohi）或耳环图·土爪哇（Java Paha Malawangton），属于第 9 等级。

鼓胸细部

鼓腹细部

图 7-19　纳伽拉Ⅹ型之 MRABAL4 号铜鼓

现藏墨鲁村阿布依族族屋里。
鼓高 59.2、面径 30、足径 30、腰径 18、胸径 28、鼓面边沿外伸 1 厘米。

　　鼓面素面。胸饰 1、2 弦分晕，共 3 晕：第 1 晕饰弦纹，第 2、3 晕饰草叶纹。鼓胸与鼓腰间饰镂空 4 耳，耳部系有绳索。鼓腰有凸纹，图案不清。鼓足外撇，2 弦分晕，共 3 晕，光素无纹。该鼓在阿布依族中称玛咖萨尔·丹那·黑巴尔·达哈（Makasar Tanah Hipar Taha）或鸡角图·土望加锡（Makasar Tanah Taji Ayam）或玛咖萨尔·丹那·帝霸尔·达伽／拐杖（Makasar Tanah Tipar Taga/Tongkat），属于第 11 等级。

图 7-20　纳伽拉X型之 MRABAL7 号铜鼓

现藏墨鲁村阿布依族族屋里。
鼓高 52.5、面径 31 、足径 27.5、腰径 15、胸径 25.5、鼓面边沿外伸 2.5 厘米。

　　鼓面素面。鼓胸 2 凸弦分晕，共 3 晕；鼓胸和鼓腰间是有 4 耳。鼓腰中间有 2 凸弦将之分为 2 晕。鼓胸及鼓腰部均饰人像，但已模糊不清。鼓足 2 凸弦分晕，共 3 晕，各晕光素。鼓足外撇。 该鼓在阿布依族中称玛咖萨尔·丹那·黑巴尔·达哈（Makasar Tanah Hipar Taha）或鸡角 图·土望加锡（Makasar Tanah Taji Ayam）或望加锡·丹那·帝霸尔·达伽（Moko Makasar Tanah Tipar Taga），属于第 11 等级；在卡波拉族中称望加锡·秀·俄·贝达（Makasar Siu E Beta）或鸡角图·土望加锡（Makasar Tanah Taji Ayam），属于第 12 等级。

图 7-21　纳伽拉 X 型之 MSMAL8 号铜鼓

现藏阿洛岛阿洛千面莫科鼓博物馆。
鼓高 55.5、面经 29、胸径 24、腰径 16、足径 30 、鼓面边沿外伸 2.8 厘米。

　　鼓面素面。缘微下垂，残缺一小块。鼓胸上、中、下各饰凸弦纹两
道；四耳立于胸腰之间；鼓腰中部饰凸弦纹 2 道；鼓足上、中、下部各饰
凸弦纹 2 道，足底部是弦纹 2 道，鼓足外撇。该鼓在阿布依族族中称望
加锡·丹那·蒂勒·达哈（Makasar Tanah Tilei Taha）或竖着铁线梳
子图·土望加锡鼓（Makasar Tanah Cap Kawat Sisir Berdiri），属于
第 13 等级；在卡波拉族中称望加锡·玛尼·巴达（Makasar Mani Bata）
或铁线图·土望加锡玛来鼓（Makasar Tanah Cap Kawat），属于第 13
等级。

图 7-22　纳伽拉 X 型之 MSMAL9 号铜鼓

现藏阿洛岛阿洛千面莫科鼓博物馆。

鼓高 54.6、面径 31.5、胸径 24.8、腰径 16.2、足径 28、鼓面边沿外伸 2.6 厘米。

　　鼓面饰弦纹，有残损，经过修补。鼓胸 1、2 凸弦分晕，共 3 晕：第 1 晕纹饰不清；第 2 晕底部饰锯齿纹；第 3 晕上下部饰锯齿纹，锯齿纹之间饰大象 4 个，正对鼓耳上方。鼓腰上部饰 4 耳，中部饰凸弦纹 1 道，位于耳之下方。鼓足 1 凸弦分晕，共 2 晕：第 1 晕上下饰锯齿纹，锯齿纹间饰马、四角花；第 2 晕上部是锯齿纹，其下主体纹饰为马、象、鸵鸟、四角花等。该鼓在阿布依族中称望加锡・丹那・达・墨厚吾尔・达厚・哈拉尔（Makasar Tanah Da Mohoul Tahu Halal）或转身鹿船图・土望加锡鼓（Makasar Tanah Cap Perahu Rusa Menoleh），属于第 17 等级；在卡波拉族称望加锡・诶・黑（Makasar Ei Hei）或转身鹿船图・土望加锡鼓（Makasar Tanah Cap Perahu Rusa Menoleh），属于第 17 等级。

图 7-23　纳伽拉 X 型之 MSMAL10 号铜鼓

现藏阿洛岛阿洛千面莫科鼓博物馆。
鼓高 51.5、面径 29.2、胸径 24、腰径 15.5、足径 29、鼓面边沿外伸 1.2 厘米。

　　鼓面素面，胸腰间饰四耳。鼓胸 2 凸弦分晕共 3 晕：第 1 晕饰网格纹，第 2 晕饰枝蔓纹，第 3 晕饰枝蔓纹和动物（似牛）。鼓腰上部及中部饰 2 道凸弦纹，其余光素。鼓足 2 凸弦分晕，共 3 晕：第 1 晕饰树枝蔓纹饰，第 2 晕饰动物（似牛、猪等），鼓足外撇。该鼓在阿布依族中称望加锡·丹那·俄·黑·奥迪·多鲁古（Makasar Tanah E Hei Auti Doluku）或低头鹿船图·土望加锡莫科鼓（Makasar Tanah Cap Perahu Rusa Tunduk），属于第 18 等级；在卡波拉族中称望加锡·诶·黑（Makasar Ei Hei）或低头鹿船图·土望加锡玛来鼓（Makasar Tanah Cap Perahu Rusa Tunduk），属于第 18 等级。

图 7-24　纳伽拉Ⅹ型之 MSMAL11 号铜鼓

现藏阿洛岛阿洛千面莫科鼓博物馆。
鼓高 65、面径 38.2、胸径 29.5、腰径 19.5、足径 38、鼓面边沿外伸 1.8 厘米。

　　鼓面素面。鼓胸上部饰弦纹 1 道，将之分为 2 晕：第 1 晕光素；第 2 晕立有镂空 4 耳，各耳间饰 4 个狮子头纹鼓腰中、下部各饰弦纹 1 道，其余光素。鼓足上下饰弦纹 2 道，弦纹间饰 4 组兰花及 4 组狮子头纹，鼓足外撇。该鼓在阿布依族中称杜米浪·务当·贝·巴丽雅（Tumirang Utang Pei Paria）或爱玛拉·七个巴丽雅（Aimala 7 Paria），属于第 19 等级；在卡波拉族中称哦怡·玛蕾谁·阿尼里·楼（Oi Malese Aniri Lou）或务当·贝·七个巴丽雅（Utang Pei 7 Paria），属于第 19 等级。

图 7-25　纳伽拉X型之MSMAL12号铜鼓

现藏阿洛岛阿洛千面莫科鼓博物馆。
鼓高 59.8、面径 36.6、胸径 24.5、腰径 16、足径 34、鼓面边沿外伸 3.8 厘米。

　　鼓面素面。鼓胸2凸棱分晕，共2晕：第1晕光素；第2晕立4镂空鼓耳，鼓耳上根部饰兰花，两耳之间饰狮子头纹。鼓腰中部有凸棱，其余光素。鼓足为1、2凸弦纹分晕，共3晕：第1、3晕光素；第2晕饰兰花和狮子头纹4组，相间分布。该鼓在阿布依族中称杜米浪·务当·贝·巴丽雅（Tumirang Utang Pei Paria）或爱玛拉·八个巴丽雅（Aimala 8 Paria），属于第20等级；在卡波拉族中称哦怡·玛蕾谁·阿尼里·道翁（Oi Malese Aniri Toong）或杜米浪·八个巴丽雅（Tumirang 8 Paria），属于第20等级。

图 7-26　纳伽拉Ⅹ型之 KPKFDB3 号铜鼓

现藏印度尼西亚古邦市克鲁拉罕·华图菲特县杜苏·巴图卡德拉村尤里奥斯·托比阿斯·唐·劳家。

鼓高 54.5、面径 33.6、足径 31.5、腰径 15、鼓面边沿外伸 2.5 厘米。

　　鼓面纹饰不清晰。鼓胸下部饰 4 个镂空柄耳。鼓胸饰草叶纹，鼓腰饰凸弦纹 1 道；鼓足饰草叶纹，鼓足外撇。该鼓在阿布依族中称杜米朗·达美达伽（Tumirang Tametaka）或兰花图·爱玛拉（Aimala Bunga Angrek），属于第 21 等级；在卡波拉族中称欧怡·玛蕾谁·阿达·欧么·郭厚（Oi Malese Ata Om Koho）或兰花图·爱玛拉（Aimala Bunga Anggrek），属于第 22 等级。

图 7-27　纳伽拉 X 型之 MSMAL14 号铜鼓

现藏阿洛岛阿洛千面莫科鼓博物馆。

鼓高 58.5、面径 33、胸径 26、腰径 17、足径 27、鼓面边沿外伸 2.5 厘米。

　　鼓面 2、3 弦分晕，共 6 晕：中心及第 1、2、3 晕为太阳花纹，第 4、5、6 晕光素。鼓胸上半部有 2 凸棱，将鼓胸分为 2 晕：第 1 晕较窄，光素；第 2 晕较宽，立有 4 耳，鼓耳之间饰人蹲踞于藤蔓纹上图样。鼓腰中部有 2 凸弦纹，其余光素。鼓足上下部各有 1 凸棱，将之分为 3 晕：第 1、3 晕较窄，光素；第 2 晕较宽，上部饰 4 组团花纹，下部 4 组饰四

叶纹，相间交错分布。该鼓在阿布依族中称杜米浪·阿妈港·达哈（Tumirang Amakang
Taha）或人图爱玛拉鼓（Aimala Cap Manusia），属于第 23 等级；在卡波拉族中称哦
怡·玛蕾谁·阿达·欧恩·柯霍（Oi Malese Ata om Koho）或人图爱玛拉鼓（Aimala
Cap Manusia），属于第 23 等级。

图 7-28　纳伽拉Ⅹ型之 MSMAL15 号铜鼓

现藏阿洛岛阿洛千面莫科鼓博物馆。

鼓高 56.2、面径 34.5、胸径 27、腰径 16.5、足径 31、鼓面边沿外伸 3 厘米。

　　鼓面外缘饰 11 个乳钉，其余光素。鼓胸由 1 凸棱分为 2 晕：第 1 晕较窄，光素；第 2 晕较宽，下部立有 4 耳，4 耳上根部饰藤蔓纹，各耳之间饰团花纹。鼓腰中部有 2 道凸棱，下部有 1 道凸棱，将鼓腰分为 3 晕，各晕光素无纹。鼓足下部有 1 道凸棱，将之分为 2 晕：第 1 晕较宽，饰藤蔓纹和团花纹各 4 个，相间分布；第 2 晕光素。鼓足外撇。该鼓在阿布依族中称杜米浪·阿郎·法拉玛（Tumirang Arang Farama）或十二支酸果图·爱玛拉鼓（Aimala 12 Biji Asam），属于第 25 等级；在卡波拉族中称沙巴尔·杜鲁·斑达（Sabar Turu Banta）或十二支酸果图·爱玛拉鼓（Aimala 12 Biji Asam），属于第 25 等级。

图 7-29 纳伽拉 X 型之 MSMAL16 号铜鼓

现藏阿洛岛阿洛千面莫科鼓博物馆。

鼓高 58.5、面径 33.5、胸径 23、腰径 16、足径 28、鼓面边沿外伸 2.8 厘米。

　　鼓面饰八角星，星内饰太阳花纹。鼓胸上半部有 2 道凸弦纹，下部有 1 道凸弦纹，将鼓胸分为
3 晕：第 1、3 晕较窄，光素无纹；第 2 晕较宽，立 4 耳，耳耳之间饰人蹲立藤蔓纹上图样。鼓腰
中部饰双凸棱，其余光素。鼓足上部有 1 道凸棱，下部有 1 道乳钉组成的凸棱，将鼓足分为 3 晕：
第 1、3 晕较窄，光素无纹；第 2 晕较宽，上饰团花纹，中饰人蹲踞抱物图样，下饰动物（似犬），

鼓足外撇，足沿饰乳钉连线。该鼓在阿布依族中称杜米浪·芭蕾德邦（Tumirang Baletbang）或手上拿着武器人图爱玛拉鼓（Aimala Cap Manusia Pegang Senjata），属于第 26 等级；在卡波拉族中称杜米浪·贝勒贝·娃纳（Tumirang Blepe Wana）或手上拿着武器人图爱玛拉鼓（Aimala Cap Manusia Pegang Senjata），属于第 26 等级。

图 7-30　纳伽拉 X 型之 MELAL4 号铜鼓

现藏阿洛岛墨鲁村的阿布依族人伊奥斯坦塔·劳马莱家。

鼓高 54.2、面径 31、胸径 24、腰径 16、足径 32.5、鼓面边沿外伸 2.5 厘米。

　　鼓面纹饰不清。鼓胸上半部有 4 道凸棱，将鼓胸分成 3 晕：第 1、3 晕较窄，饰细弦纹；第 2 晕较宽，蹲踞人形纹和草叶纹各 4 个，相间分布。鼓胸和鼓腰间立有 4 耳。鼓腰中部 3 道凸弦纹，将之分成 2 晕，均饰细弦纹。鼓足 2 凸弦分晕，共 3 晕：第 1、3 晕较窄，光素；第 2 晕较宽，蹲踞人形纹和草叶纹各 4 个，相间分布。鼓足外撇，足底有 2 道凸弦纹。该鼓在阿布依族中称贝卡瓦·阿部怡·贝（Pegawa Apui Pei）或贝卡瓦·卡拉图（Pegawa Cap Kala），属于第 29 等级；在卡波拉族中称阿部怡·贝（Apui Pei）或贝卡瓦·卡拉图（Cap Kala），属于第 28 等级。

图 7-31　纳伽拉 X 型之 KPDAL3 号铜鼓

现藏阿洛岛的一个卡波拉族村子——科皮迪尔（Kopidil）。

鼓高 52.7、面径 32、胸径 23、腰径 15、足径 24、鼓面边沿外伸 3 厘米。

　　鼓面纹饰不清，有破损。鼓胸上部、下部各有 1 道凸棱，将之分
为 3 晕：第 1、3 晕较窄，光素无纹；第 2 晕饰藤蔓纹和舞人纹各 2
组，相间分布。鼓胸、鼓腰间立 4 耳（1 个已失，1 个已残）。鼓腰中
部饰 4 凸弦纹，其余光素。鼓足上部有 1 凸棱，下部有 2 凸弦，将鼓
足分为 3 晕：第 1、3 晕较窄，光素无纹；第 2 晕饰藤蔓纹和舞人纹

各2组，相间分布。鼓足外撇。该鼓在阿布依族中称杜拉·布纳·贝卡瓦（Dura Puna Pegawa）或拿着匕首人图贝卡瓦鼓（Pegawa Pegang Pisau），属于第32等级；在卡波拉族中称达玛哈达·厚龙·法拉（Tamahata Holong Fara）或拿着匕首人图·达玛哈达鼓（Tamahata Manusia Pengang Pisau），属于第29等级。

图 7-32　纳伽拉 X 型之 KPKFDB2 号铜鼓

现藏印度尼西亚古邦市克鲁拉罕·华图菲特县杜苏·巴图卡德拉村尤里奥斯·托比阿斯·唐·劳家。

鼓高 44、面径 31.7、足径 26、腰径 13、鼓面边沿外伸 2.5 厘米。

　　鼓面残，纹饰不清。鼓胸饰 4 柄耳。鼓胸饰 4 组月亮、太阳纹；鼓腰饰 3 线凸弦纹 1 道；鼓足饰月亮、太阳纹 4 组，鼓足微外撇。该鼓在阿布依族中称怡雅·伽星莫科鼓（Iya Kasing）或月圆图鼓（Cap Bulan），属于第 33 等级；在卡波拉族中称武尔达（Ulta）或月圆图鼓，属于第 30 等级。

图 7-33　纳伽拉 X 型之 TPLAL2 号铜鼓

现藏阿洛岛的一个阿布依族村子——塔科帕拉（Takpala）。
鼓高 53.2、面径 32.5、胸径 28、腰径 21、足径 28、鼓面边沿外伸 1 厘米。

　　鼓面是合盖上去的，边缘下垂，有用绳子及铁丝固定的痕迹。鼓胸下部、足的上部有凸起一圈，胸、腰间立 4 耳，胸、足纹饰相同，饰刻划的凤鸟纹。腰饰 2 道凹弦纹。该鼓在阿布依族中称物比·古丽（Upi Kuli）或白色莫科鼓（Moko Putih），属于第 34 等级；在卡波拉族中称维尔·玛高（Wel Makau）或白色莫科鼓（Moko Putih），属于第 31 等级。

图 7-34　纳伽拉 X 型之 MELAL7 号铜鼓

现藏阿洛岛墨鲁村的阿布依族人伊奥斯坦塔·劳马莱家。

鼓高 54.5、面径 33、胸径 21、腰径 15、足径 26、鼓面边沿外伸 2.5、鼓壁厚 0.2 厘米。

鼓面纹饰不清，边沿有乳凸。鼓胸上半部有 2 道凸棱，将之分成 2 晕：第 1 晕较窄，光素；第 2 晕饰草蔓叶纹、狮子头纹，各 4 个，相间分布。鼓胸下部立有 4 个镂空鼓耳。鼓腰中部有 3 道凸弦纹，将之分成 2 晕，均光素无纹。鼓足上部有 1 道凸弦纹、下部有 2 道凸弦纹，将鼓足分为 3 晕：第 1、3 晕较窄，光素；第 2 晕饰草蔓叶纹、狮子头纹纹，各 4 个，相间分布。鼓足外撇，

足底有厚沿。该鼓在阿布依族中称玛来·弗金Ⅱ（Malai Foking Ⅱ）或非相贴花图·玛来萨拉尼（Malaisarani Bunga Tidak Bersentuhan），属于第 36 等级；在卡波拉族中称阿达·郭厚（Ata Koho）或非相贴花图·玛来萨拉尼，属于第 33 等级。

图 7-35　纳伽拉 X 型之 KPKFDB4 号铜鼓

现藏印度尼西亚古邦市克鲁拉罕·华图菲特县杜苏·巴图卡德拉村尤里奥斯·托比阿斯·唐·劳家。

鼓高 43.2、面径 29.5、足径 23.8、腰径 14、鼓面边沿外伸 2.6 厘米。

　　鼓面微残，纹饰不清。鼓胸饰镂空 4 柄耳；鼓胸上部饰 2 道弦纹，主体纹饰为藤纹 4 组；鼓腰直，中部饰 2 道弦纹；鼓足饰四组草叶纹，鼓足微外撇。该鼓在阿布依族中称蹦·给拉伟（Bung Klawi）或新古尔玛来（Kolmalai Baru），属于第 39 等级；在卡波拉族中称蹦·格尔来（Bung Klai）或新古尔玛来（Kolmalai Baru），属于第 36 等级。

图 7-36　纳伽拉 X 型之 KPDAL2 号铜鼓

现藏阿洛岛的科皮迪尔村（Kopidil）杰米巴坦·嘿塔米（Jembatan Hitam）的一个卡波拉族人厄利亚·塔皮尔哈（Elia Taprha）家。

鼓高 53、面径 28、胸径 24、腰径 16、足径 28、鼓面沿外伸 1.8 厘米。

鼓面素面。鼓胸 1（凸）弦分晕，共 4 晕，各晕光素。鼓胸与鼓腰无明确分界，胸腰间有 4 耳对称分布。鼓腰中间有 2 条凸弦分隔，各晕无纹。鼓足 1、2 弦分晕，共 5 晕，各晕光素。鼓足外撇，足底有粗沿。该鼓在阿布依族中称梦恩·玛特（Mengeng Mat）或藤子莫科鼓／新望加锡鼓（Moko Rotan/Makasar Baru），属于第 42 等级；在卡波拉族中称墨尼达（Monita）或藤子莫科鼓／新望加锡鼓，属于第 39 等级。

图 7-37　纳伽拉 X 型之 MRABAL2 号铜鼓

现藏墨鲁村阿布依族族屋。

鼓高 56.5、面径 65.5、足径 48、腰径 46、胸径 57.5、鼓面边沿外伸 4 厘米。

鼓面中心太阳纹 12 芒，2 弦分晕，共 20 晕；鼓胸上部饰凸弦纹 1 道，分成 2 晕，光素无纹，鼓胸、鼓腰之间饰镂空 4 耳；鼓腰饰凸弦纹 1 道；鼓足上部饰弦纹 3 道，中部饰凸弦纹 1 道，鼓足微外撇。保存完好，耳部系有绳索。该鼓在阿布依族中称度昂·萨玛（Tuang Sama）或碧古（Piku），属于第 44 等级；在卡波拉族中称萨非兰巴（Saframba）或碧古鼓，属于第 41 等级。

第四节
舶来品与本土化：印尼铜鼓的源流与主人

关于印度尼西亚铜鼓的来源，在印尼，有来源于中国、印度和越南三种说法。前两种是自古以来一直存在于民间的传说，后一种则是随着近代对铜鼓研究的深入之后，才有学者提出来的学术观点。

一、来源于中国的传说

例如，在斯拉雅儿岛，有一面纳伽拉 II 型铜鼓（黑格尔 I 型铜鼓），传说此鼓与纱威立雅丁国王（Sawerigading）密切相关。斯拉雅儿岛原在望加锡政府的管理下，其主要民族是布吉族（Suku Bugis）。望加锡布吉族传说中有一个拉·伽丽古时期（La Galigo），是布吉族的初创阶段、文明开始的时期，首领人物依靠宗教力量来管理世界。当时的主要人物是纱威立雅丁，他创造了人伦，定下了生活规则，传扬了人生道德，被称为人伦道德的创造者和代表者。

据传说，纱威立雅丁与夫人伟·珠黛（We Cuddai）曾携三位公子拉·伽丽古（La Galigo）、邓理·蒂优（Tenri Dio）和邓理·巴罗博（Tenri Balobo）访问过中国，中国国王以一面大铜鼓相赠。他们回国返抵鲁沃（Luwuk）前，经过斯拉雅儿岛（当时印尼东部和西部的必经之路），在此岛维修船只。为安全着想，他们带着铜鼓来到布达巴汶村（Putabangun）。他们的伟岸、魅力与热情吸引了百姓的注意，感动了当地民众。当地百姓渴望拥有一个有智慧与魅力且能力超群的国王，于是将纱威立雅丁等人尊称为"独马诺龙"（Tumanurung，"王"的意思），并将纱威立雅丁的长子拉·伽丽古立为布达巴汶国的首位国王。如此，纱威立雅丁国王将铜鼓留在了布达巴汶国。

斯拉雅儿岛还有一个传说。古时候，斯拉雅儿岛有一个叫做布达巴汶的国家。中国有个王子曾造访此国，在此住过一段时间。有一天，他见过斯拉雅儿岛公主，一见钟情，便想娶她为妻。中国王子回国后，向其父王禀报了此国的情况，及娶斯拉雅公主的愿望，得到了父亲的同意。为娶斯拉雅儿岛公主为妻，中国王子从中国带着聘礼前来提亲，聘礼中就有铜鼓。他们结婚后不久，中国王子带着公主回中国了，而铜鼓留在了斯拉雅儿岛。现在此铜鼓保存在马达拉郎村中，是和谐的象征。

我们到阿洛岛调查时，也听到一些铜鼓来源于中国的传说。如阿洛岛墨鲁村阿布依族族长约瑟夫·唐皮尼（Yusuf Tangpeni）、班达尔岛呷贝尔村班达尔族族长杰拉米阿斯·瓦安（Jeramias Waang）、珪国（Kui）国王纳斯鲁丁（Nasrudin）都说，他们的铜鼓是前人世代相传留下来的，是属于他们民族的族宝和神物，是他们的祖先从印度国后面的国家漂洋过海带过来的。他们认为，"印度后面的国家"是指中国。

二、来源于印度的传说

印尼古邦岛班达尔岛族族长巴萨尔·图兰（Basal Tolang）告诉我们："我听我爷爷说，他的光鼓（纳伽拉IX型铜鼓）是他们祖先从印度带过来的，约有一千多年的历史了。当时印度发生战乱，印度和中国边界发生战争，情境很乱，生命危险，为了避难，他们的祖先带着光鼓从印度漂洋过海来到印尼，他们到班达尔岛后，定居下来，生儿育女，落地生根，变成班达尔族人。"

三、来源于越南的观点

近代以来，随着铜鼓研究的深入，特别是越南东山铜鼓的发现越来越丰富、研究越来越深入之后，有学者提出了印尼铜鼓来源于越南的观点。如宾塔媞（Bintarti）女士是印尼研究铜鼓很有造诣一位学者，著述颇丰。她借鉴黑格尔、拉姆菲乌斯、胡普等人的观点，认为印尼铜鼓是来自越南，特别是阿洛岛铜鼓，她认为阿洛岛铜鼓源于越南东山。宾塔媞等学者的观点影响了一批人，如阿洛岛研究铜鼓的塞缪尔·劳法先生在他的《阿洛莫科鼓》一书中曾说："阿洛岛的莫科鼓来自越南东山。"[①]爱好铜鼓研究的阿洛岛前旅游局局长玛玛（Mama）女士也认为，阿洛岛铜鼓来自越南东山，她说："因为阿洛岛的部分路名可能与越南语言有关系，比如 Bi-nong-ko、Nu-le、lam-ma 等，从它的音节分析与越南音节很相似。"

考察印度尼西亚铜鼓的起源问题，要从其青铜文化的起源着手。从现有材料来看，东南亚海岛地区，包括印度尼西亚，大约在公元前 1000 年才出现金属文化，而且是从东南亚大陆传入的。在东南亚海岛地区，发现的青铜器多是由采集而来，难以准确断代，但从器形和纹饰来看，种类主要有靴形斧、戈、矛、剑等武器，环、垂饰、手镯等装饰品，铜鼓、铜铃等乐器；常见的纹饰有同心圆、三角纹、连续涡纹、鸟纹、人形纹、鱼纹、船纹等，总体来看，东山文化的风格浓郁。因而学术界普遍认为，除斧、镯之类形

---

① Samuel Laufa. 2009: 15.《阿洛莫科鼓》, Alor: Departemen Pendidikan dan Kebuayaan Alor.

状简单的器物可能出现较早之外，诸如铜鼓一类大型而纹饰繁缛的乐器出现于公元前500年以后或更晚一点的时候①。因此，我们认为，印尼铜鼓文化确实是在外来的影响下形成和发展起来的。古老的黑格尔Ⅰ型铜鼓在印尼多有发现，说明印尼的铜鼓、铜鼓文化的源头是外来的；但黑格尔型铜鼓之外的其他类型铜鼓的大量存在，也说明铜鼓文化作为一种外来文化，在印尼生根发芽，实现了本土化，并开枝散叶，得以发展。中国学者李昆声、黄德荣在深入研究了中国和东南亚古代铜鼓之后指出，印度尼西亚发现的黑格尔Ⅰ型铜鼓是在中国石寨山型铜鼓和越南东山铜鼓（A型和B型）影响下产生的，有些铜鼓是经过贸易、交换、赠予等途径直接输入的。在世界最早的铜鼓中国万家坝型铜鼓的影响下发展起来的越南东山铜鼓，对东南亚诸国的影响大于与之平行发展的石寨山型铜鼓。② 印尼学者林嘉琳认为，贸易很可能是印度尼西亚金属时代发展的推进器，由于没有更可靠的年代推断，尚不清楚冶铜技术是否早于铜鼓被引进到各岛屿，但大约在公元前1世纪，印尼的黑格尔Ⅰ型铜鼓已分布甚广，黑格尔Ⅰ型铜鼓是"外来之物"，这些"外国风格的铜鼓"被引进之初，人们还不会铸造铜鼓，但随后人们就会仿造，因而在阿洛曾发现与黑格尔Ⅰ型铜鼓的器形和装饰有明显系属关系的莫科鼓③。

受前人研究的启发，据目前掌握的资料，我们推断，受发源于中国云南的万家坝型铜鼓的影响，越南东山铜鼓文化大约在公元前500年兴起之后，铜鼓逐渐传播到整个中南半岛，并漂洋过海到了印度尼西亚。起初，东山铜鼓通过贸易、交换或赠予进入印度尼西亚，所以印尼发现有不少黑格尔Ⅰ型（纳伽拉Ⅰ型和纳伽拉Ⅱ型）铜鼓；而后，掌握了铜鼓铸造技术的当地人在仿造这些"外国风格的铜鼓"的过程中，逐渐制造出本土化的铜鼓，铜鼓类型日益繁多。对于印尼各类型铜鼓的年代，因缺乏材料而难以清晰地一一断定，但印度尼西亚铸造贝静型铜鼓的年代可以大体推断出来。贝静铜鼓与黑格尔Ⅰ型铜鼓不同，它是炉罩和鼓室分成两半用失蜡法冶铸的。在巴厘马努巴（Manuaba）发现的阴刻铸模，是用来型塑蜡表面的凸起纹饰，马努巴石模上有一个考究的人面图形，与贝静发现的大鼓周身的图形相似。1989年，I. W. 阿迪卡（Andika）在发掘巴厘东北部的仙美莲（Sembiran）遗址时，发现了一小块冶铸贝静型铜鼓的模具残片，该遗址与公元1—2世纪印度滚轮陶器有联系。另外，村民们曾在帕冲村（Pacung）附近挖

① 贺圣达：《东南亚历史重大问题研究——东南亚历史和文化：从原始社会到19世纪初》（上册），云南人民出版社2015年版，第247页。

② 李昆声、黄德荣：《中国与东南亚的古代铜鼓》，云南美术出版社2008年版，第278页。

③ 林嘉琳：《印度尼西亚与大陆的关系：受庇护人，殖民地还是贸易伙伴？》，载中国古代铜鼓研究会编《铜鼓和青铜文化的新探索——中国南方及东南亚地区铜鼓和青铜文化第二次国际学术讨论会论文集》，广西民族出版社1993年版。

出一面贝静型铜鼓，似乎是被埋在出土滚轮陶器的地层附近。因此，巴厘本地生产的铜鼓和其他青铜器制品至迟出现于2000年以前的看法就得到了证实①。贝静型铜鼓很可能是印度尼西亚铜鼓本土化的最早类型。

印度尼西亚铜鼓的发源首先是由于东山铜鼓的传播和影响，这是有深刻原因的。"就对东南亚其他地区铜鼓文化的直接影响而言，东山铜鼓所产生的影响之所以要更大一些，是因为大约公元前400年以后，东山文化的中心位于越南的红河流域及其邻近的沿海地区，其地理区位使它比云南更容易与东南亚许多地区进行交往。"②从更宏观的时空来看，从中国南方到越南、印度尼西亚的铜鼓文化传播之所以畅通，是因为中国大陆东南的原始人类很早就开始不断迁徙进入东南亚、大洋洲，成为东南亚、大洋洲土著人类发生的重要来源。进入新石器时代、青铜时代以来，东南土著仍不断远航东南亚、南太平洋群岛，成为"南岛语族"海洋文化的直系祖先。"自远古至先秦、两汉，我国东南土著人文与东南亚、太平洋土著人文间关系密切，是东亚地区土著种族、人文的一个相对独立的分区，分布于环东、南中国海的四周，构成一个土著文化传播、融合的海洋性人文空间。"③

笼统而言，印度尼西亚铜鼓文化的主人主要是南岛语族群，因为南岛语族群早在铜鼓传播到东南亚海岛之前，即主导了东南亚海岛地区。可是，在南岛语族群殖民东南亚海岛地区的同时，南岛语族群也一直在不断分化。大约在公元前3500年之后，马来-波利尼西亚语族分化为多成分的西部和中东部语支。中东部马来-波利尼西亚语支的分歧出现在马鲁古或努沙登加拉，除了密克罗尼西亚西部的一些地区之外，该语支包含了太平洋群岛所有的南岛语言。西部马来-波利尼西亚语的主要分支，包括马来语支的各种语言（马来语、米南卡保语、伊班语以及许多苏门答腊和西婆罗洲的语言），与亚齐语、占语、爪哇语和巴厘语一起，在公元前第一个千年或更晚时候单独分离出来④。可见，东山铜鼓传播和影响印度尼西亚之前，马鲁古族、马来族、米南卡保族、亚齐族、爪哇族和巴厘族等早已独立分离出来。接受了铜鼓文化的各族群，又将铜鼓文化发扬光大，于是，创造了众多的本土化类型的铜鼓，创造了多姿多彩的铜鼓文化，有的流传至今。

---

① ［新］尼古拉斯·塔林主编，贺圣达、陈明华、俞亚克、申旭、宋天佑等译：《剑桥东南亚史Ⅰ》，云南人民出版2003年版，第106—107页。

② 贺圣达：《东南亚历史重大问题研究——东南亚历史和文化：从原始社会到19世纪初》（上册），云南人民出版社2015年版，第273页。

③ 吴春明：《从百越土著到南岛海洋文化》，文物出版社2012年版，第Ⅹ-Ⅺ页。

④ ［新］尼古拉斯·塔林主编，贺圣达、陈明华、俞亚克、申旭、宋天佑等译：《剑桥东南亚史Ⅰ》，云南人民出版2003年版，第92-94页。

第五节

神圣与世俗：印度尼西亚铜鼓文化的现状

历史悠久的铜鼓文化在印度尼西亚的巴厘岛、阿洛岛、古邦等地依然存活，一些族群中至今依然尊崇和使用铜鼓。如在巴厘岛，据说是 1705 年发现于巴厘岛吉安雅儿镇贝静村的一面大铜鼓，一直被置于皮纳塔仑·萨希寺庙中的一个高台上作为"月娘神"祭拜至今。传说此铜鼓是月亮车轮之一，从天上掉下来的，它曾被小偷偷走作为尿壶，结果小偷死了，鼓面的月亮就不见了。现在人们每天早上烧香一次祭拜，这是日常的小祭拜。此外，还每年举行一次大祭，称票达兰（Piodalan）或奥达兰（Odalan），根据巴厘历法，在普纳米·奇散格（Purname Kesange）月的第 9 个月圆日举行，祭祀融入了一些婆罗门教的元素。仪式由婆罗门教的皮丹达（Pedanda）主持，有供品、有舞蹈。第一晚跳的舞蹈叫巴厘斯（Baris）、图崩（Topeng）、热赞格（Rejang）；第二晚跳的舞蹈叫巴隆（Barong）；第三、四晚跳一种叫斯特·萨皮安（Siat Sampian）的舞蹈。最重要的一种舞蹈叫尚央雅仑（Shang Hyang Jaran），每 50 年才跳一次。这种舞蹈是神选定的人才能跳，跳的人完全不知道自己是谁，失去了神智。

在阿洛群岛（共 15 座岛，其中 9 座有人居住，现有 20 多万人，13 种语言），人们普遍将铜鼓分为纳伽拉（Nekara）和莫科（Moko）两类。前者是指黑格尔型的铜鼓，后者则是指非黑格尔型的铜鼓。他们认为，两类铜鼓都很有灵魂，都通神，但纳伽拉比较古老、比较稀少，因而比较神圣。珪国是阿洛岛历史上的四个古国之一①，有四个族群：阿布依（Abui）族最大，有 5-6 万人；珪族（Kui）有 1.3 万人；科龙（Kelon）族有 1.2-1.3 万人；哈默（Hamap）族有 1.2-1.3 万人。珪国所有族群都有莫科鼓，但只有阿布依族才有纳伽拉。纳伽拉是身份高贵的象征。从前，珪国纳伽拉也不可以随

---

① 阿洛岛历史上的四个古国是：珪国（Kui）、阿洛国（Alor）、科拉纳国（Kolana）和巴图洛隆国（Batulolong）。

便用于日常世俗之事，只在有比较大的事件发生时才能使用。比如发生了瘟疫、地震、旱灾等灾害时，要举行祭拜铜鼓仪式。人们到森林里找红色的野猪，用它的血洒在铜鼓上。族长是仪式主持人，他举起蛇形刀，对着太阳（如果是晚上则对着月亮）口中念着咒语，各家族族长、男子（女人不能参加，如果女人参加，生不了孩子）到祭台上跪地。仪式的意思是跟上天沟通，消除灾难。莫科则比较普遍和常用。至今阿洛岛上阿布依族、卡波拉族（Kabola）和班达尔族（Pantar）三个族群，几乎每家每户都有莫科鼓，阿布依族和卡波拉族的鼓叫莫科·玛勒（Moko Maley），班达尔族的鼓叫莫科·蹦（Moko Pung）。平时铜鼓有的放在山上的一个房子里，族人通过与祖先沟通，选择一个血液合适做铜鼓守护者的人守护。要成为铜鼓守护者，必须通过整个家族专门举行的一种仪式，整个家族围绕放在祭台上的铜鼓跳叻咯-叻咯舞（lego-lego）。有的人家则将铜鼓藏在树洞中。之所以要藏起来，通常是由于家里人发生矛盾，要争铜鼓。之所以常常是藏在树洞里，是由于树洞有标志，不容易忘记。为避免铜鼓被人偷去，有人会施一种黑巫术来保护铜鼓。这些人相信，施过黑巫术的铜鼓，只有懂黑巫术的人才看得见，普通人如果看见了，就会死；如果偷了铜鼓，更会死。铜鼓被认为是祖先灵魂的载体，只有铜鼓守护者可与祖先沟通。比如收割前，要由铜鼓守护者在房间里打坐七天，跟祖先沟通，祖先说可以收割后，才开始收割。收割时，把铜鼓摆出来，举行仪式。

据我们的初步调查，如今印度尼西亚的巴厘岛、阿洛岛、古邦等地人们依然相信铜鼓具有灵魂和神力，在结婚、建房、求雨、收割、男子成年割包皮等仪式上都使用铜鼓。在当地人们的社会生活中，铜鼓除了是乐器（常与锣等组成一个共有9种乐器的组合）之外，依然发挥着多方面的功能。

一、象征权力和地位。阿洛岛人相信，他们的祖先从外地漂洋过海来到阿洛岛，是他们带来了尊贵的铜鼓，从此铜鼓已变成一种身份的象征。现如今阿洛岛每个族群都有自己的铜鼓，通常存放在族屋里被视为族宝，不可卖，亦不可以随便使用。人们可以通过铜鼓判定家族的身份和来源：拥有光鼓的是班达尔族人；拥有莫科鼓的人是阿布依族人；若一个家族拥有七箭莫科·蹦铜鼓，说明这个家族的身份很高，至少是族长；若一个家族拥有怡蒂基拉（Istikira）莫科鼓，说明这个家族的身份很高；若一个家族拥有纳伽拉Ⅲ型铜鼓或Ⅷ型铜鼓，有可能他们的祖先是国王，或者他们有国王家族的血脉。因此，铜鼓自古以来就是表达尊敬和尊重之情的重礼。古时，在阿洛岛、古邦岛、潘塔尔岛，铜鼓是价值最高的贡品，献给国王铜鼓表示最高的尊重与忠孝，而国王以铜鼓赠予臣民则体现了一种体恤、嘉奖和尊重。据阿洛古王国珪国的第九代国王纳什鲁丁·肯

图 7-38　巴厘岛皮纳塔仑·萨希寺庙中的铜鼓祭坛

图 7-39　珪国国王赠予阿布依族族的铜鼓

图 7-40　珪国第九代国王和阿布依族族长

南基（Nasarudin Kinanggi）①说，荷兰殖民时期，珪国宫殿曾被荷兰军队炸毁，只好迁都至墨鲁村，想在此地重建宫殿。由于此地是阿布依族的土地，于是珪国国王与阿布依族族长进行谈判磋商。为顺利重建宫殿，国王用铜鼓进行交换，结果皆大欢喜，宫殿顺利建设，虽然珪国家族信仰伊斯兰教，而阿布依族多数信仰基督教，但他们一直和睦共处。

二、承载祖先灵魂，庇护子孙后代幸福安康。在冷邦镇（Rembang）巴拉王安村（Plawangan）、拉蒙安村（Lamongan）②和锦达玛尼县（Kintamani）邦理镇（Bangli）玛尼科利优村（Manikliyu）③的坟墓中，曾发现将铜鼓（黑格尔Ⅰ型、黑格尔Ⅲ型和贝静型铜鼓）用作棺材的现象，说明印度尼西亚人很早就将铜鼓视为安放祖先灵魂之器。直至如今，阿洛岛、班达尔岛、弗洛勒斯岛、阿杜纳拉岛、索洛尔岛和冷巴达岛百姓依然视铜鼓为祖先灵魂的载体。他们相信，祖先逝世之后，还在他们的身边，继续保佑他们。所以，祖先过世之后，为了尊敬与感恩祖先，人们通过宗教仪式，把附有祖先灵魂的铜鼓尊放于一间位于高处、被称为巴拉-巴拉（Para-Para）的房屋内，每年一次举行隆重的仪式，将铜鼓请出来祭拜，祈求祖先庇佑子孙后代幸福安康。

三、保佑风调雨顺，农业丰收。阿洛岛的阿布依、卡波拉等族群至今仍将铜鼓作为求雨神器。久旱成灾时，他们会举行宗教仪式，族长会请各家族的代表一起祭神，然后，将铜鼓放在神台中间，他们围着鼓一起念经、祈祷、唱歌、跳叻咯-叻咯舞（Lego-lego）等，祈求风调雨顺。

每临收获季节，阿洛岛、弗洛勒斯岛、阿杜纳拉岛、班达尔岛和巴厘岛上的一些族群都会举行收割仪式，以祈求收割顺利、庄稼丰收。阿洛岛东南部的依芒族（Imang）只有族长才能拥有莫科鼓，他们相信，如果照顾不好莫科鼓，灾祸就会降临。依芒族在种田、收割前要举行仪式：准备一只红公鸡，族长将鸡烤好后，把鸡心放在莫科鼓面边上，等动物来吃。如果有动物来吃，表示是这个莫科鼓吃掉了鸡心，剩下的烤鸡由人们

---

① 据调查，阿洛岛的四个古国在葡萄牙殖民时期尚并存，到荷兰殖民时代，珪国还存在，曾有荷兰王后前来主持珪国庆典礼，至今荷兰还承认珪国。珪国国王世袭，传长子。葡萄牙殖民时期，珪国只有一个国王，叫肯南基·阿坦玛勒（Kinanggi Atamalei）。荷兰殖民时期，珪国有七代国王。现在的珪国国王纳什鲁丁·肯南基（Nasarudin Kinanggi）是第八代。本来，有资格当国王的是他哥哥默查玛迪·肯南基（Mochamad Kinanggi），但他哥哥身体不好，一直在古邦，不能主持工作，1990年代开始便由他代替他哥哥当国王。珪国国王登基时，由县长给他任命书。2003年印尼政府还任命他当了镇长。

② D. D. Bintarti, 1989, *Pertemuan Ilmiah Arkeologi* Ⅴ (1). Jakarta: Kementerian Pendidikan dan Kebudayaan.

③ I Dewa Kompiang Gede. 1997: 39-53. "Makna Perahu Maasa Prasejarah dan Kelanjutanya Masa Kini Dalam Masyarakat Bali," Bali: *Forum Arkeologi*.

图 7-41　阿洛班达尔岛班达尔族长祖屋中的铜鼓

分吃。然后，敲莫科鼓（收割时敲莫科鼓，鼓声大预示收成不好，鼓声小预示收成好）。敲完后，将莫科鼓放在原地。人们第二天开始种田或收割。烤鸡、敲鼓时都要念经。

　　阿杜纳拉岛和索洛尔岛的百姓把铜鼓（主要是纳伽拉 X 型）尊为神，平时尊放于高处祭台。到了收割季节，他们就会举行隆重的收割仪式。仪式正式开始之前，族长或长辈庄严地恭请铜鼓下凡，用椰油擦洗，然后抬着铜鼓游行。游行结束后，把铜鼓尊放于族屋祭台上，在祭台下摆上五谷杂粮、肉食等贡品。仪式开始，族长和长辈手拉手围着铜鼓一起唱歌、跳舞、祈祷。仪式结束后，主持人先将食物分送族长，表示尊敬，然后人们才开始一起食用贡品。他们希望通过这个仪式，保证今年收割顺利，庄稼有好收成，百姓安居乐业，幸福快乐。

　　四、平息纷争，凝聚共识。在阿洛等地，一直用铜鼓做"神判"的传统：如果族群或家族之间发生矛盾而长期得不到解决，族长会请铜鼓神灵下凡，通过宗教仪式，请神灵来解决问题，而百姓自然会遵从铜鼓神灵的决定。这一传统至今仍然依稀可见。比如，每有选举举行，包括选镇长、县长、省长甚至选总统，偶有阿洛各族群的族长将铜鼓请下来，通过举行宗教仪式，由铜鼓的神灵来确定支持对象，所有的族员就必然遵从铜鼓的意志。这种传统习俗体现了铜鼓的凝聚族群的功能。

　　五、交换、支付和赔偿。在阿洛岛等地，17 世纪之前，铜鼓有支付功能，百姓可以使用铜鼓交换东西，特别是贝静型铜鼓或莫科鼓（纳伽拉Ⅸ型与纳伽拉Ⅹ型），不仅可以物易物，而且可像钱币一样，用来买船、布料、五谷杂粮、蜡烛、鸡、蜜蜂等物品，甚至有的百姓用铜鼓来纳税[①]。18世纪，荷兰政府禁止阿洛岛的百姓使用铜鼓来支付，而必须使用荷兰盾，违者严惩。为此，荷兰政府曾回收并熔化了大量铜鼓，荷兰与印尼学者统计发现，1913-1916年间约有2164面铜鼓被荷兰政府熔毁[②]。铜鼓的交换、支付功能如今已荡然无存，但与之密切相关的赔偿功能却依然存在。在阿洛岛，若有族人杀人、偷东西、乱族规、不遵守国法等，必受惩罚，受罚者可用铜鼓（莫科鼓）赔偿、付罚以减轻甚或免罪。至于要用多少面铜鼓或哪种类型的铜鼓，则必须按照族规，由族长来决定。甚至犯了死罪，有时候都可以用铜鼓来换命，纳伽拉Ⅲ、Ⅷ、Ⅸ和Ⅹ型铜鼓有换命功能。按照阿洛岛和班达尔岛的传统族规，杀人要偿命，但杀人者或其家族可以送一些价值高的铜鼓给被害人家族来偿命，因为当地人相信，铜鼓象征着神仙，有了铜鼓，神灵会保佑家族，铜鼓比生命还要高贵，特别是价值高的莫科鼓、光鼓和纳伽拉Ⅲ型和Ⅷ型铜鼓。至今阿洛岛和班达尔岛部分族群还保存着这个传统。

六、定亲联姻。自古以来，铜鼓在印度尼西亚很多族群通婚联姻时发挥着重要作用。首先，铜鼓（莫科鼓）是重要定亲物。一般来说，娶亲之前，男方与女方先商量定亲物，除了羊、猪、五谷杂粮、布匹、首饰、铜锣之外，铜鼓必不可少，男方必须送给女方合适的铜鼓。所谓合适的铜鼓，就是要按照女方的要求，身份地位高的女主人必须使用价值高的铜鼓，身份地位一般的女主人就使用价值一般的铜鼓。在阿洛岛、班达尔岛、古邦岛，此种定亲物被称为"贝丽丝"（Belis）。对于铜鼓的价值，不同族群有不同的标准，比如阿布依族认为莫科鼓（纳伽拉Ⅹ型）是价值最高的铜鼓，而班达尔族的光鼓（纳伽拉Ⅸ型）是价值最低的铜鼓，提亲时阿布依族要的是莫科鼓；相反，班达尔族认为，光鼓是价值最高的铜鼓，而莫科鼓是价值最低的铜鼓，所以提亲时他们要的是光鼓。特别要注意的是，提亲时不可使用纳伽拉Ⅲ型铜鼓和纳伽拉Ⅷ型铜鼓作为定亲物，因为这两类鼓的神灵比光鼓和莫科鼓高，只有国王或族长才可用。如果百姓使用此鼓作为定亲物，那么会带给女方倒霉和不幸，比如生不了孩子，等等。

发源于班达尔岛的纳克拉斯族与阿布依族、班达尔族一样，男女定亲时要送铜鼓。莫科鼓有蹦鼓（Moko Pung）和玛勒鼓（Moko Maley）两种，蹦鼓有七箭、五箭、三箭、一箭和无箭五个等级，在鼓面或鼓胸部以粗短竖线标记。男女恋爱并确定要结婚之后，男方送玛勒鼓给女方作为定亲礼物（数量并没有明确规定），并在女方家跳贡依舞

---

①　Tim Nasional, *Sejarah Indonesia*, Balai Pustaka, Jakarta, 2011, p.354.

②　Ibid., p.355.

（Gnong）。此舞原是战争舞蹈，男女各围成一圈（女内男外）而集体起舞，意思是战胜者将敌人首领的头带回来，放在鼓面中央，人们围绕它跳一个晚上。但现在这种舞主要是定亲时跳，可能跳一个星期，直至女方答应亲事。正式结婚时，男方要送女方蹦鼓。从前，要根据女方家的地位分等级决定送蹦鼓的数量。国王的女儿需送25面，国王以下，按女方家庭地位和女方家族要求分等级送若干面（1~7面）莫科鼓。如果没有蹦鼓，就由两个家族换亲。现在一般来说，男方送女方五面蹦鼓，女方回礼时送一面，但回礼送的蹦鼓不一定是七箭（最高七箭）的，可能是五箭或三箭的。回礼时，人们还会聚集到女方家跳舞。

阿洛岛卡波拉族现在娶亲要六面莫科鼓（因为女方回礼一面，实际送五面）、两个锣（Auang）。这六面莫科鼓是在娶亲的不同阶段送的，有不同名称：

第一面叫斯比尼安（Sibiniang）莫科；

第二面叫塔玛哈塔（Tamahata，一种兰花）莫科，意为开族门鼓；

第三面叫尤尔塔（Ulta，弯月亮之意）莫科，意为舅舅莫科；

第四面叫艾玛拉嘿（Eimalahei）莫科，意为女人房子空（姑娘出嫁了，她的闺房就空了），别称 Anirilow（一厘米边缘之意）莫科；

第五面叫阿塔噢莫科呵（Ataomkoho）莫科；

第六面叫女方母亲椅子莫科（因为母亲生儿育女时有个椅子）。

除了莫科鼓和锣之外，男方还要送女方纱笼（给母亲）、被子（给父亲）、衣服和裤子（给父亲）、长布葛巴雅服（给母亲）、两个锣（族长、镇长各一个）、一头猪。

图 7-42　阿洛岛卡波拉族的娶亲铜鼓

女方舅舅用箭射猪，猪的叫声直通上天的龙，猪血流到地下祖先的灵魂那里，这表示婚礼成立了。之后，男女双方到基督教堂举行仪式。仪式结束后，送女方到男家，女方要送男方一个莫科鼓，叫塔玛哈塔（Tamahata，名称与前面所说第二种一样，但纹饰不同），在男方家举行一个仪式后，男方回送一个叫阿塔果罕（Ataguohand）莫科鼓。结婚仪式宣告结束。

阿布依族人定亲时送铜鼓的仪式淋漓尽致地展现了"人鼓合一"的观念。据对阿洛岛一个原称塔拉朗（Talalang）、现称塔科帕拉（Takpala，无限之意）的阿布依族村子的调查，阿布依族男子往女方家送定亲的铜鼓时，女方家要跳舞迎接。舞蹈有三个组成部分：

一是卡卡叻叻舞（Cakalele），意为迎宾。

二是欢迎莫科舞。男方把莫科鼓送到女方家，女方家族的人用箭射鼓，表示把鼓射死了，属于自己了。然后，飞舞刀喊"这是我的了"。舞蹈中有两面鼓，一面是迎接的，一面是送来的。两面鼓碰四下，表示老鼓欢迎新鼓。然后，一个老妈妈抱过新来的鼓，用歌声诉说这个鼓不简单，得来不容易，现在是我们的了。

三是叻咯-叻咯舞（Lego-lego）。把新老铜鼓放在祭坛上，众人围绕铜鼓跳舞。此舞表示感恩，新来的铜鼓已经来到了新家，是这个家的一员了。

总而言之，印度尼西亚铜鼓文化源远流长，至今仍可在一些地方和族群中见到，但随着全球化的迅猛发展，这些地方和族群的铜鼓文化也饱受冲击，逐渐式微，越来越呈现出边缘性特征。这种情况已引起当地一些有识之士的关注和重视。近年来，当地一些知识分子、退休官员和族群头人等已行动起来，或著书立说，或收藏铜鼓、建收藏馆，或举办旅游项目，为保护和弘扬铜鼓文化不懈努力。这不仅让人们看到了作为印度尼西亚民族传统文化的古老铜鼓文化的顽强生命力，更让人们从中深思民族传统文化如何在现代社会中传承、发展的普遍问题。

图 7-43　阿布依族人定亲时的送铜鼓仪式

第八章

因交流而互鉴，因互鉴而发展

　　中国-东南亚铜鼓文化是春秋时期发源于中国西南地区，逐渐广布于中国南方和越南、老挝、柬埔寨、泰国、缅甸、新加坡、马来西亚、印度尼西亚等国家和地区，且绵延至今的古老文化。其历史之悠久，覆盖面之广阔，涉及民族之众多，内涵之丰富，展现出强大的生命力。这种生命力来源于交流、互鉴。

第一节

从中国西南到东南亚：中国-东南亚铜鼓文化的发展历程

铜鼓遍布中国南方和东南亚国家，形成一个铜鼓文化圈[1]。这个文化圈的形成并非一蹴而就，而是发源于中国西南之后，逐渐传播形成的。

一、中国西南：中国-东南亚铜鼓文化的发源地

铜鼓是中国南方和东南亚国家众多民族的文化瑰宝，铜鼓起源于何地一直是学者研究和探讨的热门问题。19 世纪末，奥地利学者森民诺提出印度起源说[2]，德国学者迈尔和夫瓦提出柬埔寨起源说[3]，因这两个起源说与近百年来的考古发现及研究成果不符，早已为中外学者所不取。20 世纪初，黑格尔等西方学者提出铜鼓起源于越南北部[4]，荷兰学者狄葛乐认为起源于广东西南部[5]，日本学者冈崎敬认为起源于云南滇池[6]。由于当时大部分铜鼓材料都来自于越南，对中国早期铜鼓的了解和研究较少，因此，越南北部说影响较大，很多学者认为越南出土的玉缕鼓是最古老的铜鼓类型，其它类型的铜鼓都是从玉缕鼓演变和发展的。第一次世界大战后，法国在其殖民地越南河内设立远东学院，法国学者在越南的考古发掘和研究工作空前繁荣，这也促使铜鼓的研究中心从欧洲转移到越南河内[7]。法国远东学院学者戈鹭波通过对铜鼓的研究，在发表的论文

---

[1]　万辅彬，韦丹芳：《试论铜鼓文化圈》，《广西民族研究》2015 年第 1 期。

[2]　J. De Schmeltz, *Bronze-Pauken in indischen Archipel intarnaticnales Archivfur ethnographie*, Bd. 10, Leiden, 1896, p.41.

[3]　A. B. Meyer and W. Foy, *Bronze-drum Southeast Asia*, Dresden, 1898.

[4]　弗朗茨·黑格尔著、石钟健等译：《东南亚古代金属鼓》，上海古籍出版社 2004 年版，第 385-386 页。

[5]　J. J. M. De Groot, "Die autiken bronze-pauken im ostiudischen archipel und aufdem Festiande von Sudost-Asien," *Mittheilungen des Seminars für Orientalische Sprachen*, 4, Berlin, 1901, pp.76-113.

[6]　王大道：《云南剑川海门口早期铜器研究》，载《中国考古学会第四次年会论文集》，文物出版社 1986 年版，第 139 页。

[7]　李昆声、黄德荣：《中国与东南亚的古代铜鼓》，云南美术出版社 2009 年版，第 11 页。

《金属鼓的起源及传播》中提出铜鼓起源于东京（越南北部）的观点[①]。这一时期，铜鼓研究的中心虽然已转向亚洲，但是，由于这一时期的学者主要依靠西方学者之前发表的论文和越南博物馆的铜鼓实物进行研究，因此，在铜鼓起源和分类等方面的研究成果并没有推陈出新。

中华人民共和国成立后，中国铜鼓研究迅速发展。20世纪六七十年以来，随着云南楚雄、祥云、弥渡等地万家坝型铜鼓的考古发现，尤其是万家坝古墓群的发掘[②]，铜鼓的中国起源说越来越具说服力。中国考古学家李昆声和黄德荣根据考古发现和历史文献，反复论证铜鼓起源于滇西至滇中一带。1980年，李昆声将当时发现的16面云南早期铜鼓分为Ⅰ式和Ⅱ式，Ⅰ式铜鼓以楚雄万家坝23号墓出土的四面铜鼓和大海波鼓为代表，并根据类型学和 C^{14} 测年研究成果，论证万家坝的四面铜鼓起源于滇西至滇中一带，其年代最早可追溯至春秋早期[③]。1990年，李昆声和黄德荣基于对新出土万家坝型铜鼓的分析和研究，再次认定滇西至滇中一带是古代铜鼓的发源地[④]。2007年，他们在分析越南发现的万家坝型铜鼓的基础上，论证了云南滇西和滇中地区出土的万家坝型铜鼓是形态最原始的铜鼓[⑤]。自此，古代铜鼓的发源地是滇西、滇中一带的观点逐渐成为国内外学界的共识。

中国西南成为中国-东南亚铜鼓文化的发源地是有其原因的：

其一，由于稻作农业的发展，人们可以有一个稳定的生活环境和相对富足的经济生活，这为铜鼓文化的产生提供可能的人文背景和经济基础。从考古方面来看，在云南滇池东岸新石器时代遗址中出土的泥质红陶器内外壁上夹有稻壳和谷穗芒的痕迹[⑥]，为探索和研究亚洲栽培稻的起源提供重要的证据。大量的文献和考古资料说明，稻谷最早起源于中国南方地区，随后传播到中国北方地区及东南亚等国家。种植水稻的古代先民为祈求风调雨顺、五谷丰登，太阳、青蛙、翔鹭、云雷等与稻作密切相关的自然现象和动植物就成为了他们崇拜的对象。正是因为稻作文化为铜鼓文化的产生提供了人文背景和生活基础，铜鼓上才出现太阳纹、青蛙饰、云雷纹等反映古代先民社会生活、风俗习惯和宗教信仰的纹饰。

---

① 梁志明、郑翠英：《论东南亚古代铜鼓文化及其在东南亚文化发展史上的意义》，《东南亚研究》2001年第5期。

② 云南省文物工作队：《楚雄万家坝古墓群发掘报告》，《考古学报》1983年第3期。

③ 李昆声、黄德荣：《谈云南早期铜鼓》，《昆明师范学院学报》1980年第4期。

④ 李昆声、黄德荣：《论万家坝型铜鼓》，《考古》1990年第5期。

⑤ 李昆声、黄德荣：《再论万家坝型铜鼓》，《考古学报》2007年第2期。

⑥ 黄展岳、赵学谦：《云南滇池东岸新石器时代遗址调查记》，《考古》1959年第4期。

其二，云南、岭南等地区丰富的铜、铅、锡等矿藏为铜鼓的铸造提供了丰富的原料。奥地利学者黑格尔以及广西壮族自治区博物馆、云南省博物馆、北京钢铁学院的学者先后对铜鼓进行了化学分析，发现其主要金属成分是铜、铅和锡。因此，要铸造铜鼓，当地或附近必须要有足够的铜、铅和锡等原料。而铜鼓分布集中的中国南方正好蕴藏着丰富的铜、铅、锡等矿藏。

西汉时期，云南铜、铅、锡等矿藏便见于史书记载。《汉书·地理志上》记载："怀山出铜。""律高，西石空山出锡，东南滥町山出银、铅。""比苏，贲古，北采山出锡，西羊山出银、铅，南乌山出锡。"由此可知，云南中部的澄江等地出铜，弥勒、云龙、蒙自、个旧等地出锡，弥勒等地出铅。自东汉时期后，不断有新的矿产地的记载，《后汉书·南蛮西南夷列传》记载：哀牢人居住的地区"出铜、铁、铅、锡、金、银、光珠、虎魄、水精、琉璃、轲虫、蚌珠、孔雀、翡翠、犀、象、猩猩、貊兽"。哀牢人居住的地区即今云南永平、腾冲、龙陵及德宏傣族景颇族自治州等地。到清朝，大量的铜、铅、锡等矿藏被发现，而且储量大，遍布滇西、滇南等地区。

同样，岭南地区也蕴藏着丰富的铜、铅、锡等矿藏。《汉书·地理志下》记载岭南"处近海，多犀、象、毒冒、珠玑、银、铜、果、布之凑，中国往商贾者多取富焉"。先秦时期岭南就多产铜，并与南海地区有密切的经济交往。《旧唐书·地理志四》记载：铜陵"以界内有铜山也"。铜陵今为广东阳春市东北。《新唐书·地理志七上》记载："镡津，中下。初州治永平，无镡津，又有隋安、贺川、宁人等县，皆贞观后省并更置，而宁人隶容州，永平隶昭州。有铅。"镡津今为广西藤县南；临贺今为广西贺州东，"东有铜冶，在橘山"（同上）；"冯乘，下。有荔平关，有锡冶三。"（同上）"富川，下。有富水。天宝中更名富水，后复故名。有锡，有钟乳穴三。"（同上）冯乘、富川今为广西富川。《桂海虞衡志》记载："铜，邕州右江州峒所出，掘地数尺即有矿。故蛮人好用铜器。"[1] 而锡、铅在广西南丹、上林等地均有。又，《太平寰宇记》记载："铜山。昔越王赵佗于此山铸铜。"[2] 铜山在汉代位于合浦郡铜陵县界内。

另外，众多文献对古代铸钱官员设置的记载也从侧面反映中国西南和岭南铜、铅、锡等矿藏资源丰富。《新唐书·食货志四》记载："武德四年，铸'开元通宝'，径八分，重二铢四参，积十钱重一两，得轻重大小之中，其文以八分、篆、隶三体。洛、并、幽、益、桂等州皆置监。"早在唐朝武德四年就在桂州（今桂林）设置钱监铸钱。《宋史·食货志下二》记载："梧州以铅锡易得，万州以多铁矿，皆置监。"由于铅、锡矿藏

① 范成大：《桂海虞衡志·志金石》，中华书局1991年版，第5页。
② 《太平寰宇记》卷之一百五十八《岭南道二·春州》，中华书局2007年版，第3042页。

资源丰富，容易获得，北宋熙宁年间在梧州设置铸监铸钱及铸造铜器、铁器。

其三，中原高度发达的青铜铸造技术为铜鼓铸造提供了技术条件。铜鼓受中原文化影响，在社会文化功能上继承青铜礼器的特点，成为统治阶级权力、地位和财富的象征。在与中原青铜礼器的交流与互鉴中，铜鼓在中国西南地区独特的文化土壤中又孕育出其它社会文化功能，被用于歌舞、赛神、传递信息等。

二、文化传播：铜鼓文化从中国西南向东南亚扩展

铜鼓自发源于中国西南之后，便通过民族迁徙、贸易等渠道传播到东南亚的越南、老挝、缅甸、柬埔寨、泰国等国家[①]。东南亚铜鼓文化在其后漫长的发展过程中与当地自然环境、经济发展、社会生活、风俗习惯和宗教信仰相融合，形成独具特色的铜鼓文化。

（一）民族迁徙

中国西南地区和中南半岛地区山水相连，中国的横断山脉延伸至中南半岛，发源于中国的红河、澜沧江等河流经过中南半岛流入海洋。山水相连的地貌为古代先民提供了迁徙通道，并影响其迁徙方向。

早在公元前3世纪左右，四川地区的蜀王子就带领其族众迁入今越南北部地区。《大越史记全书》记载："甲辰元年，周赧王五十八年。王既并文朗国，改国号为瓯貉国。"[②]泰人发源于中国西南，是百越民族的后裔，后由于各种原因陆续迁入中南半岛，缅甸的掸族、老挝的老族和泰族、泰国的泰族等与中国的泰人是同源民族。缅甸的历史文献普遍认为掸邦的泰人是古代从中国西南迁徙到掸邦高地的，并认为泰人的迁徙在6世纪左右达到高峰。泰人沿着瑞丽江往南方迁徙，并定居在缅甸北部的河谷地区。泰人在6世纪后沿着红河往越南迁徙，并不断向越南西北部和西部迁徙；9世纪大量迁入老挝，一部分是从云南迁徙过去，一部分是从越南西北部迁徙过去。总的来说，自汉以后，泰人不断沿着红河、澜沧江和瑞丽江等河流迁入越南、老挝、缅甸等国家，进而迁入泰国、印度。[③]中国西南的少数民族先民将宗教、社会风俗、生产技术等文化带到新的地区，并与当地文化融合发展自己的特色文化，形成民族文化的多样性。可以推断，铜鼓文化很可能随着民族迁徙而流传于东南亚各国。

---

① 梁志明、郑翠英：《论东南亚古代铜鼓文化及其在东南亚文化发展史上的意义》，《东南亚研究》2001年第5期。

② 孙晓主编：《大越史记全书》（标点校勘本），西南师范大学出版社2016年版，第43页。

③ 郑晓云：《傣泰民族起源与傣泰民族文化圈的形成新探》，《云南社会科学》2005年第3期。

（二）商品贸易

自战国时期之后，中国西南各民族先民在自然条件恶劣等艰难的条件下，开辟出中国西南与东南亚、南亚文化与贸易的南方陆上丝绸之路。《史记·西南夷列传》记载："及元狩元年，博望侯张骞使大夏来，言居大夏时见蜀布、邛竹杖，使问所从来，曰'从东南身毒国，可数千里，得蜀贾人市'。或闻邛西可二千里有身毒国。骞因盛言大夏在汉西南，慕中国，患匈奴隔其道，诚通蜀，身毒国道便近，有利无害。于是天子乃令王然于、柏始昌、吕越人等，使间出西夷西，指求身毒国。至滇，滇王尝羌乃留，为求道西十余辈。岁余，皆闭昆明，莫能通身毒国。"元狩元年（前122），汉武帝派人打通南方陆上丝绸之路，这条道路被史书记载为"蜀、身毒道"。《岭表录异》卷上记载："贞元中，骠国进乐，有玉螺铜鼓，即知南蛮酋首之家，皆有此鼓也。"当时骠国（现缅甸）很大可能是通过南方陆上丝绸之路与唐进行铜鼓文化的交流。

元鼎六年（前111），汉朝开通南洋航路。海上丝绸之路从此成为连接中国和东南亚、南亚国家文化与贸易交流的重要纽带。《汉书·地理志下》详细记录了汉朝使团的航线、航程和交易物品："自日南障塞、徐闻、合浦船行可五月，有都元国；又船行可四月，有邑卢没国；又船行可二十余日，有谌离国；步行可十余日，有夫甘都卢国。自夫甘都卢国船行可二月余，有黄支国，民俗略与珠厓相类。其州广大，户口多，多异物，自武帝以来皆献见。有译长，属黄门，与应募者俱入海市明珠、璧流离、奇石异物，赍黄金杂缯而往。所至国皆禀食为耦，蛮夷贾船，转送致之。亦利交易，剽杀人。又苦逢风波溺死，不者数年来还。大珠至围二寸以下。平帝元始中，王莽辅政，欲耀威德，厚遗黄支王，令遣使献生犀牛。自黄支船行可八月，到皮宗；船行可二月，到日南、象林界云。黄支之南，有已程不国，汉之译使自此还矣。"这是我国海上丝绸之路进行物物交换的最早历史记载。此后，海上丝绸之路繁荣发展，与东南亚的沿线国家交往更为频繁，促进了古代中国和东南亚国家的文化交流。明末张燮《东西洋考》中记载："铜鼓即今华人所用者。诸国以爪哇为最。振响遏云，价直可数十金。"[①]这说明铜鼓很大可能通过海上丝绸之路传播到东南亚国家。

陆路和海上丝绸之路不仅是商品贸易之路，也是文化交流和传播之路，中国本土文化与沿线国家文化交流互鉴，形成了异彩纷呈的文化现象。铜鼓文化从中国西南向东南亚扩展，并在东南亚地区广泛流传，一方面反映中国文化对东南亚文化的影响，另一方面说明中国与东南亚各民族之间的文化交流与互鉴。

---

① 张燮：《东西洋考》卷三《西洋列国考·下港物产》，中华书局1985年版，第28页。

第二节

互鉴而丰富：中国-东南亚铜鼓古代文化的繁荣发展

中国古语有云："夫和实生物，同则不继。"（《国语·郑语》）"若以水济水，谁能食之？若琴瑟之专一，谁能听之？"（《左传》昭公三年）源远流长的铜鼓文化在云南起源之后，广泛传播至广西、广东、贵州、四川、海南及越南、缅甸、老挝、柬埔寨、泰国、马来西亚、印度尼西亚等东南亚国家。传播的过程也是文化交流互鉴的过程，铜鼓文化因不同地区、不同民族的交流互鉴而不断丰富，不断创新与发展。

一、中国南方铜鼓八大类型：因交流互鉴而创造

中国铜鼓种类丰富。1980 年，在南宁召开的首届古代铜鼓学术研讨会上，学者们提出众多铜鼓分类方案。后经反复讨论，大多数学者倾向于采用标准器[①] 出土或发现的地名作为铜鼓类型的名称，结合中国古代铜鼓的形制、纹饰、铸造工艺等特点将其分成八种类型，分别命名为万家坝型、石寨山型、冷水冲型、遵义型、麻江型、北流型、灵山型和西盟型。种类如此丰富的中国铜鼓正是由于交流互鉴而产生的。

（一）铜鼓文化的兴起：万家坝型铜鼓

云南中西部丰富的矿藏为铜鼓铸造提供物质基础，成熟的冶铜技术为铜鼓铸造提供技术条件，悠久的稻作文化为铜鼓文化的产生提供人文背景和生活基础，在与中原文化和周边少数民族文化交流互鉴的过程中，形态最原始的铜鼓——万家坝型铜鼓横空出世。万家坝型铜鼓流行于春秋中期至战国末期，由古代濮人铸造和使用[②]。万家坝型铜鼓器形规整，其主要特点奠定了此后几种铜鼓类型的基本形制。万家坝型铜鼓向滇西、滇东和滇东南等地区的传播与当地青铜文化的发展和互动格局基本一致，滇东零星分布着万家坝型铜鼓，仅在云南安宁、曲靖发现 3 面。滇东南是万家坝型铜鼓传播的主要地

---

① 汪宁生：《试论中国古代铜鼓》，《考古学报》1978 年第 2 期。

② 李昆声、黄德荣：《论万家坝型铜鼓》，《考古》1990 年第 5 期。

区，在滇东南的蒙自、文山和桂西北的田东等地发现 14 面，数量与滇西核心区域相当，这说明万家坝型铜鼓在滇东南有一个长期稳定发展和繁荣的过程 ①。在万家坝型铜鼓核心区域周边还出现昌宁天生桥鼓、盐源鼓、腾冲固东鼓、曲靖八塔台 2 号鼓等异形万家坝型铜鼓，这些铜鼓的出现也证明当地快速发展的青铜文化与周边民族文化的交流互鉴，铜鼓还融合当地传统文化因素加以改造，以符合和凸显自身民族特性 ②。

（二）铜鼓文化的成长：石寨山型铜鼓

万家坝型铜鼓产生之后，便向西传播至滇西的昌宁、腾冲等地。滇池地区的滇族将万家坝型铜鼓进行改进，铸造出精美玲珑的石寨山型铜鼓，铜鼓从此进入发展时期。与万家坝型铜鼓相比，石寨山铜鼓铸工更为精良，鼓面更小，鼓身的胸、腰、足分界明显，胸部膨胀程度、腰部收缩程度、足部外侈程度都更小。万家坝型铜鼓上的太阳纹、鼍纹在石寨山型铜鼓上也得到体现和发展，石寨山型铜鼓还出现大量动物、人物和塑像等具象纹饰，通过对这些纹饰的比较和分析可以推断其文化归属。从铜鼓合金成分来看，铅、锡的增加能够提高合金的铸造性能和铜鼓的强度和硬度。经分析和鉴定，铜鼓含铅、锡量从万家坝型铜鼓到石寨山型铜鼓是逐渐增加的。从铜鼓的形制、纹饰、合金成分等方面来看，石寨山型铜鼓是万家坝型铜鼓的继承者，两者是一种继承发展的关系。③

石寨山型铜鼓在数量和分布范围上远超万家坝型铜鼓，一方面是因为青铜文化和青铜冶炼技术已发展到鼎盛时期，铸造精美复杂的铜鼓更容易；另一方面是因为滇文化深受中原文化的影响。以鹭为饰的中原文化对石寨山型铜鼓也产生了一定的影响，在河南、湖北等地出土的战国时期墓中的皮鼓都是以鹭为饰，因此，可以推断石寨山型铜鼓上的翔鹭纹是由战国时期楚地传入南方的。

形制稳定的石寨山型铜鼓将铜鼓文化向北传播至四川南部、贵州、湖南西部等地区，向东至百濮族群的句町、夜郎等地区，向南至居住着骆越族群的红河三角洲。

（三）铜鼓文化的发展：冷水冲型、北流型、灵山型铜鼓

冷水冲型铜鼓是石寨山型铜鼓的继承者，并受东山型铜鼓的影响④。石寨山型铜鼓和冷水冲型铜鼓具有基本一致的形制，不过后者一般鼓腰多呈直筒形，且纹饰从前者的写实风格演变为高度抽象化和图案化风格。郭立新等学者将冷水冲型铜鼓分为浔江式、邕江式、红河式，并认为冷水冲型铜鼓最早出现于越北，继承了部分东山型铜鼓器形高大

① 彭长林：《石寨山型铜鼓研究》，《南方民族考古》2016 年第 2 期。

② 彭长林：《铜鼓文化圈的演变过程》，《广西民族研究》2016 年第 1 期。

③ 李昆声、黄德荣：《中国与东南亚的古代铜鼓》，云南美术出版社 2009 年版，第 258 页。

④ 蒋廷瑜：《古代铜鼓通论》，紫禁城出版社 1999 年版，第 115 页。

的特征，经历了从红河式到邕江式再到浔江式的演变过程①。红河式铜鼓早期是由石寨山型东山系铜鼓演变而来，西汉中晚期受中原汉文化的强烈影响逐渐演变成冷水冲型铜鼓。红河式铜鼓数量不多且延续时间不长，主要是因为东汉早期在越北发生的"二征"（征侧、征贰）叛乱导致土著政权的土崩瓦解。随后，受到汉文化挤压的红河流域居民被迫迁向桂西南地区，红河式铜鼓演变为邕江式。铜鼓文化继续向东传播，在浔江流域与北流型铜鼓相会进行交流和融合，形成浔江式铜鼓。邕江式和浔江式铜鼓主要集中在广西中东部，这也成为冷水冲型铜鼓的核心区域。

从时间上看，冷水冲型铜鼓与北流型铜鼓、灵山型铜鼓并存发展。从类型学的角度来看，北流型铜鼓是在冷水冲型铜鼓的基础上创新而形成的②。灵山型铜鼓是以北流型铜鼓为基础，在冷水冲型铜鼓的影响下不断融合吸收其特点而形成的③。北流型铜鼓和灵山型铜鼓既有相似性，也有差异性，差异的产生与两者所处区域、当地民族文化有着密切关系。两者均由俚僚铸造，但自南北朝以来，岭南俚僚的活动中心被广东高州一带的冯氏家族和广西钦州一带的宁氏家族所割据，两方世代为豪的地方势力造成两个地区长期彼此隔离，这也使两种类型的铜鼓产生较多的差异。不过，两方割据势力的祖先都是从中原流落而来的汉族，两种类型的铜鼓都受到汉文化的影响，在纹饰上体现的尤为明显④。受中原汉文化的影响，北流型铜鼓在西汉中期以后出现了"五铢"钱纹和"X"字钱纹，灵山型铜鼓在两晋时期出现了"四出"钱纹。进入唐代以后，唐王朝加强对岭南地区的直接控制，冯氏和宁氏两大地方割据势力被逐渐削弱，在中唐以后销声匿迹，北流型铜鼓和灵山型铜鼓也随即消退或消失。

北流型铜鼓、灵山型铜鼓及其继承者西盟型铜鼓主要分布在中国铜鼓文化圈的东部，同属一个系统，但又分别与石寨山型铜鼓、冷水冲型铜鼓及遵义型铜鼓有着直接继承关系。冷水冲型、北流型和灵山型铜鼓出现时间稍有不同，但均于魏晋南北朝发展到鼎盛期，而消亡于中唐时期，具有硕大笨重的形制特征，分布于越北至粤西之间的广袤土地上。冷水冲型、北流型、灵山型铜鼓长期共存，分布区域交叠相连，形制和纹饰风格交互渗透，三者之间的交流和演变也反映了俚僚民族文化之间的融合与发展、交流与互鉴。

---

① 郭立新、万辅彬、姚舜安：《论冷水冲型铜鼓的三个地方类型》，《广西民族学院学报》(哲学社会科学版)1997年第 S1 期。

② 张西峰：《中国南方铜鼓的类型学分析》，西北大学 2007 年硕士学位论文，第 15—17 页。

③ 郭立新：《论冷水冲型、北流型与灵山型铜鼓的关系》，《广西民族学院学报》(哲学社会科学版)1997年第 3 期。

④ 姚舜安、蒋廷瑜、万辅彬：《论灵山型铜鼓》，《考古》1990 年第 10 期。

（四）铜鼓文化的繁荣：遵义型、麻江型和西盟型铜鼓

遵义型铜鼓是冷水冲型铜鼓与麻江型铜鼓之间的过渡型铜鼓，由僚人铸造和使用。俚僚族群后裔在汉人的挤压下，迁往当时汉文化和中原势力比较薄弱的滇西南地区，将铜鼓硕大笨重的形制改造成相对轻便简单的形制，最终形成遵义型铜鼓，并向四面八方零散传播①。

麻江型铜鼓继承了遵义型铜鼓，是现在保存数量和使用最多的铜鼓类型，形制相对更小一些，鼓面直径大多为50厘米左右，铸造技术略显简单。在继承遵义型铜鼓游旗纹的基础上，麻江型铜鼓还将其发展为大游旗纹、燕尾游旗纹、线游纹和变体游旗纹等。唐宋以后，在各地封建政权的压迫下，大量少数民族和汉族移民迁入西南夷地区，促进了不同民族之间的交流与融合。使用铜鼓的少数民族将铜鼓文化带入迁移地区，汉族则将汉文化带进这些交通闭塞的蛮荒之地，麻江型铜鼓在纹饰上就出现了大量汉文化中的十二生肖、双龙献珠、"福寿"等纹饰或铭文②。

西盟型铜鼓继承了北流型铜鼓、灵山型铜鼓的部分特点③。受到象脚鼓的影响，西盟型铜鼓腰足之间无分界的特征与其它几种类型的铜鼓有着明显的区别④。西盟型铜鼓最早可能出现在中国滇南至老挝北部一带，然后向缅甸、泰国等国家和地区传播，并一直传承至今⑤。

八种类型铜鼓之间既有继承也有创新，它们之间的共同点反映了中国南方使用铜鼓民族之间的交流互鉴。

二、东南亚的"新型铜鼓"：因交流互鉴而创新

自铜鼓诞生以来就从未停止过交流与互鉴，铜鼓文化从中国西南传播到东南亚国家，在民族迁徙和商品贸易的过程中，与当地的民族文化交流、碰撞、融合，结合当地文化的精髓，凝聚当地民族的智慧，使东南亚国家铸造了"新型铜鼓"。

公元前3世纪左右，红河流域大量宜居土地被开垦，东山文化中心转向红河平原深处，东山文化发展到鼎盛时期。与此同时，在中国云南发源的铜鼓文化顺着红河东下传播到越南北部，与越南东山文化相融合，创造了东山铜鼓。东山早期型铜鼓与石寨山型

---

① 彭长林：《铜鼓文化圈的演变过程》，《广西民族研究》2016年第1期。

② 宁健荣：《贵州古代铜鼓文化的文化内涵阐释》，《贵州民族大学学报》(哲学社会科学版)2013年第4期。

③ 蒋廷瑜：《古代铜鼓通论》，第101页。

④ 张西峰：《中国南方铜鼓的类型学分析》，西北大学2007年硕士学位论文，第17—19页。

⑤ 彭长林：《铜鼓文化圈的演变过程》，《广西民族研究》2016年第1期。

铜鼓是并行发展的，都属于黑格尔Ⅰ型铜鼓，都受到万家坝型铜鼓的影响①，两者既有类似，也有不同：石寨山型铜鼓是喇叭形的截头圆锥腰，几何纹饰种类比较少，铜鼓外侧有翔鹭纹，内侧有鸟类以外的动物纹；东山早期型铜鼓则是圆筒形腰，几何纹饰种类比较少，铜鼓外侧有比较多的翔鹭纹，内侧有乐舞纹②。公元前后，东山铜鼓向北传播至邕江和浔江流域，对中国境内的冷水冲型铜鼓的出现产生了一定影响③。同时，东山铜鼓还向东南亚国家扩散，影响了柬埔寨、老挝、泰国、缅甸、马来西亚、印度尼西亚等国家铜鼓的产生与发展。

柬埔寨主要有黑格尔Ⅰ型和Ⅲ型铜鼓，黑格尔Ⅰ型是从中国传播至柬埔寨的④，黑格尔Ⅲ型则是在近代从老挝传播至柬埔寨的。安德烈亚斯·莱茵科等人认为，出土黑格尔Ⅰ型铜鼓的普罗荷遗址很有可能是中国贵州、云南、广西或交趾地区的越人族群遗留下来的⑤，也就是说很有可能是夜郎、滇越等地越人族群最早将铜鼓带至柬埔寨。

老挝人大概在中国汉代左右就已经开始使用铜鼓，老挝的老龙系民族最早使用铜鼓，老听系民族在唐代以后大量使用铜鼓，随后，老松系民族迁入老挝后也开始使用铜鼓。老挝的老龙系、老听系和老松系三个族系可能与中国的泰佬族、傣族等少数民族在历史上的迁徙有着密切的关系，因此老挝的铜鼓既传承了中国古代铜鼓的基本特征，又融入了地方与民族特色⑥。老挝铜鼓的类型丰富，有黑格尔Ⅰ型至Ⅳ型。老挝出土的69面黑格尔Ⅲ型铜鼓既有与中国西盟型铜鼓相似的纹饰，也有大象、田螺、鬼针草、变色龙等具有当地文化特色的纹饰。

在中国石寨山型铜鼓和越南东山铜鼓影响下，泰国铜鼓的发展自成体系，在交流互鉴中形成自身特色，并反过来对越南和中国西南的冷水冲型铜鼓产生了一定的影响⑦。泰国铜鼓大部分发现于泰国的北部、东北部和中部等地区，主要有黑格尔Ⅰ型和黑格尔Ⅲ型⑧。

① 李昆声：《越南东山铜鼓类型、年代与渊源述略》，《广西民族大学学报》（哲学社会科学版）2020年第5期。

② 万辅彬：《大器铜鼓：铜鼓文化的发展、传承与保护研究》，中国科学技术出版社2013年版，第44页。

③ 万辅彬、房明惠、韦冬萍：《越南东山铜鼓再认识与铜鼓分类新说》，《广西民族学院学报》（哲学社会科学版）2003年第6期。

④ 李富强等：《中国-东南亚铜鼓·柬埔寨卷》，广西人民出版社2018年版，第45页。

⑤ Andreas Reinecke, Vin Laychour, Seng Sonetra, *The First Golden Age of Cambodia: Excavation at Prohear*. German: Thomas Muntzer, 9, pp.168-170.

⑥ 李富强等：《中国-东南亚铜鼓·老挝卷》，广西人民出版社2016年版，第45—46页。

⑦ 梁燕理：《泰国黑格尔Ⅰ型铜鼓的分式及比较研究》，《中国古代铜鼓研究通讯》（第21期），中国古代铜鼓研究会，2017年。

⑧ 卫彦雄、徐昕、帕拉迪·玛哈肯：《泰国铜鼓类型、源流族属与文化传承》，《广西民族大学学报》（哲学社会科学版）2020年第5期。

黑格尔Ⅰ型铜鼓可以分为泰Ⅰa1、泰Ⅰa2、泰Ⅰb和泰Ⅰc，这四式泰国铜鼓与东山铜鼓有较为明显的区别，泰国铜鼓在纹饰风格、纹饰布局、艺术手法和铸造技术方面上具有明显的本土化特点。

缅甸有较少的黑格尔Ⅰ型铜鼓和较多的黑格尔Ⅲ型铜鼓及异形铜鼓。黑格尔Ⅰ型是在云南滇越与缅甸族群交流的过程中，从云南传播到缅甸。黑格尔Ⅲ型则是由骠人制作、使用，受到滇越及其后裔族群长期的文化浸染和影响。缅甸的四面异形铜鼓的形状与黑格尔划分的四种类型铜鼓均不相同，铜鼓上有十二生肖图案、莲花纹、菩提叶纹等当地文化与中国文化相结合的纹饰①。

马来西亚也发现了少量铜鼓。马来西亚没有铜矿藏和冶铜技术，在马来西亚发现的铜鼓可能是从其它国家传播过来的。马来西亚的瓜拉丁加奴Ⅰ号和Ⅱ号鼓鼓面上有与越南广昌鼓类似的翔鹭纹、变形羽人纹等，可能是从越南传播过来的②。

印度尼西亚铜鼓被分为四类十型，四类即黑格尔型、贝静型、莫科型和新型铜鼓；十型即纳伽拉Ⅰ型至Ⅹ型。印度尼西亚最早的黑格尔Ⅰ型铜鼓应该是来自越南的东山铜鼓，可能通过贸易或交换获得。随后，南岛语族群仿照东山铜鼓制作出本土化铜鼓。从考古发现来看，印度尼西亚一些地方自己铸造的铜鼓既有与越南铜钟鼓相似的划船羽人纹，在鼓身上也带有浓郁地方和民族特色的孔雀、象、椰子树等纹饰。印度尼西亚发现了较多黑格尔Ⅰ型铜鼓和大量黑格尔型铜鼓之外的"新型铜鼓"，说明铜鼓文化在印度尼西亚的交流与互鉴，并实现了本土化。例如，纳伽拉Ⅵ型、Ⅷ型、Ⅸ型和Ⅹ型铜鼓的外形就与黑格尔型铜鼓有较为明显的区别，黑格尔型铜鼓一般比较矮粗，而这四类铜鼓则比较瘦长。纳伽拉Ⅹ型铜鼓又称莫科鼓，此类铜鼓鼓面一般无纹饰，鼓身纹饰丰富多彩，可分为人纹、月亮纹、动物纹、植物纹、建筑纹和船只纹等七种大的类型。在印度尼西亚不同族群中，不同纹饰的纳伽拉Ⅹ型铜鼓被赋予不同的名称、不同的等级和价值。阿布依族铜鼓有47个等级系统，卡波拉族铜鼓有44个等级系统，两者均是把第1个等级视为价值最高的③。

东南亚国家不同的文化背景、自然条件等是推动铜鼓文化不断发展的原生动力，它使不同文化之间的交流互鉴成为了可能。在交流互鉴的过程中，东南亚铜鼓的纹饰具有了地方特色，还推动了"新型铜鼓"的创制。

---

① 欧江玲、王海玲等：《缅甸铜鼓类型、源流族属与文化传承》，《广西民族大学学报》（哲学社会科学版）2020年第5期。

② 李昆声、黄德荣：《中国与东南亚的古代铜鼓》，云南美术出版社2009年版，第278页。

③ 李富强、覃芳、唐根基：《印度尼西亚铜鼓类型与源流考辨》，《广西民族大学学报》（哲学社会科学版）2020年第5期。

第三节

互鉴而不息：中国－东南亚铜鼓文化的保护、传承与发展

铜鼓文化是中国－东南亚民族的文化瑰宝，保护、传承与发展中国－东南亚铜鼓文化对于维护和发展人类文化多样性具有重要意义。中国－东南亚铜鼓文化在中国骆越文化和滇文化、越南东山文化、柬埔寨高棉文化等古代地域文化的交流互鉴中得以创造、发展和传播，交流互鉴贯穿中国－东南亚古代铜鼓文化的整个发展历程，亦是中国－东南亚铜鼓文化现代传承与发展的力量源泉。

中华人民共和国成立后，保护、传承和发展民族文化不仅受到党和政府的高度重视，而且成为社会的自觉行动。20 世纪五六十年代，国家组织专家开展民族社会历史大调查，收集、整理了大批的民族历史文化资料，其中包括有不少少数民族铜鼓文化的资料。1961 年，《文物保护管理暂行条例》正式公布，铜鼓作为民族地区和少数民族文物，得到了切实的保护。随着文物保护法律体系的逐步建立与完善，各有关博物馆更加重视铜鼓的保护，随之开展了出土和传世铜鼓的收集、整理、收藏、保管和维护的一系列行动。

20 世纪 70 年代至 20 世纪末，中国民族民间文化的保护工作更受重视。七八十年代，文化部、国家民委和中国文联共同组织开展"中国民族民间文艺十大集成志书编纂出版工程"，各民族丰富的铜鼓民间文艺文化资料得到了广泛的收集和整理。

进入 21 世纪，中国非物质文化保护传承工作如火如荼地开展，铜鼓文化的保护传承工作亦不断扎实推进。2003 年，中国民族民间文化保护工程项目启动，"广西红水河流域铜鼓艺术"项目被列入其中。2004 年，中国正式加入联合国教科文组织《保护非物质文化遗产公约》。在非物质文化遗产保护如火如荼的历史背景下，铜鼓文化的保护传承取得了显著的实践成果。2006—2014 年，壮族铜鼓习俗、铜鼓十二调、铜鼓舞（文山壮族、彝族铜鼓舞）、铜鼓舞（田林瑶族铜鼓舞）、铜鼓舞（雷山苗族铜鼓舞）、铜鼓舞（南丹勤泽格拉）等七个项目先后被列入国家级非物质文化遗产代表性项目名录，从国家层面对保护对象予以确认并重点保护[1]；另外，还有一大批铜鼓文化项目被

---

① 中国非物质文化遗产网：http://www.ihchina.cn/project#targetl。

列入省、市、县非物质文化遗产名录进行保护。我们还建立建设了铜鼓文化生态保护区，2010年，广西壮族自治区政府在世界上分布民间传世铜鼓最密集的河池①设立"河池铜鼓文化生态保护区"。2012年，国家级"铜鼓文化（河池）生态保护实验区"设立，保护实验区已建设和命名五个非遗生产性保护示范基地，五个非遗代表性项目传习所，五个铜鼓文化生态保护村，五个非遗保护传习示范户，五十个非遗代表性项目传承人②。保护实验区的设立守住了民间传统铜鼓文化的根脉，激活和重构了铜鼓文化生态。在探索铜鼓铸造工艺方面，河池环江韦氏兄弟的沙模法和广西南宁张焕秋师傅的失蜡法不仅传承了传统铜鼓铸造工艺，还在铸造技术、调音技术、铜料等方面进行了创新③。中国铜鼓文化保护实践模式坚持历史、文化、民族、环境、传承方式等要素的相互融合，追求铜鼓文化保护与传承的系统性与完整性。

随着现代化的深入发展，越南、老挝、印度尼西亚等国也采取了一系列措施保护、传承铜鼓文化，如探索恢复失传的铜鼓铸造工艺、申报世界遗产、举办铜鼓文化旅游节等，摸索出了一些成功经验，取得了一定的成绩。中国与东南亚国家均在铜鼓文化保护与传承方面探索出成功的实践模式，各国应该加强交流与互鉴，分享铜鼓文化保护的成功经验，扩大铜鼓文化的影响力。

铜鼓文化近三千年发展的核心是"人"，不管是铜鼓铸造与使用，还是传播都离不开"人"。保护、传承和发展铜鼓文化就要促进中国与东南亚国家人民民心相通。民心相通的根本是文化相通，文化的交流互鉴可以促进民心相通。在铜鼓起源问题上应该充分发挥中国与越南交流互鉴的载体作用，增进互相理解，消除文化隔阂，促进民心相通。中国-东南亚铜鼓文化的交流互鉴需要在多层次、多角度的沟通渠道中进行，积极开展铜鼓文化合作交流活动，与相关国家和国际组织联合开展保护传承工作。

铜鼓文化的传承、保护与发展离不开交流互鉴，交流互鉴能够促进不同民族、不同国家之间的沟通与学习，各方能积极借鉴其它铜鼓文化的长处和精华，形成多方位互补的格局，赋予铜鼓文化新的生命力。铜鼓文化集中分布在中国和东南亚国家，"一带一路"倡议不断拓展着沿线国家文明交流互鉴的路径，为加强中国-东南亚铜鼓文化交流互鉴开辟了广阔前景，能够推动中国-东南亚铜鼓文化对话，助力铜鼓可持续发展。中国-东南亚铜鼓文化的交流互鉴也势必夯实"一带一路"倡议的民意与社会基础。

---

① 吴伟峰等：《河池铜鼓》，广西民族出版社2009年版，第24页。

② 广西非物质文化遗产保护网：http://www.gxfybhw.cn/zaiti-10.html。

③ 万辅彬：《大器铜鼓：铜鼓文化的发展、传承与保护研究》，第266-285页。

图书在版编目(CIP)数据

传播与创新:东南亚铜鼓文化调查与研究/李富强等
著.—北京:商务印书馆,2022
ISBN 978 - 7 - 100 - 20728 - 7

Ⅰ.①传… Ⅱ.①李… Ⅲ.①铜鼓—文化研究—
东南亚 Ⅳ.①K883.305.54

中国版本图书馆CIP数据核字(2022)第025905号

传播与创新:东南亚铜鼓文化调查与研究

李富强　李　珍　卫彦雄
　　　　　　　　　　　　　著
吕文涵　徐　昕　欧江玲

商 务 印 书 馆 出 版
(北京王府井大街36号　邮政编码100710)
商 务 印 书 馆 发 行
北京中科印刷有限公司印刷
ISBN 978 - 7 - 100 - 20728 - 7

2022年4月第1版　　　　开本787×1092　1/16
2022年4月北京第1次印刷　印张23½
定价:235.00元